이익집단의 정치학

한국, 스웨덴, 미국 경제단체의 정치적 활동과 최근 변화

이익집단의 정치학

한국, 스웨덴, 미국 경제단체의 정치적 활동과 최근 변화

윤홍근 지음

인간사랑

머리말

    우리의 사회적, 정치적 삶을 바꾸어 나가는 변화의 원천을 설명하고 이해하는 일은 학문적인 측면에서나 실천적인 측면에서 매우 중요한 일이 아닐 수 없다. 오늘날 가장 큰 변화의 원천은 디지털 기술혁명과 함께 진행되어 오고 있는 글로벌화라고 할 수 있다. 최근 글로벌화를 배경으로 우리 사회의 다양한 분야에서 많은 변화가 나타나고 있다. 저자는 정부-기업관계, 정부규제, 기업의 정치적 활동 등을 주로 연구해 오고 있는데, 이들 주제 영역에서도 글로벌화로부터 발단된 크고 작은 변화들이 이루어지고 있다.

    글로벌화는 경제 권력과 정치권력 간 힘의 균형의 축을 이동시키는 결과를 낳고 있다. 현대 민주정치과정에서 기업의 정치적 활동이 매우 중요한 의미를 갖는 이유이다. 우리나라를 움직이는 최종적인 권력자는 유권자로서 일반 국민이다. 하지만 우리나라를 실제로 움직여 나가는 것은 기업 권력인지도 모른다. 유권자의 권력은 선거 주기에 맞추어 간헐적으로 작동되는 것이지만, 기업 권력은 일상적으로 발휘되는 것일 수 있기 때문이다. 유권자의 권력은 정책을 관장하는 공직자를 뽑는데 주된 영향을 미치지만, 기업 권력은 그 공직자들이 다루어 나가는 정부 정책에 직접적으로 영향을 미칠 수 있기 때문이다.

저자는 이 책에서 우리나라에서 기업의 정치적 활동이 글로벌화를 배경으로 어떻게 변화되어 가고 있는지를 다루고 있다. 기업들 간 집단 행동의 조직화 매개체로서 경제 단체－주로 전경련－의 최근 변화에 초점을 맞추어 분석하고 있다. 우리의 변화를 잘 이해할 수 있기 위해서는 우리와 유사한 변화를 앞서 경험했거나, 지금 경험하고 있는 다른 국가들의 사례와 비교해 보는 것이 크게 도움이 된다. 변화 속에서 표류하지 않을 수 있도록 적정한 대응책을 모색해 나가는 일도 비교 분석을 통해서 효과적으로 이루어질 수 있다. 이 책이 스웨덴과 미국에서의 사례와 비교하면서 우리의 경험을 조망하고 있는 주요한 이유이다.

저자는 이 연구를 위해 스웨덴 경제 단체의 정상 조직의 위상을 가지고 있는 '스웨덴 경제인연합'(SN)을 방문하여 지난 30여 년 간 이 단체의 변화를 주도한 야네릭 라손(Janerik Larsson) 등과 유익한 정보를 교환하고, 스웨덴 사례에 대한 귀중한 자료를 획득할 수 있었다. 이들로부터 얻을 수 있었던 정보와 자료를 책의 내용에 최대한 반영하는 것이 귀중한 시간을 내어 준 일에 대한 보답이 될 수도 있겠지만, 지면을 빌어 다시 한 번 감사의 말씀을 전하고 싶다. 스웨덴어 번역으로 연구에 도움을 준 한국외국어대학 이유진 선생께도 감사의 뜻을 전한다. 저자가 그동안 기업의 정치적 활동 등을 연구해 오는 과정에서 도움을 아끼지 않으신 정보경영연구원 정재영 원장님께도 감사의 말씀을 드린다.

출판을 흔쾌히 수락해 주신 여국동 사장님께 감사드리며, 출판 과정에서 친절하게 도움을 준 권재우 편집장을 비롯한 편집진 여러분들과 이국재 부장께도 감사의 말씀을 전하고 싶다.

2015년 12월 저자 씀

차례

1장 이익집단 정치 활동의 최근 변화

1. 글로벌화, 시장제도의 변화

1980년대 이후 지난 지금까지 진행되고 있는 최근의 글로벌화는 이익집단의 정치적 활동에도 적지 않은 변화를 초래하고 있다. 글로벌화는 각국의 국경선을 뛰어 넘는 새로운 정치, 경제, 사회적 네트워크의 생성 및 기존 네트워크의 확충으로 사람들의 활동이 전 지구적 차원으로 크게 확대되어 가고 있는 현상을 지칭한다. 사람들 사이의 상호연계와 상호의존이 심화되고 가속화되는 현상은 물질적·경제적 측면에서만 이루어지는 것이 아니다. 글로벌화는 정도와 속도의 차이가 있긴 하지만, 각국의 정치와 정부 정책에서도 그 변화의 흐름을 읽을 수 있고, 사회적 관계와 문화적 요소들에서도 그 변화를 읽어낼 수 있다.[1] 글로벌화

는 이러한 변화들을 배경으로 그 속에서 움직이는 기업 등 시장행위자
들의 선택과 행동에도 많은 변화를 초래하고 있다.

글로벌화의 가장 본질적 변화는 지구촌 수준의 시장 통합이다. 디
지털 기술혁명을 배경으로 심화되어 온 세계화 흐름 속에서 경제적 국
경선의 문턱은 현격하게 낮아지고 있고, 국경선을 가로지르는 상품과
자본의 유동성이 급격하게 증가하고 있다. 초국적 기업들의 거침없는
행보는 이를 제도적으로 뒷받침해 주는 초국가 기구의 지원을 받으며
기업 생산 활동의 글로벌 네트워크화를 가속시켜 가고 있다. 글로벌화
는 기업 활동과 시장의 변화뿐 아니라, 시장에 영향을 미치는 각국 정
부의 공공 정책과 관련 제도에 적지 않은 변화를 초래하고 있다. 현저
하게 낮아진 국경선 문턱과 글로벌 시장통합을 배경으로 '이탈옵션'(exit
option)을 가지게 된 기업들은 한편으로 자국 정부에 대해서, 다른 한편
으로 근로자 집단에 대해서 자신의 이익과 선호를 관철해 나가는 데 훨
씬 유리한 입장에 서게 되었다. 글로벌 차원의 통합 시장 속에서 기업들
의 시선은 '낮은 곳'으로 향해 있다. 기업들은 세금과 규제 기준이 낮고,
비용 수준이 낮은 곳을 선호하며, 위험요인과 불확실성 수준이 낮은 지
역과 국가들로 투자처를 옮겨 다닌다.

경제적 측면에서 글로벌화는 각국의 상품과 인력, 자본과 기술이
국경선을 뛰어 넘어 자유롭게 다른 국가나 다른 지역으로 이동할 수 있
게 되었음을 의미한다. 상품과 인력, 자본과 기술의 국제적 유동성 증

---

1   Held, McGrew, Goldblatt & Perraton 2002, pp. 54-60; Steger 2010; 윤홍근
    2011, pp. 270-305.

대는 이러한 유동성을 가로막는 장애물의 소멸이나 완화를 의미한다. 유동성을 가로막아 오던 장애물은 국경선 자체일 수도 있고, 국경선 위에서 작동하는 각국 정부의 법규와 고유한 정책일 수도 있다. 각국 정부가 시장을 규율하는 서로 상이한 제도와 정책을 유지하고 있을수록 글로벌 시장에서 활동하는 경제적 행위자들의 활동은 그만큼 제약되기 마련이며, 그만큼 국가 간 원활한 교역은 어렵게 된다. 이러한 의미에서 경제적 글로벌화는 시장을 규율하는 시장 규칙의 국제적 조화와 수렴을 요청하는 것으로 설명되기도 한다. 글로벌화는 각국에서의 시장을 규율하는 시장제도의 변화를 초래하고 있는데, 그 변화의 방향이 조화와 수렴이라는 것이다.

글로벌화는 한 사회의 시장과 경제에 나타나는 변화를 가져올 뿐 아니라, 각국에서의 시장 및 경제에 작용하는 제도와 정책상의 변화를 수반한다.[2] 그런가하면 글로벌화는 각국의 정부와 기업 관계에도 영향을 미치며, 각국의 정치과정과 정치체계에도 영향을 미친다.[3] 글로벌화의 흐름은 그동안 서로 다른 시장제도를 유지해 오던 국가들에게서 동시적으로 이루어지고 있다. 하지만 동시적 진행이 반드시 동일한 경로로 이루어지고 있음을 의미하는 것은 아니다. 글로벌화의 흐름을 수용하고, 시장제도를 변경하는 방식과 경로는 국가마다 차이가 있음을 알 수 있다. 글로벌화는 복합적이고 다차원적인 변화를 의미한다. 경제와 정치, 사회 문화적인 측면에서의 변화가 모든 국가에서, 그리고 각 영역에서 일률적으로, 같은 정도로 이루어지는 것이 아니기 때문이다.

---

2 Braithwaite & Drahos 2000, pp. 27-33.
3 Held & McGrew 2002, pp. 18-39.

시장과 경제 영역에서의 글로벌화가 정치제도나 정부 정책의 글로벌화를 같은 수준으로 불러일으키는 것은 아니다. 그런가하면 글로벌화가 지구 상 대부분의 국가들에서 똑같은 정도로 이루어지고 있는 것도 아니고, 각국의 경제와 정치, 문화적 측면에서 동일한 수준의 변화가 진행되고 있는 것이 아니다. 글로벌화는 이러한 의미에서 '불규칙적인 과정'(uneven process)이다. 지구상의 대부분의 국가들이 글로벌화를 경험하고 있지만, 글로벌화의 수준과 정도는 국가별로 차이가 있다. 거기에는 큰 흐름의 방향만 공유되어 있을 뿐, 변화에 일정한 패턴이나 규칙성이 발견된다고는 할 수 없다.

글로벌화의 불규칙성은 '자본주의의 다양성(varieties of capitalism)', 즉 시장제도의 다양성에서 기인하는 것이라고 말할 수 있다.[4] 사회적 가치 및 자원의 분배 메커니즘으로서 시장은 다양한 제도적 유형을 갖는다. 시장은 특정한 어떤 하나의 규칙체계 위에서만 작동하는 것은 아니다. 시장을 규율하는 제도는 다양할 수 있다.[5] 이를테면 미국형 시장제도가 있고, 유럽형 시장제도가 있으며, 일본이나 한국형의 시장제도가 있을 수 있다. 마찬가지로 유럽형 시장제도라 하더라도 영국에서의 그것과 프랑스나 독일, 스칸디나비아 국가들에서의 그것은 차이가 있다. 각국의 시장제도는 그 나라의 특징적인 정부-기업관계의 성격을 결정한다. 이 연구에서 스웨덴과 한국, 미국의 사례를 비교분석하고 있는 것은 이들 세 국가가 각 시장제도 유형을 대표하고 있다고 볼 수 있기 때문

4　Vogel & Kagan 2004; Keohane & Milner 1999; Berger & Dore 1996.

5　Hall & Soskice 2001; Coates 2000; Hollingsworth & Boyer 1997; Wilson 2003; Boyer 2001.

이다.

시장제도의 다양성은 시장 및 경제에 대한 정부의 역할범위나 개입의 정도가 국가별로 다르다는 점과 긴밀히 연계되어 있다. 자본주의 시장경제 체제를 유지하고 있는 국가들이라 하더라도 정부의 경제적 역할에는 적지 않은 차이가 존재한다. 국가에 따라서 정부의 시장 개입을 위한 제도적 기반이나 공공정책 수단, 정치사회적 관행이 잘 발달되어 있는 나라가 있는가 하면, 그렇지 않은 경우가 있다. 정부의 경제적 역할 유형 여하에 따라 그 나라의 정부-기업관계의 특징이 결정된다.

글로벌화는 서로 다른 시장제도 위에 작동하는 각국의 정부-기업관계에도 적지 않은 변화를 초래하고 있다. 글로벌화가 각국의 정부-기업관계에 초래하는 변화는 크게 두 차원에서 분석될 수 있다.

첫 번째 차원은 기업 활동에 영향을 미치는 정부 정책의 변화이다. 글로벌화는 시장 및 경제에 작용하는 제도와 정책의 변화를 통해 기업 활동에 미치는 정부의 역할 및 영향력상의 변화가 초래된다.

두 번째 차원은 정부의 정책결정과정에 영향을 미치고자 하는 기업의 정치적 영향력 행사방식에 초래되고 있는 변화이다. 글로벌화는 정부와 기업의 교호작용 방식에도 변화를 초래한다.

기업 활동에 대한 정부의 역할변화 및 정부-기업 간 역학관계의 변화는 기업의 정치적 활동 양식에 변화를 가져 오기 마련이다.

2. 글로벌화의 정치적 영향

(1) 글로벌화와 제도 및 정책 수렴

글로벌화는 시장과 기업 활동에 작용하는 정책과 제도에 직접적으로 변화를 초래하고 있다. 이 연구 주제와 관련된 핵심적인 문제 영역은 이러한 시장규칙의 변화 동인을 설명하는 가운데, 기업 — 특히 초국적 기업(TNCs) — 이나 업계 단체의 역할이 어떠한 방식으로 이루어지고 있고, 이것이 어떻게 결과에 반영되고 있는지 그 메커니즘을 분석하는 것이 될 것이다. 하지만, 이와 관련된 기존의 연구들은 TNCs나 글로벌 업계단체의 변화 견인 활동과 영향력 행사 메커니즘에 초점을 맞추기보다는, 그 결과로서 시장과 경제에 영향을 미치는 각국의 정책과 제도가 어떻게 변화되었는지 그 결과를 분석하는 데 주력하고 있다.

글로벌화와 관련하여 끊임없이 논란이 계속되고 있는 쟁점 가운데 하나는 "글로벌화로 각국의 공공정책 및 제도의 수렴을 가져오는가?" 아니면 "각국의 특징적 전통 및 국가적 편차가 여전히 지속되고 있는가?" 하는 문제이다. 글로벌화에 따른 정책과 제도의 수렴문제는 이러한 수렴의 동인이 무엇이냐 하는 문제와 긴밀히 연계되어 있다. 글로벌화에 따른 정책 수렴의 동인이 무엇인가 하는 문제와 관련해서는 그동안 서로 다른 관점의 많은 논의들이 경합을 이루어 왔다. 가장 대표적인 두 경합이론은 글로벌화의 경제적 외압을 강조하는 구조론(structure-based theory)과 정책수렴을 주도하는 초국가적 기구나 초국적 기업의 역할을 강조하는 행위자 주도론(agent-based theory)이다.

정책수렴 현상을 지적하는 사람들은 글로벌화의 가장 큰 특징을 세계적 차원에서의 시장통합으로 규정하며, 시장통합과정에서 시장에 적용되는 개별 국가들의 정책 및 제도의 국제적 조화 현상이 초래되고 있다고 설명한다. 구조요인론을 대표하는 설명으로는 이른바 '규제 하향 경쟁'(Race-To-Bottom: RTB) 모델을 들 수 있다.[6] 규제하향화 경쟁 가설은 글로벌화가 규제정책의 변화를 가져오는 동인은 자본의 유동성 증대에 의해 촉발된 경제적, 시장 구조적 요인이며, 각국에서 규제기준이 하향화되는 방향으로 정책 수렴이 이루어진다고 설명한다. RTB 모델에서는 어느 한 국가가 무역장벽을 철폐하고, 자본에 대한 정부통제를 축소해 가는 등 세계 시장에 노출되면 될수록 정책 재량권을 잃고, 세계적으로 표준화되어 가는 정책모델을 수용하지 않을 수 없게 되는 것으로 설명된다.

RTB 모델의 이러한 설명은 국가 정책이 글로벌화로 '해외이전 옵션'(exit option)을 가지게 된 초국적 기업의 경제 권력에 가장 민감히 반응한다는 전제에 입각하고 있는 것이다. 따라서 RTB 모델에서 정책수렴은 기업의 시장 활동에 대한 규제나 간섭이 최소화되는 규제기준의 하향화 방향으로 나타난다. 이들 수렴론자들은 특히 글로벌화가 개별 국가의 경제적 주권이나 정책재량권의 여지를 현격하게 감축한다고 설명한다.[7]

이러한 하향수렴론에 대해서는 경험적 근거가 빈약하며, 실제로는

---

6   Murphy 2006; Wallach & Sforza 1999; Daley 1993.
7   Frieden 1991; Frieden and Rogowski 1996; Rodrik 1997.

이러한 현상이 나타나지 않고 있다는 반론이 제기되고 있다.[8] 반론에 의하면 하향수렴 가설은 경험적 근거가 전적으로 결여되어 있는 신화와 같은 수준에 불과한 것이다. 하향수렴론에 대한 비판론자들은 하향수렴 가설이 경험적 근거가 빈약한 비과학적 이론에 불과하지만 한편으로는 환경단체나 노조, 인권단체 등 세계화 반대론자들에 의해, 다른 한편으로는 경제 개혁과 개방을 정치적으로 선택한 정치지도자들에 의해, 또 다른 한편으로는 값싼 노동력과 낮은 규제기준을 원하는 다국적 기업들에 의해 교묘하게 부추겨져 왔다는 점을 지적한다. 규제경쟁 가설의 경험적 타당성에 의문을 제기하는 학자들은 규제기준의 하향경쟁보다는 규제기준을 높여 나가는 상향화 경쟁(race-to-the-top)이 이루어지고 있음을 보여 주는 경험적 근거를 제시한다.[9]

구조적 요인론과 달리 행위자 주도론은 정책수렴을 추동하는 구조-경제적 요인의 위력을 다소 낮게 평가하고, 각국 간 정책 조정이나 정책 조화를 추구하는 국제기구 및 각국 정부의 선택과 상호협력의 중요성을 강조한다. 대규모 시장을 가진 선진경제 국가들의 경우에는 외국 경쟁기업들에 대한 시장접근성 보장을 내세워 높은 규제기준의 충족을 강요기도 하며, 또한 국제기구의 의사결정과정에서 이러한 높은 규제기준이 국제적 표준으로 채택되도록 하는데 영향력을 행사하기도 한다는 것이다. 이들 비판론은 글로벌화가 반드시 델라웨어 효과(Delaware Effect)의 '하향경쟁'이 아닌 캘리포니아 효과(California Effects)의 '상향

---

8   Vogel 1995; Wheeler 2000; Spar & Yoffie 2000.
9   Vogel 1995; Vogel & Kagan 2004.

경쟁'을 가져오기도 한다고 지적한다.[10] 글로벌화의 영향을 캘리포니아 효과에 연계시키는 이들 비판론은 보다 근본적으로 글로벌화가 개별국가의 정책 자율성에 반드시 제약을 가하는 것은 아니며, 또한 국가가 글로벌 시장 경쟁의 위협으로부터 자국 시민들을 얼마든지 보호해 줄 수도 있다는 관점에 입각하고 있다.

글로벌화가 영향을 둘러싼 이와 같은 논란은 이에 관한 기존의 연구들이 한편으로는 해외 이탈 옵션(Exit Option)등과 같은 이른바 구조적 변수에 초점을 맞추는 한편, 다른 한편으로는 부문별, 업종별로 각국에서의 제도 및 정책의 변화된 결과에만 초점을 맞추어 분석하고 있기 때문으로 보인다. 변화를 추동하는 구조적 변수와 변화의 결과 사이를 연계시킬 수 있는 중간 경로와 그 연계 메커니즘에 대한 연구는 크게 제한되어 있다. 각국에서의 글로벌화를 배경으로 각국 시장에서 주요 행위자로서 기업과 업계 단체들이 자신들의 선호와 이익을 제도 및 정책의 변화과정에서 어떠한 방식으로 반영하고 있는지, 그 경로와 메커니즘에 대한 분석이 보완될 필요가 있다.

(2) 글로벌화와 초국적 글로벌 기업의 정치적 활동

기업의 정치적 활동(Corporate Political Activities)은 정치학의 오랜 전통적인 문제영역이었다. 기업의 정치사회적 영향력에 대한 분석은 정치학

---

10 Golub 2000, pp. 179-200.

연구의 한 주류를 형성해 왔으며, 경험적 자료의 제약 속에서도 이 분야에 대한 정교한 이론적 발전이 이루어져 왔다. 최근 글로벌화를 배경으로 기업의 정치적 영향력 및 정치적 활동에 대한 관심과 연구가 새롭게 고조되고 있다. 최근의 기업의 정치적 활동에 대한 관심의 증대는 글로벌 세계경제의 확대와 함께 기업의 규모와 활동영역이 크게 확충되면서 기업이 행사하는 경제 권력이 시장과 경제영역을 뛰어 넘어, 정치와 사회문화의 영역까지 뻗히고 있기 때문일 것이다. 오늘날 각국에서 글로벌 기업은 압도적 우위의 자원 확보와 영향력 행사 수단을 가지고 중앙 정부나 노조, 시민단체 등 다른 정치적 행위자들에 대하여 매우 큰 영향력을 행사하고 있다.[11]

오늘날의 글로벌 경제 시대에서는 각국의 중앙 정부를 대신하여, 대규모의 개별 기업이 세계경제의 중심적 행동 단위로 기능한다. 글로벌화 된 세계시장을 이끌어 나가는 가장 주요한 행동단위는 각국 고유의 정책적, 제도적 영향력의 범위를 벗어나고자 하는 초국적 기업들이다. 글로벌화시대의 세계 경제는 '글로벌 시장의 힘'(global market force)에 의해 움직이는 자체의 고유한 작동 메커니즘을 가지며, 이러한 글로벌 시장의 힘이 각국 고유의 공공정책 및 국내정치 영역을 축소시켜 나가고 있다.[12] 개별 국가의 중앙정부는 국제경제 레짐(international economic regime)의 규칙에 부합하도록 국내의 정부 규제체제를 정비하는 정책추진에 주력한다. 각국에서 글로벌 기업은 글로벌 시장의 힘을 국내 규제

---

11 Lawton, Rosenau & Verdun 2000; Strange 1998, 1996.
12 Cox 2006; Greider 1997; Harris & Yunkers 1999.

체제의 변화로 연계시키는 과정에서 중심적 역할을 수행한다.[13]

한편 글로벌 거버넌스에 관한 최근의 연구들은 글로벌 거버넌스의 한 축을 형성하고 있는 비국가-사부문 행위자(non-state/ private actor)로서 글로벌 기업의 역할과 활동에 크게 주목하고 있다.[14] 글로벌 거버넌스 연구가들은 기업이나 업계단체의 자율규제(self-regulation)와 공사부문 간 파트너십 (public-private partnership)에 의한 협동 규제에 연구의 초점을 맞추고 있다. 글로벌 거버넌스 연구가들은 기업 활동에 영향을 미치는 정부의 제도나 정책의 변화보다는 정부나 국가 권위와 무관하게 기업 스스로가 자율 규제의 룰을 만들고, 이러한 기업이나 업계단체의 자율규제 코드가 글로벌 차원으로 확대되는 과정에 특히 주목한다.[15]

글로벌화 과정에서의 초국적 기업의 활동에 대한 기존 연구들이나, 혹은 글로벌 거버넌스를 분석하고 있는 이들 기존 연구들은 초국적 기업이 글로벌 시장의 힘을 구현하는 주요 행위자로 전제하고 있다. 이들 연구들은 초국적 기업을 중심으로 하는 비국가 행위자 혹은 민간 기관 (private authority)이 글로벌 차원에서, 혹은 국내정치 차원에서 그 영향력을 확대해 나감으로써 전통적인 국가부문의 역할과 권위가 축소되어 가고 있다는 점을 강조한다.[16] 하지만 이들 연구들은 초국적 기업이나 초국가 기구의 역할 확충이 어떻게 각국에서 중앙 정부의 권위의 위축을 초래하고 있는지를 구체적으로 설명해주는 데 한계를 보이고 있다.

---

13 May 2006; Gourevitch & Shinn 2007.

14 Hall and Biersteker 2002; Haufler 2001; Josselin & Wallace 2001.

15 Cutler, Haufler & Porter 1999; Grande and Pauly 2005; Higgott, Underhill & Bieler 2000.

16 May 2006; Cox 2005.

글로벌 기업의 역할과 영향력 확대로 중앙 정부의 '선택폭을 제한한다'는 수준의 해석만을 내어 놓을 뿐이다. 따라서 실제 각국에서 글로벌 기업들이 어떠한 경로와 수단을 통해, 자신들의 선호와 이익을 중앙 정부의 정책결정과정에 반영하는지에 대한 실증적 분석이 뒷받침될 필요가 있다.

(3) 글로벌화와 기업 집단행동의 변화

글로벌화와 국내정치적 변화를 연계시켜 설명하고 있는 연구들은 드문 편이다. 특히 이익집단정치의 관점에서 글로벌화가 초래하고 있는 국내정치적 변화에 초점을 맞추고 있는 연구는 크게 제한되어 있다. 이 문제는 '이익집단 정치'를 어디까지 확대할 것이냐에 달려 있지만, 이 연구는 이익집단 정치 개념을 좁은 의미로 해석한다. 즉 '이익집단 정치'를 정부의 결정과 정책에 영향을 미치기 위한 기업이나 노조, 업계단체 등 이익집단의 정치적 활동과 그 경쟁 관계라는 관점에서 다룬다. 이익집단정치 개념을 광의로 해석하여, 글로벌화의 영향으로 사회적 이익배열이 어떻게 변화되어 가고 있느냐 하는 문제영역까지를 포괄한다면 이 분야에 관해서는 적지 않은 연구 성과물들이 축적되어 있음을 알 수 있다.

이 분야에 관한 연구들은 특히 스웨덴이나 덴마크 등 조합주의 시장경제 모델의 전형을 보여주는 북유럽 국가들을 대상으로 하고 있다. 이들은 기업과 노조 등 다른 사익 단체들 간의 역학관계의 변화에 초점을 맞춘 연구들로서 글로벌화에 따른 사회적 이익의 균열 및 이익배열의 변화가 '스웨덴 모델(Swedish Model)'이나 '덴마크 모델(Danish Model)' 등의 '복지국가' 모델에 어떠한 변화를 초래하고 있는지에 초점을 맞추고 있다.[17] 미국의 사례에 대해서도 글로벌화에 따른 자유무역의 확대가 미국 기업과 노조 간 이익배열 및 역학관계에 초래하는 영향을 분석하는 연구가 있다.[18] 하지만 이들 연구들이 제시하고 있는 구조적 변화를 설명하는 과정에서도 기업이나 업계 단체의 활동에 대한 미시적 분석이 뒷받침 된다면 더욱 바람직할 것이다.

3. 글로벌화와 시장행위자의 집단행동의 변화

경제 글로벌화는 경제적 측면에서의 기업의 시장 활동에 변화를 초래할 뿐 아니라, 시장행위자의 정치적 활동 양식에도 많은 변화를 초래하고 있다. 기업의 성패는 시장에서의 경제적 성과뿐 아니라, 시장 외적인 사회적·정치적 성과에 의해 좌우되기도 한다. 기업 활동의 성과는 경쟁관계 혹은 거래관계에 있는 시장행위자들의 선호에 의해서뿐 아니라, 거래관계에 있지 않은 지역주민이나 유권자 집단, 관료와 정치인, 더 나아가서는 일반 공중 등 비시장 행위자들과의 우호적 관계 여하에 의해서 좌우되기도 한다. 이 가운데에서 기업성과에 직접적으로, 때로는 결정적으로 영향을 미칠 수도 있는 비시장적 요인이 정부의 정책이

---

17 Fulcher 2002; Gill & Lind 1998; Anxo & Niklasson 2006.

18 Wilson 2001; Rogowski 1989.

다. 정부의 정책을 입안하고 결정하는 관료 및 정치인들의 선택과 결정이 기업 성과에 직접적으로 영향을 미치는 것이다. 따라서 기업은 시장 성과 향상을 위해 생산 활동에 투입하는 자원 못지않게 비시장적 성과 향상을 위해서도 자원을 투입한다. 시장에 대한 정부 개입의 폭이 클수록, 시장 승패가 시장 게임에 의해서가 아니라 정치적 결정에 의해 좌우될수록 여기에 투입하는 자원의 비중이 더 커진다.

기업 성과를 좌우하기도 하는 정부의 정책은 모든 기업 활동에 일반적으로 영향을 미치기도 하지만, 특정 업계나 특정 기업군 혹은 특정 기업에 한정적으로 영향을 미치기도 한다. 기업 성과가 비시장적 요소(non-market factor)에 의해 더욱 좌우될수록 기업은 '정치적 편익'의 극대화를 위한 더욱 적극적인 전략적 행동 동기를 가진다. 시장에서의 경제적 편익의 극대화 혹은 정치적 편익을 극대화하기 위한 기업의 전략적 행동은 기업 단위의 개별적 행동으로 이루어질 수도 있고, 공동의 목표를 추구하는 기업들 간 집단행동을 통해서 이루어질 수도 있다.

경제적 결사체(economic association)는 시장행위자 간 집단행동을 조직화하는 매개체로 기능한다. 시장행위자를 대표하는 경제적 결사체는 크게 노동자들의 이익을 대표하는 노조(trade union), 그리고 기업의 이익을 대표하는 경제단체(business association)로 유형화될 수 있다. 경제적 결사체로서 노조는 전국단위의 정상 조직(peak organization)의 형태를 띠거나 업종 혹은 직종별 산별노조의 형태로 운영될 수 있고, 개별 기업 단위의 기업노조 형태로 조직화될 수도 있다. 재계 단체 역시 업종 혹은 품목별 업계단체(trade association)로 운영될 수 있고, 모든 업종을 망라하는 전국 단위의 경제단체로 조직화될 수도 있다.[19]

경제적 결사체들의 집단행동 정도와 그 유형, 혹은 경제적 결사체들 간의 교호작용방식, 정부의 공공정책 결정과정에 대한 경제적 결사체의 참여의 정도나 유형은 국가별로 현격한 차이가 있다. 홀과 사스키스는 시장행위자로서 기업과 경제단체의 전략적 행동 유형에 따라 시장제도를 '자유 시장경제'(liberal market economy)와 '조정된 시장경제'(coordinated market economy)로 구분한 바 있다.[20] 윌슨은 재계 이익(business interest)의 조직화 및 정책참여의 제도화 수준을 기준으로 시장주도의 경제 — 국가주도의 경제 — 조합주의 경제로 시장제도를 유형화하고 있다(Wilson 2003). 이들의 다양한 시장경제 모델은 흔히 '자본주의의 다양성'(varieties of capitalism)이나 '비교정치경제'(comparative political economy) 라는 개념 하에서 비교 분석되기도 한다. 시장제도의 비교유형은 근본적으로 정부의 시장개입 정도 및 그 개입 유형을 기준으로 하는 것이며, 이는 정부정책 결정과정에서 정부-기업 또는 정부-경제적 결사체 간의 교호작용 양태에 따라 달리 범주화된다고 할 수 있다.[21]

자본주의 시장제도의 가장 큰 특징은 기업 활동의 자유 및 상호경쟁이다. 시장제도가 갖는 장점과 미덕은 시장행위자들 간의 활발한 경쟁에서 기인한다. 하지만 시장행위자들은 개별 행동이 아니고, 협력이나 공동행위 등의 집단행동을 통해서 이익 극대화를 도모하려는 유인을 갖기도 한다. 시장에서의 기업의 집단행동에 대한 용인의 폭은 시장

---

19 이 범주에 속하는 우리나라의 대표적인 경제단체로는 전경련, 한국경제인총연합, 대한상공회의소, 중소기업협회, 무역협회 등이 있는데 이러한 전국 단위의 경제단체는 흔히 정상조직(peak organization) 혹은 우산조직(umbrella organization)으로 불리어진다.

20 Hall & Soskice 2001.

21 윤홍근 2013, p. 164.

제도에 따라 다르다. 경제적 결사체를 매개로 한 기업의 집단행동은 시장에서의 집단행동과 비시장 제도(non-market institution)를 겨냥한 집단행동이 있다. 정치적 결정과정에 영향을 미치고자 하는 기업의 정치적 활동은 개별 기업 차원에서 이루어질 수도 있고, 이익을 공유하고 있는 기업 간 집단행동 차원에서도 이루어질 수 있다. 기업의 정치적 활동이 개별 기업 차원이냐 집단행동 차원이냐 하는 것은 그 나라 시장제도와 긴밀하게 연계되어 있다. 자유경쟁 시장제도를 대표하는 미국에서는 기업 간의 집단행동과 협력이 엄격하게 제한된다. 상용화 훨씬 이전 단계의 R&D 분야에서의 기업 간 협력이 법적으로 인정되고 있을 뿐, 일체의 다른 협력에 대해서는 반독점법이 엄격하게 적용된다. 기업 간 협력이나 집단행동은 '담합' 혹은 '공모'(collusion)로서 법적 제재의 대상이 되는 것이다. 반면 '조정된 시장경제'를 유지하고 있는 국가들―북유럽 조합주의 국가나 발전국가―에서는 기업 간 협력이 큰 폭으로 용인되고, 경우에 따라서는 협력관계가 법적으로 뒷받침되는 제도화가 이루어져 있기도 한다.

이 연구는 글로벌화가 서로 다른 유형의 시장 제도를 유지하고 있는 국가들에서 기업의 정치적 활동(Corporate Political Activities) 양식에 어떠한 변화를 일으키고 있는지, 발전국가와 조합주의 시장경제를 각각 대표하는 한국과 스웨덴에서의 재계단체(business association)의 조직 작동 체계의 변화를 중심으로 분석하기 위한 것이다. 이 연구는 1980년대 이후 경제 글로벌화를 배경으로 한국과 스웨덴 기업들의 집단행동이 어떠한 변화 과정을 나타내고 있는지를 분석하고, 이러한 변화가 지니는 정치학적 함의를 탐색하는 데 그 목표가 있다.

글로벌 시장통합은 기업과 노조, 경제단체 등 시장행위자들에게 변화의 외압으로 작용하고 있다. 한국의 경제단체는 지난 90년대 초중반 이후 그들의 활동양식이나 조직 작동 체계상에 적지 않은 변화를 경험하고 있다. 전경련과 경총 등 한국 경제단체들이 회원사들의 신규 가입률이 줄어들기 시작한 것은 90년대 중후반의 시기였다. 전경련으로 대표되는 한국의 경제단체들은 90년대 후반 외환위기 이후, 회원사들로부터 회비 갹출에 어려움을 겪으면서 예산 운용상에 압박을 경험하기도 하는 가운데 후임 회장 선임을 둘러싼 리더십 승계 위기, 대기업 회원사의 조직 참여 회피, 회원들의 의사 결집의 어려움 등을 경험하고 있다. 이 연구는 1960년대 이후 한국 재계를 대표해 온 정상조직(peak organization)으로서 전경련이 한국 기업들의 집단행동 변모 과정에서 어떠한 위상 변화를 겪어 오고 있는지에 초점을 맞춘다.

스웨덴의 재계를 대표하는 단체들은 1980년대 이후 대내외적인 환경변화 속에서 한국에서의 경우보다 더 큰 변화의 압박 속에 놓여 왔으며, 실제 중앙 임단협 제도 폐지, 이익조직들의 정책결정 과정에의 참여를 제도화했던 정책협의제로부터의 이탈, 재계 단체 통합 등 매우 큰 폭의 변화를 보여 주고 있다. 이른바 스웨덴 모델(Sweden Model)의 작동은 두 거대 이익조직, '스웨덴 사용자연합'(SAF)과 '스웨덴 노조'(LO) 간의 집단행동의 성공적 조직화를 배경으로 하는 것이었다. 또한 두 정상조직 간의 집단행동을 가능하게 만들어 준 것은 각각의 정상조직을 구성하고 있는 회원기업들 사이의 집단행동이 성공적으로 잘 관리될 수 있었기 때문이었다. 하지만 시장행위자들 간의 성공적 집단행동을 전제로 작동되던 스웨덴 모델은 1980년대 이후 크게 변화되어 갔음을 알 수 있다. 정상조직 내부에서 이해관계를 달리하는 회원사들 간의 집단행동에 균열이 초래되었고, 이는 오랫동안 유지되어 오던 두 정상조직 간의 사회적 협력에 '집단행동 문제'를 야기했다. 이 연구에서는 1980년대 이후 스웨덴 재계의 정상조직인 '스웨덴 사용자 연합'의 1991년 정책협의제 탈퇴로부터 2001년 재계단체 통합으로 '스웨덴 경제인연합'(SN: The Confederation of Swedish Enterprise)으로 변모되어 가는 과정에 분석의 초점을 맞춘다.

본서는 글로벌화가 기업의 대정부 영향력 행사방식에 어떠한 변화를 초래하고 있는지에 초점을 맞추어 정치적 측면에서의 글로벌화의 영향을 분석하고자 한다. 이를 위해 본 연구에서는 다음과 같은 세 가지의 핵심적인 질문을 제시하고, 그 해답을 추구하려 한다.

(1) 글로벌화는 정부의 정치적 결정이나 공공정책 결정과정에 영향력을 행사하는 기업의 정치적 활동양식에 어떠한 변화를 초래하고 있는가? 이를 위해서 글로벌화와 관련하여 기업의 정치적 활동 양식에 변화를 초래하고 있는 동인은 무엇인가를 탐색하며, 시장에서의 변화가 정치 영역에서의 변화를 가져 오는 메커니즘을 어떻게 설명할 수 있는가에 초점을 맞춘다.

(2) 글로벌화는 기업의 정치적 활동 양식의 '유사성' 증대를 가져오고 있는가? 아니면 여전히 유의미한 '차이'의 지속이 이루어지고 있는가? 이를 위해서 이 연구는 서로 다른 두 유형의 시장제도를 대표하는 한국과 스웨덴의 사례에서 유사한 변화의 흐름을 발견할 수 있는지를 탐색하며, 또한 스웨덴과 한국에서의 변화의 흐름이 미국 경제단체의 조직 작동체계의 사례와 비교하여 어떠한 의미를 가지는지를 설명한다.

(3) 글로벌화의 영향과 관련하여 이른바 '수렴' 가설이 기업의 정치적 활동양식에까지 확대 적용될 수 있는지를 설명한다. 경제적 측면에서 글로벌화의 영향을 분석해 온 연구가들은 글로벌화 흐름 속에서 시장과 경제를 규율하는 각국의 정책과 제도들이 조화(harmonization) 혹은 수렴(convergence)의 방향으로 나아가고 있다고 설명한다. 이 연구에서는 정책과 제도의 변화 과정에서 이러한 영향을 받고, 또한 영향을 미치기 위해 노력하는 기업 행위자의 활동양식에도 유사한 '수렴' 현상이 나타나고 있는지를 분석한다.

이 책에서는 위의 질문들을 해명하기 위해 다음과 같은 몇 가지 점에 초점을 맞추어 연구를 진행한다.

첫째, 여기서는 개별 기업 단위의 정치적 활동보다는 각국에서 재계를 대표하는 경제 단체(business association)의 정치적 활동을 주된 분석의 단위로 삼는다. 재계를 대표하는 경제 단체의 활동 양식의 변화를 분석함으로써 개별 기업의 정치적 활동의 변화 추이를 파악할 수 있을 것이기 때문이다. 보다 현실적으로는 개별 기업의 정치적 활동에 대한 경험적 자료를 확보하는 것이 어려운 반면, 재계 단체의 작동체계와 활동현황에 관한 자료는 상대적으로 확보하기 용이하기 때문이다.

둘째, 경제 단체의 정치적 활동에 어떠한 변화가 초래되고 있는지를 분석한다. 경제 단체의 정치적 활동의 변화 추이를 분석하기 위하여, 단체의 조직체계 및 작동체계 재편 과정을 분석한다. 특히 단체의 정무활동 부서의 성격과 역할 수행 방식의 변화를 추적한다.

4. 새로운 연구를 위한 주요 연구 대상과 분석단위

(1) 재계 대표 경제 단체의 정치적 활동

이 연구는 기업의 정치적 활동을 비교분석하기 위해 개별 기업의 정치적 활동보다는 각국에서 경제계를 대표하는 단체의 활동을 주된 분석 대상으로 삼는다. 정부-기업관계의 측면에서 시장제도의 다양성을 분석하고 있는 기존 연구들도 개별 기업보다는 업계 단체의 활동 양식을 중심으로 각국에서의 이익집약 및 이익표출 기능을 분석하고 있다.[22] 이 연구에서 직접적인 주된 분석대상으로 삼고 있는 각국에서의 대표적인 재계 단체는 스웨덴의 '스웨덴 경제인연합'(SN: Confederation of Swedish Enterprise), 한국의 '전국경제인연합회', 미국의 '비지니스 라운드 테이블'(BR: Business Roundtable) 등이다.[23]

스웨덴 경제인연합은 2001년 '스웨덴 사용자연합'(SAF)과 '스웨덴 전국 제조업 연맹'(SI: Swedish National Federation of Industry)의 통합으로 결성

---

22 Wilson 2003 ; Hall & Soskice 2001 ; Boyer 2001 ; Culpepper 2001.

23 '스웨덴 경제인연합'의 스웨덴어 명칭은 svenskt näringsliv이다. 스웨덴어로 svenskt는 swedish, näringsliv는 상공업(trade & industry) 활동을 의미하는 것이니까, 스웨덴어 명칭에 충실한 한국어 해석은 '스웨덴 상공협회'가 될 것이다. 하지만 스웨덴에는 한국이나 미국에서의 '상공회의소'에 해당하는 별도의 경제단체가 있고, 이와 혼동될 수 있다는 점에서 여기서는 '스웨덴 경제인연합'으로 번역해 부르고 있다. 이는 SN의 공식적인 영문사이트에서 사용하고 있는 영문 명칭인 Confederation of Swedish Enterprise의 어의를 반영하고 있는 것이기도 하다.

된 스웨덴을 대표하는 최대 단체이다. SN은 50여개의 업종별 대표 단체들과 전체 160여만의 종업원을 고용하고 있는 6만여 개별 기업들이 멤버십을 가지고 있다. 한국의 전경련은 63개의 업종별 대표 단체 및 기관들과 대기업 위주로 580여 개별 기업들이 회원사로 등록되어 있는 한국을 대표하는 가장 영향력 있는 재계 단체이다. 미국의 BR은 전체 업종을 망라하여, 230여 대기업의 CEO들이 회원으로 등록되어 있는 미국의 대표적인 재계 단체이다. 미국 BR은 단체의 성격이 스웨덴의 SN이나 한국의 전경련과는 차이가 있다. 그럼에도 불구하고 BR을 연구 대상에 포함시킨 것은 업종별 특수사익을 관철하기 위해 정치적 영향력을 행사하는 업계 단체들과는 달리 글로벌화와 관련된 연방 정부의 경제 정책 사안에 대해 재계를 대표하여 강력한 영향력을 행사하고 있기 때문이다. NAM(National Association of Manufacturers) 등과 같은 전통적인 미국의 업계 단체들보다는 BR의 최근 동향에서 이 연구의 취지에 부합하는 많은 자료를 확보할 수 있을 것으로 판단된다. 이 연구가 이들 재계 대표 단체를 주된 분석 대상으로 하고 있는 것은 다음과 같은 이유 때문이다.

첫째, 기업의 정치적 활동 양식 및 정부-기업관계에 있어서 전통적으로 서로 다른 발전의 제도적 경로를 보여주어 왔던 국가들의 사례를 동렬 수준에서 비교 분석하기 위해서는 개별 기업 단위보다는 업계 단체의 정치적 활동을 분석하는 것이 유리하기 때문이다. 미국은 전통적으로 대기업 위주로 개별 기업단위의 정치적 활동과 기업 간 정치적 영향력 행사의 경쟁이 두드러지는 가운데에서도, 특히 지방정부를 대상으로 업계 단체 중심의 대정부 활동이 이루어지고 있다.[24] 반면, 스웨덴 등 대표적인 조합주의 시장모델을 유지해 오던 유럽 국가들은 업계 단체를 중심으로 경쟁보다는 집단행동을 통한 영향력 행사가 주류를 이루어 오면서도, 최근에 들어오면서 대기업을 중심으로 개별 기업 위주의 정무활동이 활발해지고 있는 추세에 있다.[25] 이렇듯 상호 교차하는 변화를 비교하기 위해서는 개별 기업보다는 업계 단체를 분석 단위로 삼았을 때 전체적인 변화의 상을 효과적으로 포착해 낼 수 있다. 업계 단체의 활동이 효과적인 비교분석을 가능하게 하는 공통분모일 뿐 아니라, 단체의 정치적 활동 변화에는 여기에 참여하고 있는 개별 기업들의 변화된 선호와 입장이 반영되어 나타나는 것이기 때문이다. 이 연구에서는 개별 기업 단위의 정치적 활동에 대해서는 사례 분석 등을 통해 재계 대표 단체의 변화를 설명하기 위한 보조적 분석 자료로 활용될 것이다.

둘째, 개별 기업 단위의 정치적 활동에 대한 방대한 경험적 자료를 획득하는데 어려움이 있는데 반해서 업계 단체의 활동에 대해서는 공개된 자료를 얻는 것이 상대적으로 쉽기 때문이다. 개별 기업의 정치적 활동은 전략경영 차원의 기밀에 속하는 것이 많으나, 업계 단체의 활동은 단체의 성격상 공개주의가 원칙이기 때문에 관련 자료 획득이 상대적으로 용이하다. 업계단체나 재계 대표 단체들은 회원사들에 대하여 그 활동 내역을 자세히 공개하고 있다. 웹사이트를 통해서 수시로 활동을 공개하며, 주요 정책 사안에 대한 포지션 페이퍼, 연구보고서 등을 내어 놓는 것은 물론이고, 연차보고서나 5년 단위 또는 10년 단위의 역사 기록물을 발간하고 있다. 또한 연구자 입장에서는 개별 기업의 정무

---

24 Binderkrantz 2003; Christiasen & Rommetvedt 1999; Coen 1997, 1999.

25 Keim 2001; Lord 2001; Vogel 1996; Mizruchi 1992.

담당자들과는 달리 단체의 관련 인사들과의 접촉하는 것이 훨씬 용이하기 때문에 적실성 있는 유용한 정보를 확보하기에 유리하다.

셋째, 이 연구가 업종별 단체들이 아니라 각국에서 정치적으로 가장 영향력 있는 재계 대표 단체들을 선택하고 있는 것도 같은 맥락에서이다. 스웨덴의 SN, 한국의 전경련 모두 각국에서 가장 강력한 정치적 영향력을 행사하고 있는 경제계의 최정상 우산조직(peak, umbrella organization)의 성격을 가지고 있다는 점에서 동일 수준에서 비교 분석이 가능하다. 또한 기업단위나 업종별 업계 단체들은 그 조직 편제나 작동체계상에서 두드러진 변화를 관찰하기 어려운 반면, 이들 대표 단체들은 최근 글로벌화를 배경으로 활동 사안이나 활동 방식, 조직편제, 작동체계상에 적지 않은 변화를 보이고 있다는 점에서 비교 분석에 적합하다. 최근의 변화의 흐름을 비교분석함으로써 이러한 변화들이 갖는 정치학적 함의를 밝혀낼 수 있을 것이며, 이를 바탕으로 정치적 측면에서의 글로벌화의 영향에 관한 이론적 발전에 기여할 수 있을 것이다.

(2) 정치적 영향력 행사 메커니즘 비교분석

스웨덴이나 한국과 같은 '조정된 시장경제' 하에서는 '조직화된 이익'의 공공정책 형성 및 집행과정에의 '제도화된 참여'(institutionalized participation)가 보편화되어 있다. 이는 곧 정책결정 기구 '안에' 제도적으로 참여할 수 있는 이익조직의 대표성이 국가 혹은 정부기구로부터 공식적으로 인정되고 있음을 의미한다. 하지만 미국형의 다원주의적 경쟁체제 하에서 기업이나 재계단체의 정치참여는 이와 다르다. 특정의 '조직화된 이익'에 대해 공공정책결정 기구 안에 들어올 수 있는 공식적인 대표성이 선별적으로 부여되어 있지 않다. 특수 사익(special interests) 단체들은 '밖으로부터' 공공정책 결정과정에 영향력을 침투시키기 위해 경쟁적으로 노력한다는 점에서 다르다. 다원주의 경쟁체제는 특수 사익의 '밖으로부터'의 영향력 침투기도라는 '비제도화된 참여'(non-institutionalized participation)를 특징으로 한다. 비제도화된 참여는 정치인이나 행정관리들에 대한 직접적 로비활동이나 유리한 여론조성을 위한 미디어 홍보나 대민 접촉 등 간접적이고 우회적 방식의 로비활동을 통해 이루어진다.

최근 스웨덴 등 전통적인 조합주의 체제 하에서의 공공정책결정과정에 대한 연구는 이들 국가에서 전통적인 조합주의의 제도화된 참여방식이 퇴조하는 추세에 있으며, 대신 다원주의적 비제도화된 참여의 정치적 중요성이 점차 증대되고 있음을 보여 주고 있다.[26] 이는 곧 이익조직들이 직접접촉을 통한 로비활동과 같은 비제도화된 참여의 비중을 늘려가고 있고, 이러한 활동에 투입하는 자원을 증대시켜 가고 있음을 의미한다. 여기에 상응하여 경제계를 대표하는 단체도 스스로 조직개편을 통해 정부 위임사업 부서나 정부결정 과정에서 이익을 표출하는 협상 담당부서를 폐지하는 대신, 회원사들에 대해 정보서비스를 제공하고, 홍보활동을 담당하는 부서를 크게 확충하는 등의 조직체계 상의 변화를 발견할 수 있다.[27]

한국의 경우에서도 유사한 흐름을 발견할 수 있다. 전경련이나 무

---

26 Christiansen and Rommetvedt 1999 ; Binderkrantz 2003 ; Coen 1997.
27 윤홍근 2006, pp. 98-104.

역협회 등 경제단체들의 제도화된 참여와 정부위임 사무가 폐지되거나 크게 줄어들어 왔다. 이러한 변화에 맞추어 회원사들에 대한 정보서비스를 확충하고, '밖으로부터' 정부의 정책결정과정에 영향력을 행사하거나 대민 커뮤니케이션 기능을 확대해 오고 있음을 알 수 있다. 또한 여기에 맞추어 전경련의 내부조직 체계가 변화를 거듭해 왔으며, 회원사들과의 관계나 대정부 활동 방식 상에도 큰 변화가 초래되었음을 알 수 있다. 이 연구에서는 스웨덴 SN과 한국 전경련의 이러한 변화를 비교분석하고, 이것이 BR 등 미국 경제단체 사례와 비교할 때 어떠한 이론적 함의를 지니는지를 분석한다. 글로벌화에 따른 정책과 제도상의 '수렴가설'을 정치제도의 영역까지 확대 적용할 수 있는지를 분석하는 것이다.

미국의 기업 및 업계/재계 단체의 정치적 활동 양식은 스웨덴이나 한국과는 차이가 있다. 미국은 전통적으로 대기업을 중심으로 개별 기업 단위의 정무 활동이 경쟁적으로 이루어져 왔다. '로비스트의 거리'라 불리는 K-스트리트를 중심으로 워싱턴 벨트 안에는 650여 개별 기업의 정무전담 오피스가 활동하고 있는 것으로 알려지고 있다. 미국의 포춘 500대 대기업들 대부분이 여기에 포함된다. 그렇게 하면서도 1980년대 이후에는 미국 시장에 진출하고 있는 해외 기업들의 '비시장적 기업 경쟁력' 논리를 앞세운 재계가 연방정부에 대하여 정치적 영향력을 직접 행사할 수 있는 집단행동의 조직화에 나서기도 했음을 알 수 있다. BR이 연방 정부 차원에서 더욱 중요한 '정치적 행위자'로 부상한 것도 이러한 배경 하에서이다. BR을 대표하거나 혹은 BR이 추천하는 인사가 백악관과 상무성, 재무성 등의 연방정부의 각종 위원회에 참여하고 있으며, 입법절차나 행정절차 상의 제도화된 기회를 활용하여 재계의 이익을 직접 표출하는 정무 활동을 전개하기도 한다.

기업들이 국내외 차원에서 제도와 정책의 변화를 추구하는 가장 전통적인 방식은 결정권자들에 대하여 직접적인 영향력 행사 방식일 것이다. 국내적 차원에서 기업과 업계단체는 행정부나 입법부의 정책결정자들을 상대로 지식과 정보를 제공하면서 여러 가지 형태의 유인과 영향력 행사 수단을 작동시키는 로비활동을 전개해 나간다. 그런가하면 기업과 업계 단체를 대표하는 인사들이 정부 위원회의 구성 멤버로 참여한다든지, 혹은 공청회 등 정책결정 과정상의 투입 채널을 활용한다. 글로벌 차원에서 초국적 기업들과 글로벌 업계 단체 역시 국제경제 기구의 정책결정과정이나 규칙수립 과정에 영향력을 행사하는 활동을 전개한다. 이 연구는 글로벌화에 따른 사회경제적 환경 변화에 대한 전략적 대응이라는 관점에서 기업이나 업계단체의 정치적 활동을 그 작동 체계 및 영향력 행사 메커니즘의 변화에 초점을 맞추어 분석한다.

2장 이익집단 정치변화와 신제도주의

1. 제도분석의 의의

  오늘날 사회과학에서 제도분석은 주류의 연구접근법으로 자리 잡아가고 있다. 최근 20여 년 이상 정치학과 행정학, 사회학 등 사회과학의 학문분과 영역에서 공통적으로 찾아볼 수 있는 가장 주요한 연구업적 가운데 하나는 제도에 대한 연구들일 것이다. 정치학분야에서는 1970년대 중반 이후 행태주의적 연구 방법론의 한계에 대한 대안으로 신제도주의적 접근법이 각광을 받기 시작했다. 특히 지난 20여 년 동안 사회과학 분야에서는 제도에 관한 연구 업적이 다른 분야에 비해서 양적으로 방대할 뿐 아니라, 또한 질적인 측면에서도 빼어난 성과를 인정받고 있는 두드러진 연구 업적들이 축적되어 오고 있다.

그러나 지금껏 축적된 제도에 관한 연구들에 대해서는 다른 한편으로 그 한계들이 또한 문제점으로 지적되어 오고 있다. 가장 큰 쟁점은 제도에 관한 기존의 업적들이 특정 분야에 집중되어 있고, 새로운 제도의 출현 현상을 설명하는데 주요한 초점을 맞추고 있을 뿐이라는 것이다. 예컨대 복지제도나 지적재산권 제도, 헌법 등의 분야에서 기존 제도를 대체하는 새로운 제도가 특정의 계기를 배경으로 특정 시점에서 어떻게 출현하게 되었는지를 설명하는데 집중되어 있다.

제도변화에 대한 기존 연구들은 변화의 원인이 외부로부터 가해지는 충격파 때문에 발단이 된 것으로, 그리고 새로워진 제도적 구성(institutional configuration)이 이전 제도와 근본적으로 달라진 것이라는 점을 강조하고 있다. 즉 기존 신제도주의자들에 의해 제시되고 있는 제도변화에 대한 설명은 외생적 요인에 의한 '단절적 균형'(punctuated equilibrium)의 제도 변화임을 부각시키고 있다. 제도변화를 다루는 신제도주의적 접근의 대표적 사례는 글로벌화의 흐름 속에서 주요국, 그 가운데에서도 북유럽 등지에서의 복지제도나 노동시장제도의 변화이다. 글로벌화의 외재적 요인이 이들 국가에서 제도의 양상을 근본적으로 어떻게 달리 변화시키고 있는지에 초점을 맞추어 설명을 내어 놓고 있다. 하지만 이들 연구들에 대해서는 다음과 같은 의문이 제기될 수 있다.

첫째, 각국에서의 이러한 제도변화가 과연 글로벌화의 절대적 영향 때문인가?

둘째, 글로벌화를 배경으로 하고 있다고 해서 그것을 무조건 외생적 요인에 의한 것이고, 구조적 요인에 의해 추진된 변화라고 단정해 버릴 수 있는가?

셋째, 20-30여 년에 걸쳐 이루어진 장기적 변화를 단절적 균형이라고 말할 수 있는가?

넷째, 새로운 제도가 그 이전의 것과 확연히 구분되는 근본적으로 달라진 것이라고 볼 수 있는가?

글로벌화의 흐름 속에서 각국에서 이루어지고 있는 제도변화는 나라마다 적지 않은 차이가 있다. 모든 지역, 모든 국가에서 글로벌화의 외재적 요인의 작동으로 급격한 방식의 근본적 제도변화를 경험하고 있는 것은 아니다. 글로벌화 흐름을 선제적으로 주도해 나가는 국가들이 있을 수 있고, 밖으로부터 밀려오는 글로벌화의 충격파를 그대로 받아들이지 않을 수 있는 국가들이 있을 수 있다. 그런가하면 분야나 영역별로 글로벌화의 영향이 매우 클 수도 있고, 글로벌화의 여파가 미미한 수준에 머물러 있을 수 있다. 글로벌화는 복합적이고 다차원적인 변화를 의미한다. 글로벌화는 한 사회의 시장과 경제에 나타나는 변화를 의미할 뿐 아니라, 정치와 정부 정책에서도 그 변화의 흐름을 읽을 수 있고, 사회적 관계와 문화적 요소들에서도 그 변화를 읽어낼 수 있다. 글로벌화가 복합적이고 다차원적인 변화를 의미한다는 말은 이러한 영역들에 걸쳐서 일률적으로, 같은 정도로 이루어지는 것이 아니기 때문이다. 시장과 경제 영역에서의 글로벌화가 꼭 정치제도나 정부 정책의 글로벌화를 같은 수준으로 불러일으키는 것은 아니다. 지구상의 대부분이 글로벌화를 경험하고 있지만, 글로벌화의 수준과 정도는 국가별로 차이가 있다. 거기에는 큰 흐름의 방향만 공유되어 있을 뿐, 변화에 일정한 패턴이나 규칙성이 발견된다고는 할 수 없다. 세계 곳곳에서 살아가는 사람들이 글로벌화에 의해 서로 다르게 영향을 받고 있다. 각국이 글로벌화에 대응해 나가는 방식에는 이미 그 국가가 유지해오고 있는 기존 제도들의 영향력이 크게 작용할 수밖에 없다. 변화를 추진하는 사람들의 선택과 행동은 기존 제도의 제약을 받기 마련이기 때문이다.

2. 글로벌화, 제도변화, 역사제도주의

20세기 후반 글로벌화를 배경으로 이루어진 제도변화에 대한 많은
설명들은 역사제도주의자들에 의해 제시된 것들이 많다.[1] 역사제도주의
는 칼 마르크스나 막스 베버 등 고전파 정치경제학자들에게 그 기원을
두고 있다. 특히 마르크스의 사적 유물론에 입각한 역사 해석이나 베버
의 비교 제도론적 역사 해석에 근원을 찾을 수 있다. 20세기 중후반 등
장한 역사제도주의 접근법은 19세기 후반, 그리고 20세기 초반의 구제
도주의 이론과는 근본적인 차이가 있다. 특히 정치학 분야에서 구제도
주의는 국가와 정부를 구성하고 있는 공식적인 제도적 장치들을 기술
적으로 설명하는 것이었다. 영국이나 미국 등 주요 국가를 움직이는 통
치기구의 주요한 양상과 그 작동체계를 기술하면서 특정의 국가제도가
어떠한 측면에서 우월성을 띠면서 잘 기능하는지를 규범적으로 설명하
는 것이었다. 이러한 설명 과정에서 과학적 엄정성을 띤 체계적 이론을
개발한다든지 혹은 가설을 검증하는 등의 과학적 연구는 결여되어 있
었다.

---

1   Gourevitch 1986; Katzenstein 1978; Lindberg & Maier 1985; Hall & Sos-
    kice 2001; Pierson & Skocpol 2000; Pierson 2000; Thelen 2000 ; Campbell
    2004.

이와는 달리 최근의 신제도주의 이론은 국가의 공식적 제도뿐 아니라, 비공식적인 제도적 장치들에 대해서도 관심을 나타내고 있으며, 이러한 다양한 제도적 요소들이 각국에서의 정치적 결정 과정과 정부 정책에 어떻게 영향을 미치는지를 비교분석하는 데 연구의 초점을 모으고 있다. 또한 이러한 국가 비교분석 과정에서 가설 검증 등 과학적 연구방법을 채택하여 좀 더 엄격한 과학적 이론을 정립하기 위한 연구 목표를 갖는다.

(1) 역사제도주의의 이론적 특징들

20세기 초 이후 정치학자들의 주요한 관심 주제의 하나는 주요 정치, 경제 행위자들의 의사결정과 행동이 국가의 어떠한 제도적 장치들에 의해 영향을 받는가 하는 것이다. 역사제도주의 이론은 이러한 탐구 주제에 해답을 내리려는 정치학자들에 의해 발전된 것이다. 예컨대 의회나 행정부 관료조직, 헌법, 선거제도 등이 정치행위자들의 의사결정에 어떠한 방식으로 영향을 미치고, 그 결과로서 정부의 결정이나 공공정책이 어떠한 형태로 결정되는지를 분석한다. 그런가하면 기업이나 노조, 재계단체 등이 의사결정 하는 과정에서 시장을 형성하고 있는 다양한 제도적 장치들, 그리고 국가와 시장을 매개하는 제도적 장치들 ― 경제정책이나 기업규제제도, 재산권 제도 등 ― 에 의해 어떻게 영향을 받으며, 그 결과로서 이들의 선택과 행동이 어떠한 형태로 이루어지를 분석하는 것이다. 이러한 맥락에서 역사제도주의자들에게 제도는 국가의 관료조직이나 민간 기업조직들에 의해 만들어지고 도입된 일련의 공식

적, 비공식적 규칙과 절차를 의미한다.[2]

역사제도주의자들은 거시적 맥락에서의 국가제도의 비교에 연구의 초점을 맞추고 있다. 예컨대 국가 별 제도적 장치의 다양한 차이들이 각국에서의 조세정책,[3] 복지제도,[4] 의료보장제도,[5] 국제경제위기에 대한 대응양식[6] 등에 서로 다른 차이를 낳는 과정을 비교분석하는 것이다. 역사제도주의자들은 이를 비교분석하는 과정에서 원인과 결과라는 차원의 인과론적 규명을 추진하고자 하는 것은 아니다. 대부분의 역사제도주의자들에게 국가제도는 정책과 정치를 제약하거나, 혹은 여기에 반영되어 나타나는 것으로 설명되지만 그것이 단일 요인으로 규명되는 것은 아니다.[7]

제도변화에 대하여 역사제도주의 접근법을 취하는 학자들에게서 찾아볼 수 있는 공통된 점은 다음과 같다.

첫째, 국가 간 서로 다른 제도적 장치들이 서로 다른 역사적 전통 속에서 어떻게 형성되었고, 이러한 제도들이 그 나라 정치과정이나 정부 정책의 상이한 특징에 어떻게 반영되어 나타나는지 설명하고자 한다. 특정 이익집단이나 사회계급이 어떠한 역사적 경과를 통해 조직화되었으며, 이들 집단이나 계급이 왜 다른 시점에서 서로 다른 정책을 요

---

2 Thelen & Steinmo 1992, p. 2.
3 Steinmo 1993.
4 Skocpol 1992.
5 Immergut 1992.
6 Gourevitch 1986.
7 Thelen & Steinmo 1992, p. 3.

구하는지를 연구한다.[8]

둘째, 역사제도주의 접근법은 제도가 인간의 선택과 행동을 어떻게 제약하는지에 주된 관심을 나타낸다. 합리적 선택 제도주의 접근법과는 달리 역사제도주의에서는 경제적 자기 이익이 인간의 행동을 자극하는 유일한 동기가 아니다. 역사제도주의자들은 제도가 그것의 영향권 아래 놓여 있는 구성원들의 선호나 그들이 추구하는 목표를 달리 형성해 나가도록 어떻게 영향을 주는지에 대해 주목한다.

셋째, 역사제도주의 접근법을 채택하고 있는 주요한 연구들은 특히 1970년대 이후 반복적으로 지속되고 있는 글로벌 경제위기 상황 하에서 서로 다른 정치경제제도를—자유시장 국가, 발전 국가, 조합주의 국가 등—유지해 오고 있는 서구 선진국 각각의 고유한 경제 위기 대응 양식, 그리고 경제적 성과를 비교분석하는 데 연구의 초점을 모으고 있다. 많은 이론가들은 1970-1980년대 혹은 1990년대 글로벌 경제위기 이후 각국의 경제정책의 차이, 그리고 국가별 경제적 성과의 차이를 낳는 가장 주요한 요인이 각국이 채택하고 있는 정치경제 제도, 즉 시장제도의 차이에서 비롯된 것으로 설명한다.[9]

넷째, 최근 역사제도주의 접근법을 취하는 주요 이론가들은 제도변화에 대한 상충하는 관점의 해석을 내어 놓고 있다는 점에서 주목을 끌기도 한다. 역사제도주의 이론에서의 제도변화에 대한 가장 전형적인 관점은 '경로의존성'(path dependence) 개념에 집약되어 있다. 제도는

---

8   Thelen & Steinmo 1992.

9   Gourevitch 1986; Katzenstein 1978; Lindberg & Maier 1985; Hall & Soskece 2001.

일단 형성되면 지속적으로 사람들의 행동에 제한을 가하는 제약요인으로 기능한다. 그러나 최근 연구들 가운데에는 제도의 제약을 받는 행위자들이 제도변화를 견인하기도 한다는 새로운 이론적 전망을 제시하기도 한다. 사회집단이나 세력 간 투쟁이나 협상에 의해 새로운 제도가 만들어질 수 있다는 측면을 부각시킨다. 하지만 여전히 일단 만들어진 제도는 구성원들—정치엘리트나 정부관료, 기업인, 이익집단이나 노조 등—의 후속하는 선택과 행동을 제약하며, 이후에 만들어지는 새로운 제도 역시 기존 제도가 부과하는 제약 속에서 형성되고 변화를 겪게 된다고 설명한다.

다섯째, 역사제도주의 접근법의 제도 변화관은 단절적 균형에 집약되어 있다.[10] '경로의존성'을 강조하는 역사제도주의 이론가들은 제도변화에 관하여 외생적 요인에 의한 '단절적 균형'(punctuated equilibrium)의 급격한 제도변화를 부각시킨다. 정부의 정책이나 특정 제도가 과거의 것과의 급격한 단절을 나타내는 돌발적이고(abrupt), 혁명적(revolutionary)인 변화가 이루어진다는 설명이다. 단절적 균형을 강조하는 설명은 제도변화의 요인이 전쟁이나 공황 등과 같은 매우 큰 위기상황 하에서 외부로부터 가해지는 충격파에 의해 발단된 것으로 설명한다.

역사제도주의 이론 속에 혼재하는 '경로의존성'과 '단절적 균형'은 서로 상충하는 개념이다. 경로의존성이 작용하면서 매우 서서히 진행되는 점진적인 변화 가운데 돌연히 혁명적 변화가 나타나기도 한다는 것은 쉽게 납득이 가지 않을 수 있다. 제도가 한참동안 많은 사람들의 행

---

10 Hall 1993; Baumgartner & Jones 1993.

동을 제약하거나 구속할 만큼 중요한 기능을 수행하다가 어느 시점에서 돌연 사람들의 선택과 행동에 아무런 영향력을 갖지 않을 수 있는지가 의문일 수 있기 때문이다.[11] 이 점에 대해서는 경로의존성과 단절적 균형 사이의 시간적 간격과 변화의 정도가 명확치 않은 데에서 오는 문제점이 지적되기도 한다. 예컨대 1980년대 돌연하고 급진적인 개혁인 것으로까지 설명되었던 미국의 복지정책의 변화가 곧이어 그렇게 드라마틱한 것이 아니었고, 점진적인 변화에 불과한 것이었다는 설명으로 이어지기도 한다.[12] 이러한 이유에서 역사제도주의자들이 제시하고 있는 경로의존성 개념이 너무 허술하게 쓰이고 있어서 실제 변화가 이루어지는 구체적인 메커니즘이 좀 더 구체적으로 설명될 필요가 있다는 지적이 나오기도 한다.[13]

역사제도주의 이론에서는 제도변화의 원인으로 전쟁이나 공황등과 같은 외부로부터 가해지는 충격을 부각시키고 있다. 일단 형성된 제도는 그 자체로서 지속되려는 관성을 가지고 있기 때문에 크나큰 외생적 충격파가 아니면 좀처럼 변화될 수 없을 것이라고 보고 있기 때문이다. 일부 역사제도주의 이론은 제도의 이러한 경로 의존적 지속 관성이 제도를 만든 행위자의 의도적 산물임을 주장하기도 한다. 제도가 일단 형성된 이후 현상유지하려는 속성을 가지게 되는 것은 제도를 처음 만들어 운영하는 사람들이 이를 의도하기 때문이라는 것이다.[14] 특히 권

11 Thelen 1999.
12 Pierson 1994.
13 Pierson & Skocpol 2000 ; Pierson 2000b ; Thelen 2000a.
14 Moe 1990.

력 갈등을 배경으로 생성되는 제도가 그러한 속성을 갖는 것으로 주장된다. 권력 갈등 속에서 일단 제도의 설계자가 된 권력자는 갈등관계의 다른 사람들을 제도에 얽매이게 하기 위해 스스로도 그 제도를 쉽게 변경하지 못하도록 만든다. 이렇게 해서 생성되는 제도는 상황이나 환경의 변화에 따라 유연하게 변형되어 나가기보다는 원래의 양상을 그대로 유지해 가려는 점착적(sticky) 속성을 띠게 된다는 것이다.

(2) 제도의 점착성

Ikenberry는 제도가 점착성을 띠게 되는 원인을 다음 때문인 것으로 설명하고 있다.[15]

첫째, 제도는 생성과 함께 그 수혜자 집단을 만들어 내기 마련인데 이들은 혜택의 지속을 위해 기존 제도의 현상유지를 위해 노력하기 때문이다.

둘째, 제도의 운영을 맡고 있는 기관의 구성원들은 자신의 과업 유지를 위해 상황변화에도 불구하고 기존제도의 유지를 위해 노력하며, 상황변화의 압력에 저항하기 때문이다. 변화의 외압이 확실한 설득력을 갖기 전까지는 이들의 저항이 성공적으로 관철될 수 있다.

셋째, 제도변화가 추진되는 경우라 하더라도 대개의 경우 그것은 현존하는 조직 내에서 기존 제도의 규칙에 따라 진행되는 경우가 대부분

---

15 Ikenberry 1988, pp. 223–234.

인바, 이러한 상황 하에서 제도변화의 노력은 제약되기 마련이기 때문이다.

넷째, 제도변화 과정에는 비용이 초래되고, 변화가 내포하고 있는 불확실성 때문이다. 제도변화로 많은 사람들과 집단이 새롭게 혜택을 볼 수 있다고 하더라도 이를 성공적으로 입증할 수 있게 되기까지 제도변화의 성과는 불확실성 하에 놓이게 된다. 새로운 제도 신설 및 유지에 소요될 것으로 기대되는 비용이 현존 제도의 유지비용보다도 낮다는 점이 성공적으로 입증되기 전까지 기존 제도는 지속적으로 유지될 수 있기 때문이다. 더욱 제도변화의 혜택이 불균등하게 분배되는 것이 분명한 상황이라면 사회 전체 차원에서 제도변화의 혜택을 입증하는 문제는 더욱 어렵게 된다.

역사제도주의자들의 설명에 의하면 제도적 구성이 기존의 것과 현격하게 달라지는 제도의 근본 변화는 점진적으로 지속적으로 이루어지기보다는 급격한 방식으로 간헐적으로만 일어난다. 그리고 이러한 제도변화는 심각한 대외 경제적 위기 상황이나 전쟁과 같은 군사적 갈등을 배경으로 하는 것인 만큼 매우 이례적인 현상으로만 설명된다. 역사제도주의 이론은 큰 규모의 경제적, 정치적 위기에 의해 발단되어 제도의 근본변화가 이루어지는 중대한 역사적 전환점(critical junctures)을 강조한다. 이러한 제도의 단절적인 근본 변화 과정을 Krasner는 단절적 균형(punctuated equilibrium)으로 개념화하고 있다.[16] '단절적'의 의미는 역사적 전환점에서 이전 것과는 크게 다른 제도의 변환이 있다는 것을 의미

---

16 Krasner 1988.

하고, '균형'은 위기상황 하에서의 일시적인 불균형이 제도 변환 이후 균형 상태를 유지하는 안정성을 갖게 된다는 것을 의미한다.

(3) 역사제도주의 접근법의 한계

　　제도변화의 원인으로 외재적 충격만을 부각시키고 있을 뿐인 역사제도주의는 사회구성원 집단 간의 갈등, 사회 내재적 모순으로부터 발단되는 제도변화를 제대로 설명할 수 없는 이론적 취약성을 갖는다. 특정 행위자 집단의 이니셔티브와 이들의 선택에 의해 발단이 되는 제도변화를 놓치고 있기 때문이다. 이렇게 되면 개인이나 집단의 구체적인 행위에 의해 제도적 구성이 근본적으로 바꾸어지게 될 가능성은 아예 배제되어 버리고 만다. 따라서 역사제도주의 접근법은 제도변화를 야기할 수 있는 '내생적, 행위자 중심의 원인(endogenous, agent-centered causes)'에 대해서는 설명의 취약성을 가진다.[17]
　　하지만 최근에는 역사제도주의 접근법을 기본적으로 취하는 가운데에서도 제도변화가 외생적 충격이 아니라 내부로부터 가능할 수 있다는 새로운 이론적 전망을 제시해 주는 새로운 설명이 제시되고 있다. 이러한 설명은 제도의 복합성으로부터 내생적 변화의 가능성을 전망한다. 제도는 단일의 구성 요소, 혹은 단일의 설계원리 하에 만들어지는 것이 아니고, 다양한 이질적 구성요소를 가지거나, 여러 상충가능성이

---

17 Mahoney & Snyder 1999, p. 18.

있는 설계 원리를 포함하고 있을 수 있다. 이러한 이질적인 구성요소와 다양한 설계원리는 내부로부터의 균열과 갈등의 원천으로 작용할 수 있다. 제도를 구성하고 있는 이질적인 구성요소들은 외부의 충격이 없는 상태에서도 제도 내부로부터의 변화의 원인으로 작동할 수 있다.[18]

Lieberman은 제도를 단일주적으로 통합된 하나의 전체(integrated whole)가 아니라 다양한 요소들로 구성된 복합체로 규정한다.[19] 제도는 이를 만드는 사람들이 전지전능한 창조자로서 모든 요소들을 완벽하게 짜 맞추어 놓은 통합적 실체가 아니다. 특히 공공정책이나 정치제도처럼 많은 사람들에게 영향을 미치고, 많은 사람들 사이의 타협과 합의의 산물로 만들어지는 제도는 특정 시점에서 다양한 관점, 다양한 이질적 요소들이 교직되어 하나의 제도로 형성되는 것이다. 일단 만들어져 작동되기 시작한 제도는 안정적 균형 상태에 있는 것처럼 보일 수 있지만, 이를 구성하고 있는 다양한 이질적 요소들 간에는 긴장과 갈등관계에 놓여 있을 수 있다. 이질적 요소들 간의 갈등이 지속되는 가운데에서도 여전히 제도는 작동될 수 있는 것이다.

하나의 제도가 이질적 요소들 간의 갈등을 내포하고 있는 것이라면 제도변화는 내생적으로도 발단될 수 있다. 제도를 구성하고 있는 다양한 요소들이 상황이나 환경변화에 따라 서로 큰 폭의 갈등을 일으키거나, 어느 일방이 현존 제도의 정당성에 심각한 의문을 갖고 변화를 추구한다면 그것이 변화의 발단이 될 수 있다. 제도를 구성하고 있는 이질적 요소들 간의 갈등이 심화되어 있을수록 변화가능성을 커진다.

---

18 Pierson 2004; Orren & Skowronek 1996 & 2004.
19 Liberman 2002.

전쟁이나 공황과 같은 외부로부터의 큰 규모의 충격파가 미치는 결과로서가 아니더라도 제도변화가 이루어질 수 있다. 구성원들 간의 힘의 균형의 변화나 리더십의 작동으로부터 제도변화가 나타날 수 있으며, 새로운 아이디어의 유입이나 벤치마킹 노력 등에 의해서도 제도변화가 발단이 될 수도 있다.

제도를 다양한 이질적 요소들을 포함하고 있는 복합적 장치라는 점을 염두에 둔다면 제도변화의 원천이 무엇이 될 수 있는지를 알 수 있다. 제도를 구성하고 있는 이질적 요소들 간의 상호 모순이나 갈등, 그리고 이를 표출 활용하고자 하는 집단 간의 상호작용 과정에서 제도변화가 발단이 되는 것이다. 또한 제도를 다양한 요소들의 복합적 구성체라는 점에 주목한다면 제도변화의 성격에 대해서도 좀 더 구체적인 설명이 가능해질 수 있게 된다. 기존의 많은 설명들은 제도변화를 하나의 제도적 장치로부터 속성과 내용이 다른 또 다른 제도적 장치로의 전환이라는 관점에서 규명하고 있다. 하지만 제도변화는 하나의 제도로부터 다른 제도로의 변화가 아니라, 제도를 구성하고 있는 다양한 요소들의 결합방식이 달라지는 형태로 이루어진다. 그런가하면 제도변화는 기존 구성 요소들에 성격이 다른 새로운 구성요소가 도입됨으로써 신구 요소들이 새로운 방식으로 결합되고 재배치되는 형태로 이루어지기도 한다. 이러한 의미에서 Stark는 제도변화는 새로운 제도가 기존 제도를 대체(replacement)하는 것이 아니라, 제도의 구성 요소들을 재배열(reconfiguration) 하는 것이라고 설명하고 있다.[20] 제도의 변화는 새로운 것

---

20 Stark 1991.

이 이전 것을 대체하는 단절적 변환이 아니라, 새로운 것과 이전 것이 뒤섞여 새로운 방식으로 재결합한다는 것이다. 예컨대 정책모방(policy emulation)이나 정책학습(policy learning)에 의해 외국으로부터 새롭게 수용된 제도나 정책요소들이 기존의 구성요소들과 섞여 재결합할 수도 있다. Campbell은 이를 레비스트라우스가 제시한 존속변형(bricolage)으로 개념화하고 있다.[21]

　구성 요소들의 재결합으로 이루어지는 제도변화는 급진적 방식의 근본적 변환 과정일 수 없다. 짧은 시간대 내에 제도의 근본 양상이 급격한 방식으로 달라지는 혁명적 변화가 없는 것은 아니다. 하지만 많은 경우 제도변화는 점진적으로 이루어지며, 많은 연구자들의 연구대상이 되는 실제 사례들도 이러한 점진적 변화가 대부분임을 알 수 있다. 제도를 형성하고 있는 기존 구성요소들과 새로운 요소들이 재결합하는 형태로 이루어지는 제도변화는 경로 의존적 특징과 진화적 특징을 동시에 가진다. 기존 제도의 틀 속에서 새로운 구성요소들이 채택되고 도입되기 때문에 그것은 경로 의존적 성격을 가지게 되는 것이고, 도입된 새로운 요소들과의 재결합 과정에서 기존 요소들이 변화를 거치게 되기 때문에 진화적 변화과정을 포함하게 되는 것이다. 기존 제도의 관성이 강할수록 경로의존성이 강하게 작용하는 반면, 새로운 요소의 영향력이 클수록 제도는 새로운 진화적 변화를 겪게 된다.

　제도변화는 '기존의 것'과 '새로운 것' 간의 영향력의 역학관계에 의해 제도변화는 혁명적 변화일 수도 있고, 점진적 진화 양상을 띨 수도

21　Campbell 2004, p. 69.

있다. 그렇지만 새로운 것이 기존의 것을 완전히 대체하는 혁명적 변화는 실제 쉽게 찾아볼 수 없다. 여기에는 몇 가지 이유가 있다.

첫째, 새로운 제도를 도입하고 설계하는데 동원되는 지식과 기술은 모두 현존하는 제도에 기반을 두고 있을 것이기 때문에 제도의 변화과정은 경로 의존적 성격을 띨 수밖에 없다.[22]

둘째, 제도의 변화를 추구하는 집단의 구성원들이 추구하는 가치와 신념, 이들의 선택과 행동을 규율하는 규범이 기존 질서로부터 완전히 절연된 상태에서 새롭게 주어진 것이 아니기 때문이다.

셋째, 제도변화를 추구하는 사람들은 변화 추구과정에서 기존 조직이나 제도의 규칙과 규범을 활용하지 않을 수 없기 때문이다.

넷째, 제도변화는 편익과 비용의 배분방식의 변화를 포함하는 것인 만큼, 새로운 요소의 도입에 저항하는 집단과의 협상이 불가피하게 이루어지기 때문이다. 기존 제도의 수혜자들로부터의 변화 저항을 완전히 차단하고 전혀 새로운 급진적 변화를 추구하는 것이 현실적으로 가능하기 어렵기 때문이다.

요컨대, 새로운 제도는 기존 제도의 요소들을 반영할 수밖에 없는 것이다. 과거의 제도가 철저하게 실패했다는 것을 완전하게 입증할 수 있는 상황이라 하더라도 기존 제도와 완전하게 다른 새로운 제도가 도입되는 것은 불가능할 것이다. 기존 제도의 실패에 대한 대응으로 새로운 제도가 도입되는 것이 아니라, 기존 제도의 요소들을 부분적으로 수정하거나 개선하는 것으로 새로운 제도가 나타난다. 완전히 새로운 형

---

22 North 2005.

태의 제도설계나 새로운 제도의 전면 도입이 아니라 실패한 이전 제도를 새로운 구성요소들로 보강함으로써 제도가 변화한다는 것이다.

3. 내생적, 점진적 제도변화

　이상에서 살펴 본 바와 같이 신제도주의 접근법에 대해서는 제도변화에 대해서 매우 설명력이 제한된다는 비판이 제기 되어 왔다. 신제도주의 이론의 취약성은 특히 점진적으로 진행되는 제도 변화 과정을 제대로 설명하지 못한다는 것이었다. 합리적 선택 제도주의나 역사제도주의, 사회학적 제도주의 모두 설명 체계 속에 점진적 제도변화의 가능성을 열어두고는 있지만, 점진적 제도 변화가 왜, 누구의 주도로, 어떠한 변화의 메커니즘을 통해서 어떻게 변화해 나가는지 구체적인 설명이 부족하다는 것이었다. 다양한 각국에서의 사례들 속에서는 돌연한 단절적, 급진적 변화보다는 예견 가능한 연속적, 점진적 변화의 사례들이 빈번하게 이루어지고 있다는 점을 감안할 때 신제도주의 이론들이 갖는 이론적 취약성에 대한 이러한 지적과 비판은 타당성을 갖는다고 할 수 있다.

　실제 진행되어 온 각국에서의 제도변화 사례는 외재적 충격파로부터 발단된 제도의 근본 변화의 사례보다는 내생적 요인의 작용으로 오랜 시간 동안 진행되는 점진적 변화의 사례들이 많다. 외재적 요인으로부터 발단되는 근본변화는 그 만큼 역동적일 수 있고, 극적인 양상을 띨 수 있기 때문에 학자들의 관심을 끌기에 충분한 요소를 가지고 있다. 또한 사람들은 이러한 단기내의 극적인 변화가 중요하고, 중대한 결과의 차이를 낳는다고 쉽게 생각해 버리기도 한다.

반면 긴 시간대를 통해 이루어지는 점진적 제도 변화는 두드러진 정치적 사회적 쟁점 현안으로 등장하지 않을 수도 있고, 세간의 주목을 받지 않은 상태에서 부지불식간에 이루어지는 변화들일 수 있기 때문에 그만큼 덜 중요하고, 그것이 초래하는 변화의 결과도 그리 중요하지 않을 것이라고 단정해 버리기 쉽다. 하지만 내생적 요인의 작동으로 이루어지는 내재적 발단의 제도변화 역시 많은 사람들에게 큰 변화를 초래하는 중대한 현상일 수 있다.

경험적으로 관찰 가능한 변화 사례들 가운데에는 외재적 요인에 의한 단절적 변화보다는 내생적 요인들로부터 발단되는 연속적 변화들이 많다. 이러한 경험적 사례들에 기초하여 아주 최근에는 경로의존성 개념과 연계하여 점진적 제도변화의 가능성을 이론적으로 전망하는 하는 다양한 설명들이 제시된 바 있다.[23] 이들 경로의존성 개념에 기초한 설명들에 의하면 제도는 스스로를 고착시켜 나가는 '자기고착화'(self-reinforcing lock-in) 상태에 빠져 외생적 변화의 충격파를 기다리기보다는 아주 점진적인 방식으로 진화해 나간다는 것이다.

요컨대 역사제도주의는 경론의존성 개념을 통해 제도라는 것이 일단은 형성되면 좀처럼 변화하지 않는 것이라는 점을 강조하고 있으며, 변화가 가능하다면 그것은 외부로부터의 충격에 의한 단절적 변화―비연쇄적 근본적 변화―라고 설명하고 있다. 그렇지만 보다 최근에는 역

---

23 Mahoney 2000; Pierson 2004; Thelen 1999, 2004; North 1990; Vollier & Collier 1991; Arthur 1994, Clemens & Cook 1999.

사 제도주의 설명 틀을 유지하면서도 점진적 제도변화 가능성을 인정하고 있는 연구들이 많이 발견된다.

'점진적 제도변화'가 최근 제도연구의 큰 하나의 흐름으로 자리 잡아가고 있는 것으로 보인다. 점진적 제도변화 연구는 어떤 의미에서 역사제도주의이론에서 강조하고 있는 '경로의존성'이나 제도의 '점착성' 개념으로부터 비롯된 것으로도 볼 수 있다. 경로의존성을 설명하는 많은 연구들은 제도가 자기 고착화(self-enforcing lock-in) 상태에 빠지거나 빠지지 않을 수 있는 상황 조건들을 탐색하고 있는데, 이 과정에서 외부로부터의 충격에 의해 발단되지 않는 제도변화의 가능성을 전망하고 있다.[24] 역사 제도주의 접근의 이론들 가운데에는 경로 의존적 고착상태가 드문 현상이라는 점을 지적하며, 통상적인 많은 경우 제도변화는 점증적 방식으로 진행된다는 점을 인정하고 있는 학자들도 있다. Pierson은 제도의 점증적 변화 과정을 설명하기 위하여 축적 요인들(cumulative causes), 역치 효과(threshold effects), 연쇄적 인과과정(causal chains) 등의 개념을 활용하고 있다.[25] 이들 개념들은 역사제도주의의 제도변화이론의 전형인 단절적 균형 모델과는 부합하지 않는다. Thelen & Streeck은 역사제도주의 접근법을 취하면서도 점증적 제도변화의 다양한 경험적 사례들을 비교분석하고 있다.[26]

제도변화에 대한 신제도주의 접근법의 설명들이 가지고 있는 또 다른 차원의 취약점은 제도변화의 메커니즘을 구체적으로 설명하고 있지

24 North 1990; Mahoney 2000; Pierson 2004; Thelen 1999, 2004.
25 Pierson 2004.
26 Thelen & Streeck 2005.

않다는 것이다. 많은 연구들이 이해관계의 변화, 글로벌화에 따른 이익 배열의 변화가 있기 때문에 제도가 변화한다고 설명한다. 그러나 이해 관계의 변화와 이익배열의 변화가 실제 제도변화로 연결되는 변화의 메커니즘에 대한 구체적 설명은 별로 없다. 구조적 변인들이 실제 제도의 변화로 이어지는 과정에서 그 매개체라 할 수 있는 행위자의 역할을 제대로 규명하고 있지 못한 것이다. 행위자의 이해관계, 그리고 행위자를 움직이는 동기와 전략의 접점에 대한 설명을 놓치고 있는 경우가 많다.

많은 연구들에서 행위자의 이해관계는 사회적 이익배열도 상에서 객관적으로 그 위치가 결정되는 것이고, 따라서 객관적으로 인식되고 파악 가능한 것으로 설명된다. 하지만 행위자의 선택과 행동을 결정하는 '이해관계'는 행위자가 그것을 어떻게 인식하고 받아들이느냐 하는 주관적 판단 영역에 속하는 것이기도 하다. 이해관계가 행위자로 하여금 특정의 행동을 추동하는 것이라면 행위자의 생각―아이디어―이 어떻게 변화하면서 제도 변화에 나서게 되는지에 대한 설명이 필요하다. 제도변화가 외재적 요인의 작용으로 이루어지는 것이 아니고, 내생적 요인에 의해 발단되는 것이라면 이러한 변화를 설명하기 위해서는 다음과 같은 설명 요소들이 포함되어야 한다.[27]

첫째, 제도의 어떠한 속성들이 변화를 허용하는가?

둘째, 이러한 변화를 유발하는 속성들이 왜, 그리고 어떻게 변화를 주도하는 행위자들로 하여금 변화를 추진하는 행동을 수행해 나가도록 하는가?

---

27 Mahoney & Thelen 2009.

셋째, 이러한 변화를 주도하는 행위자는 누구인가? 어떠한 동기와 목표를 가지고 변화를 추구해 나가는가?

넷째, 이들 행위자들은 어떠한 제도적 환경 하에서 어떠한 전략을 선택해 나가는가?

다섯째, 변화를 주도하는 행위자들이 채택하는 전략들은 성과와 취약성의 측면에서 어떻게 평가될 수 있는가?

내생적 제도변화의 다양한 원인들과 그 변화의 유형을 이론화하기 위해서는 이러한 질문들을 해명할 수 있는 대답들이 나와야 할 것이다. 최근 합리적 선택 제도주의, 사회학적 제도주의, 역사제도주의 등 세 신제도주의 이론들에서는 공통적으로 각각 기존 이론체계들이 갖는 한계를 지적하면서 내생적, 점진적 제도변화에 대한 새로운 이론적 전망을 제시하고 있다. 세 유형의 신제도주의 이론체계 모두 제도의 안정성과 외생적 충격에 의한 변화 가능성에 무게를 두어 왔다면, 최근에 들어와서는 각각의 이론 체계 내에서 내생적, 점진적 제도변화 가능성을 전망하고 있다고 말할 수 있다.

4. 정치행위자로서 경제단체와 제도변화 양식

(1) 권력 배분적 접근법

개별 행위자의 선택과 행동전략이라는 관점에서 제도변화의 가능성을 직접적으로 제시하고 있는 것은 합리적 선택제도주의 이론이다.

합리적 선택제도주의 접근법에서 제도의 형성과 변화는 합리적 행위자들의 이익극대화 동기의 산물로 설명된다. 이익 극대화 동기를 가진 개인이나 집단은 제도를 새롭게 만들거나 기존 제도를 변화시켜 편익의 증대를 도모한다. 제도의 수립 및 변경으로 획득할 수 있을 것으로 기대되는 편익이 이 과정에서 소요될 것으로 기대되는 비용보다 크다고 계산한다면 그렇게 한다는 것이다. 합리적 선택 제도주의 이론에 따르면 제도는 공공재적 속성을 갖는 것이기 때문에 비용 계산 과정에서는 집단행동을 조직화하는 데 드는 비용 문제가 포함된다.

문제는 제도수립 및 제도변화의 동기가 자극되는 것이 외재적 요인의 작용에 의해 의한 것이냐, 아니면 내생적 요인의 작용에 의한 것이냐 하는 것이다. 사실 내생적 요인과 외생적 요인을 엄격히 구분한다는 것은 무의미한 일일 수 있다. 외생적 요인, 즉 대외적인 여건이나 상황 변화 없이 순수하게 행위자의 내적 동기만으로 변화가 발단된다고 보기 어렵기 때문이다. 행위자가 상황이나 여건을 어떻게 이해하느냐에 따라 이익 계산법이 달라진다고 보아야 할 것이다. 행위자의 선택이 이루어지는 정치, 경제, 사회적 상황의 특성이나 현존 제도의 특성, 그리고 그 변화가 행위자의 이해관계에 대한 계산식을 변화시킨다고 볼 때 외생적 요인 따로, 내재적 요인 따로 규명될 수는 없을 것이다.

역사제도주의 접근법의 기본 관점이 그렇듯이 합리적 선택 제도주의 역시 제도는 행위자의 행동에 제한을 가하는 제약요인이다. 합리적 선택 제도주의 이론에서 제도는 개별 행위자 입장에서 이익 극대 추구를 도모하는 합리적 개인들의 선택을 제약한다. 개별 행위자의 합리적 선택은 구성원들의 행동을 규율하는 제도의 제약 속에서 이루어지기 때문이다. 개별 행위자의 관점에서가 아니고, 사회 전체적 관점에서 제도는 주요 정치 사회적 행위자들 간의 역학관계가 균형점에 도달해 있는 조정기제(coordinating mechanism)이다.[28] 기존 합리적 선택제도주의 이론은 이러한 균형점의 변화가 외생적 요인의 작용에 의해 이루어지는 것으로 설명한다.[29]

하지만 합리적 선택 제도주의 접근법을 취하는 학자들 가운데 행위자들 간의 역학관계에 주목하되, 특히 힘의 불균형 배분으로부터 내생적 제도변화 가능성을 이론적으로 전망하고 있는 설명도 있다.[30] 제도는 행위자들이 가지고 있는 불균등한 자원 배분 상황으로부터 기인하는 긴장관계를 내포하고 있다. 제도는 특정 행위자—개인이나 결사체—들에게 자원과 기회를 우호적으로 배분할 수 있기 때문이다. 사회적으로 중요한 가치와 자원의 배분을 결정하는 제도일수록 그렇다고 할 수 있는데, 정치경제제도—여기서의 시장제도—가 바로 이러한 제도의 전형이라 할 수 있다.

제도는 사회적 행위자들 사이의 이익 추구 경쟁의 균형 상태를 반영하고 있는 것이다. 자원 배분의 균형 상태에서는, 더 나아가 자원배분의 불균형 상태가 사회적으로 용인될 수 있는 범위 내에서는 현행 제도의 변경을 추진하려는 동기가 낮은 수준을 유지할 수 있다. 기존 제도에 대한 변화 추진 동기가 발현되는 것은 제도 작동의 기대편익이 행위자들 간에 심각한 불균형 상태에 빠져들게 되는 경우이다. 제도 변화를 추진하는 것은 현존 제도의 작동으로 초래되는 자원 배분의 결과로 불

---

28 Shepsle 1989, p. 145; Calvert 1995, p. 218; Levi 1997, p. 27.

29 Greif & Laitin 2004, p. 633; Bates et al. 1998, p. 8.

30 Knight 1992; Moe 2005.

이익이 초래되고, 이러한 불이익이 구조적으로 지속될 수밖에 없을 것이라고 믿는 행위자들에 의해서이다. 현존 제도가 보장하는 편익이 압도적으로 특정 부류의 행위자에게 집중되는 경우, 또한 현존 제도의 가장 큰 수혜자가 이러한 편익의 추가 증대를 목표로 제도의 고착화를 추진하는 경우 여기에 대한 반발로 상반된 이해관계를 가진 행위자 집단의 제도변화 추진 동기가 작동하기 시작한다. 기존 제도의 유지, 강화냐, 아니면 제도의 변화냐를 둘러싼 역학 관계가 문제인 것이다. 제도변화에 대한 이러한 관점을 Mahoney & Thelen은 제도변화에 대한 권력 배분적 접근법(power-distributional approach)으로 설명하고 있다.[31]

(2) 제도변화 메커니즘

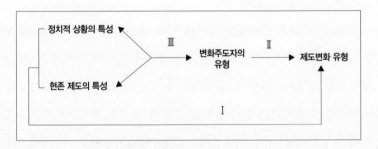

〈그림 1〉 제도변화 양식을 설명하기 위한 분석틀

출처: Mahoney & Thelen(2010), p. 15.

제도변화 메커니즘 분석틀

---

31 Mahoney & Thelen 2010, p. 14.

행위자가 주도하는 내생적, 점진적 제도 변화의 메커니즘을 설명하기 위해서는 다양한 수준의 변수들이 검토되어야 한다. 우선 제도변화가 이를 추진하는 행위자들의 선택과 전략에 의한 것이라면, 변화를 주도하는 행위자들의 동기 유발에 영향을 미치는 정치적 맥락이 분석될 필요가 있다. 또한 행위자들의 선택과 전략에 제약을 가하는 현존 제도의 특성들이 검토되어야 한다. 이들 배경적 요인들이 변화주도자들의 이해관계 계산이나 아이디어 전환에 미치는 영향을 분석할 수 있어야 한다. 어떠한 유형의 제도변화가 추진되느냐 하는 것은 변화주도자들의 전략적 행동의 산물로서 결정된다.

(3) 제도변화의 양식들(Modes of Institutional Change)

제도변화의 유형은 다양할 수 있다. 급격한 변화가 있을 수 있고, 점진적 변화가 있을 수 있다. 대폭적인 변화가 나타나기도 하고, 부분적인 변화가 이루어질 수도 있다. 기존 제도와의 연속선상에서 이루어지는 변화가 있는가 하면, 기존제도의 폐지를 전제로 추진되는 새로운 제도의 수립이 있을 수도 있다. 기존 제도가 그대로 유지된 상태에서 그 위에 새로운 제도적 요소들이 첨가되는 형태로 제도변화가 이루어질 수도 있다. 그런가하면 기존 제도가 크게 무력화된 상태에서 명목만 유지될 수도 있고, 기존 제도에 대한 해석과 운영이 크게 달라지는 방식으로 제도 변화가 이루어질 수도 있다. Streek & Thelen(2005)은 이러한 제도변화 양식을 대체(displacement), 부가(layering), 표류(drift), 전환(conversion)의 네 유형으로 분류하고 있다.[32]

1) 대체(displacement): 기존 제도의 폐지와 새로운 제도의 신설

대체는 기존 제도의 폐지 또는 효력 정지와 함께 이를 대체하는 새로운 제도가 수립되는 경우를 말한다. 제도의 대체는 급격한(radical shift), 단절적(abrupt) 제도변화의 전형이라 할 수 있다. '급격한'의 의미는 변화가 추진되는 속도만을 의미하는 것은 아니다. '대체'의 제도 변화가 서서히 진행될 수도 있다. 새로운 제도, 혹은 새로운 제도적 요소들이 도입된 후, 이것이 기존 제도―혹은 제도적 요소들―와 직접적으로 경합하면서 이전 제도를 무력화시키는 방식으로도 이루어질 수도 있다. 새로운 제도의 수립은 이전 제도 하에서의 권력배분 게임의 패자에 의해 주도되는 경우가 많다. 제도 신설을 둘러싸고 현존 제도의 수혜자들의 저항이 역부족임이 점진적으로 드러날 때 점진적 대체의 제도변화가 이루어질 수 있다.

2) 층화(layering): 기존 제도 위에 새로운 제도적 요소의 도입

기존 제도 위에 새로운 제도적 요소들이 부가되어 기존 제도의 요소에 중대한 수정이 가해져 기존 제도의 효력이 크게 달라지는 제도변화 유형이다. 기존 제도의 요소들에 새로운 요소가 덧붙여지는 층화의

---

32 이하 제도변화의 양식에 관한 설명은 Streek & Thelen(2005)과 Mahoney & Thelen(2010)의 연구 성과를 요약하고 있다: 여기서 층화, 대체, 표류, 전환의 한국어 개념은 하연섭의 번역을 그대로 차용한 것이다(하연섭 2011).

제도변화는 기존 제도의 효력을 보강하는 차원의 제도 보완과는 구분된다. 부가되는 새로운 제도적 요소들의 영향력은 기존 제도의 기본 작동 원리를 변화시킬 수 있을 만큼 큰 것이어야 한다. 새로운 제도적 요소의 부가로 사람들의 행동에 제약을 가하는 방식이 달라질 수 있을 정도여야 한다는 의미인 것이다. 예컨대 미국이나 유럽 등지에서의 바우처 시스템의 도입 혹은 한국의 경우 자립형 사립 고등학교 제도 등의 도입으로 기존 학군제도의 큰 틀이 그대로 유지되면서도 학생과 학부모의 학교 선택권의 폭을 넓히는 효과가 발생하도록 한 것이 이의 대표적인 사례에 해당한다고 할 수 있다. 층화의 제도변화는 기존 제도가 여전히 작동하면서 그 효과가 누적적으로 발휘됨으로써 기존 제도의 근간을 흔들 정도의 위력을 나타내 보이는 경우이다.

3) 표류(drift): 환경 및 여건의 변화에서 기인하는 기존 제도의 영향 축소

표류의 제도변화는 기존 제도가 그대로 유지되는 가운데, 대외적 여건의 변화로 그 작동의 결과가 달라지는 경우를 지칭한다.[33] 현존 제도를 유지해 나가기 위해서는 상황이나 여건이 달라져 감에 따라, 제도를 구성하고 있는 요소들을 부분적으로 수정하거나 보완해 나갈 필요가 있다. '표류'의 제도 변화는 행위자가 여건의 변화에도 불구하고 이

---

33 Hacker 2005.

러한 현상유지에 필요한 최소한의 대응조치를 전혀 취하지 않음에 따라 기존 제도의 효과가 원래의 취지와 다르게 나타나는 경우를 지칭한다. 예컨대 인구비례 선거구 제도가 인구 변동에도 불구하고 아무런 부분적 수정조치 등이 뒤따르지 않음으로써 특정 부류의 인구 집단이 과대대표되는 왜곡된 결과를 가져 오는 사례가 이에 해당한다. 제도변화를 추진하고자 하는 적극적인 행위자는 이러한 '무위'(inaction)의 상황을 변화 추진의 기회로 활용할 수 있다.

4) 전환(conversion): 제도적 요소의 전략적 재배치(strategic rede-ployment)에 따른 기존 제도 운영방식의 변화

'전환'은 기존 제도가 공식적으로 그대로 유지되는 가운데 그 유권해석이 달라지거나 기존의 운영 방식을 새롭게 변화시킴으로써 원래 취지와 다른 작동 결과가 초래되는 경우를 지칭한다.[34] 전환은 현존 제도가 특정 행위자의 적극적인 활동에 의해 원래의 취지와 다른 새로운 목적이나 기능을 수행하는 것으로 바뀌게 될 때 나타난다. 전환은 '무위'(inaction)에서 기인하는 표류와는 다르게 특정 행위자가 기존 제도에 내재되어 있는 애매모호함을 적극적으로 이용하는 경우 발생할 수 있다. 제도변화를 추구하는 행위자가 기존 제도 집행과정에서 논란이 되어 온 내재적 불명확성(inherent ambiguities)을 파고들어 새로운 해석을 제시

---

34 Thelen 2004.

하고, 여기에 상응하는 추가적 조치가 이루어지도록 함으로써 기존 제도의 작동 결과를 다르게 만들어 내는 경우가 그 대표적인 사례가 될 수 있다. 또한 '전환'은 제도 운용의 주체가 바뀌어감에 따라 기존 제도의 효과가 전혀 다르게 나타나는 경우에도 해당된다. 예컨대 남북관계 문제를 다루는 제도들이 이전 그대로 유지되는 가운데에서도 정부교체로 이념적 성향이 다른 인사들이 그 운용을 맡게 됨으로써 전혀 다른 작동 결과가 나타나는 경우도 '전환'의 제도변화 유형에 포함된다. 이상의 제도변화의 양식을 표로 정리하면 아래와 같다.[35]

<표 1> 제도 변화의 양식

구분	대체	층화	표류	전환
기존규칙의 폐지	Yes	No	No	No
기존규칙의 무력화	–	No	Yes	No
기존 규칙의 영향축소 및 집행방식의 변화	–	No	Yes	Yes
새로운 규칙의 도입	Yes	Yes	No	

출처: Mahoney & Thelen(2010), p. 16.

설명변수 1: 정치적 맥락 및 현존제도의 특징 변수와 제도변화의 유형

제도변화의 유형을 좌우하는 주요한 변수들로서는 제도운용을 둘러싼 정치적 상황/맥락의 특성과 현존 제도의 특성을 들 수 있다. 정치

---

35 Mahoney & Thelen, 2010, p. 16.

적 상황의 특성은 대립하고 있는 정파 간의 권력 배분 상황 및 권력 배분 상황의 변화 가능성을 의미한다. 제도변화의 양식을 좌우하는 주요한 변수는 현상 유지를 옹호하는 수혜자 집단의 비토 가능성이 큰가 아니면 작은가? 하는 문제로 귀결된다. 이 문제는 강력한 비토권의 행사가 가능한 행위자가 존재하느냐의 여부, 그리고 제도적으로 비토권 행사 가능성이 얼마나 열려 있느냐 하는 점에 따라 달라진다. 제도변화 추진자의 기도를 봉쇄할 수 있는 제도적 권한이나 제도외적 역량을 갖춘 행위자가 존재하는 경우 비토 가능성은 커진다. 기존 제도의 수혜자가 강력한 비토권 행사자로 역할을 할 수 있는 상황이라면 대체나 전환의 제도변화는 사실상 어렵게 된다. 이러한 정치적 상황이라면 표류나 층화가 제도변화의 가능한 양식이 될 것이다.

제도변화의 양식을 결정하는 또 다른 주요한 변수는 제도의 해석 및 운용과정에서 행위자에 의한 재량권 행사 여지가 있을 수 있느냐의 여부이다. 제도는 실제 운용과정에서 관련 규정 등의 해석을 둘러싸고 서로 상충하기까지 하는 다양한 해석의 가능성을 내포할 수 있다. 제도가 가지고 있는 내재적 모호성(inherent ambiguities)은 특히 제도 집행 과정에서 순응의 문제를 유발하기 때문에 제도변화 추진자들에게 변화의 동기를 실행에 옮길 수 있는 '가능성의 창'으로 기능한다고 할 수 있다. 전환이나 표류의 제도변화는 이러한 '가능성의 창'을 적극적으로 활용하고자 하는 행위자에 의해 추진된다. 제도가 내재적인 모호성을 가지고는 있지만 운용자나 수혜자 그룹이 반대자들의 변화 추진을 막아낼 수 있을 만큼 강력할 때 전환이나 표류의 제도변화가 이루어질 수 있다. 이는 제도의 복합성에서 기인하는 것일 수도 있고, 제도가 규율하고 있는 행동유형의 다양성, 제도 집행과정에 동원될 수 있는 자원 범위의 모호성 등의 문제에서 기인할 수 있다. 제도 운용 과정에서 이론의 여지가 있을 수 없을 만큼 일의적 해석이 명확한 경우에는 전환이나 표류의 제도변화 가능성은 크게 줄어들게 된다. 층화와 대체의 제도변화는 제도가 가질 수 있는 내재적 모호성과는 직접적으로 무관하다.

〈표 2〉 제도변화의 상황적, 제도적 요인과 변화유형

		제도의 특성	
		낮은 수준의 재량	높은 수준의 재량
정치적 맥락의 특성	비토 가능성 강함	Layering	Drift
	비토 가능성 약함	Displacement	Conversion

출처: Mahoney & Thelen(2010), p. 19.

설명변수 II: 변화주도자 변수와 제도변화

제도변화를 이해하고 설명하기 위해 제기할 수 있는 가장 중요한 질문은 누가 변화의 주도자로 나서는가? 하는 것이다. 제도의 성격을 영향력 배분게임의 균형점이라는 관점에서 이해한다면 현존 제도의 변화 추진 주체는 당연히 현존 제도의 '패자그룹'이 될 것이다. 패자그룹이 제도변화를 추진하는 것은 현존 제도의 변화로 편익의 증대를 기대하기 때문이다. 제도의 수혜자 집단과 패자그룹을 식별해 내는 일은 비교적 용이한 일이다. 그렇지만 제도의 내재적 모호성과 제도 집행 과정에서의 불확실성은 승자와 패자 그룹을 명확히 가려내는 일을 어렵게 만들기도 한다.[36]

사람들은 단기적 안목에서 행동하기도 하고, 장기적 안목을 가지고 전략적으로 행동할 수도 있다. 명확한 제도변화의 의도를 가지고 전략적으로 행동하는 사람들에 의해 제도변화가 추진될 수도 있다. 하지만 이러한 그룹의 적극적 개입 없이 권력 게임의 부산물로서 제도변화가 이루어지기도 한다. 제도 변화를 바라는 것과 현존 제도를 순응하는 것은 개념적으로 구분되어야 할 필요가 있다. 제도변화를 원하는 모든 사람들이 현존 제도에 대한 순응을 거부하는 것은 아니다. 행위자들이 현존 제도에 대해 갖는 태도는 다양할 수가 있다. 현존 제도에 대한 순응 여부, 즉 현존 제도에 대한 도전과 반발의 정도 그리고 현존 제도에 대한 변화 추진 기도의 명백성 등을 고려하여 이를 유형화할 수 있다. 제도변화 추진자의 유형은 아래 표로 나타낼 수 있다.

〈표 3〉 제도변화 추진자의 유형

구분	현존 제도 유지 노력	현존 제도의 규칙 순응 노력
반발자(insurrectionaries)	No	No
공생자(symbionts)	Yes	No
전복기도자(subversives)	No	Yes
기회주의자(opportunists)	Yes/No	Yes/No

출처: Mahoney & Thelen(2010), p. 23.

반발자(insurrectionaries): 현존 제도를 폐지하려는 명백한 의도를 가지고서 이를 위한 가시적 활동을 구체적으로 전개해 나가는 유형이

---

36 Mahoney & Thelen, 2010, p. 19.

다.[37] 반발자는 제도적 현상유지를 거부하며 제도적 요소에 대한 순응도 거부한다. 제도적 요소들이 상호작용하면서 특정 부류의 집단에 대하여 현격한 불이익을 안겨줄 때 불리한 위치에 있는 행위자들이 공동의 이익을 도모하는 집단행동의 조직화에 나설 때 반발자들은 제도변화 기도의 전면에 나서게 된다. 반발자들은 세력을 규합해 가며, 지금 작동하는 제도를 새로운 제도로 대체하기 위한 결정적 국면을 모색한다. 따라서 반발자들에 의해 추진되는 제도 변화는 급격한 방식으로 단절적인 형태로 나타난다. 다만 변화추진자들이 신속하게 일을 해치울 수 있는 역량이 결여되어 있는 경우 점진적인 방식의 제도 '대체'가 이루어질 수도 있다.

공생자(symbionts): 공생자는 제도의 규율을 받는 행위자들 가운데에서 제도 형성 과정에서의 적극적 역할 없이 만들어진 제도의 혜택만을 적극 편취하는 유형이다. 공생자 집단에게 제도는 사익 극대화의 도구일 뿐이다. 공생자 유형은 다시 둘로 나누어 생각할 수 있다. 하나는 '기생형' 공생자(parasites)이고, 다른 하나는 '상호주의형' 공생자(mutualistic)이다. '기생형' 공생자(parasites)형은 제도의 현상 유지에 편승해 가면서 사익을 도모해 나가지만 사익 편취에 지장을 주는 것이라면 제도의 기본 정신과 상충하는 행동도 불사하는 유형이다. 기생형 공생자는 제도가 지닌 허점이나 모호성을 최대한 이용해 나가면서 사익편취를 도모한다. 기생형 공생자는 제도적 순응에 대한 기대치가 높지만 실제 제도 운영자들이 이를 충족시켜 나갈 수 있는 역량이 부족할 때 만연된

---

37 Mahoney & Thelen, 2010, p. 23.

다. 제도적 이상과 제도적 현실 사이에 큰 괴리가 있을 때 '표류'의 제도 변화가 이루어질 수 있다. 기생형 공생자는 장기적으로 보면 제도 작동 기반을 훼손하는 결과를 낳는다.

'상호주의형' 공생자(mutualistic symbionts) 유형은 제도의 '기본 정신'을 살려가며 현존 제도의 보존을 위해 노력한다는 점에서 기생형 공생자 유형과 구분된다. 기생형이 제도의 설립 취지에는 아랑곳하지 않고, 사익 편취에만 매달리는 유형이라면 상호주의형은 때로는 제도의 기본 취지를 따른다는 명분을 고집하면서 특정의 세부적인 제도적 요소에 대한 순응을 거부하기도 한다. 따라서 이들 상호주의형 공생자들에 의해서 표류의 제도변화 현상이 나타날 가능성은 크지 않다.

전복기도자(subversives): 제도변화를 추진하는 행위자들 가운데에는 현존 제도의 '대체'나 '전환' 등을 도모하지만, 결정적 기회가 포착되기 전까지는 기존제도의 규칙들에 순응하는 사람들이 있을 수 있다. 제도 변화 추진 의도를 결정적으로 실행에 옮기기 전까지 이들은 현존 제도에 순응하는 자세를 나타내기 때문에 때로는 현존 제도 지지자로 비쳐질 수도 있다. 전복기도자들은 결정적 기회를 기다리는 가운데에서도 현존 제도의 효과를 무력화시키기 위한 다양한 변화를 시도한다. 예컨대 기존 제도적 요소들에 새로운 요소를 부가함으로써 기존 제도의 효과를 감쇄시키는 '층화'의 변화전략이 시도될 수도 있다. 전복기도자는 기본적으로 현존 제도의 유지에 반대하지만 일단 순응의 자세를 보이면서 현존 제도의 효과를 무력화시키기 다양한 방식의 노력을 전개한다. 전복기도자가 층화와 전환, 대체의 제도변화 가운데 어떠한 변화 전략을 구사하는지는 그때그때 정치적 상황에 따라 달리 결정된다.

기회주의자(opportunities): 기회주의자 유형은 현존 제도에 대한 선호가 모호한 유형의 행위자들이다. 현존 제도의 존속을 위해 노력하지도 않지만, 제도적 현상 유지에 반대하는 활동에 나서지도 않는다. 현존 제도나 다른 어떠한 대안적 제도에 대한 선호도 분명히 밝히지 않는다. 기회주의형 행위자들은 제도변화에 관한 한, 무대응으로 일관하면서 현존 제도가 보장하는 이익편취 기회를 적극 활용해 나간다. 기회주의자들은 권력배분 게임 속의 역학관계를 관망하면서 자신들이 추구하는 목적 달성에만 골몰할 뿐이다. 반대 활동에 결코 나서지 않기 때문에 기회주의자들은 현존 제도 지지자들의 우군으로 비쳐지기도 한다. 따라서 이러한 유형의 행위자들이 많으면 많을수록 기존 제도의 관성력은 그만큼 크게 작용할 수 있다. 그러나 기회주의자들은 권력배분 게임의 정치적 상황 변화로 역학관계의 변화가 명백해지면 '전환'의 제도변화에 나서기도 한다. 기존 제도의 설계자들이 미리 예상치 못한 허점이나 모호성을 파고들어 기존 제도의 효과를 무력화시키는 한편, 기존 제도가 전혀 새로운 결과를 낳도록 하는 제도 변화 전략을 적극적으로 구사하기도 한다.

　제도변화를 도모하는 행위자가 어떤 유형이냐에 따라 이들에 의해 추구되는 제도변화의 양상은 달라진다. 기존 제도의 '반발자'들은 현존 제도의 급격한 '대체'를 추진하지만, 많은 경우 이들의 변화추구 기도는 점진적 대체의 제도변화로 귀결되기도 한다.[38] '공생자'들은 현존 제도의 현상유지 보존을 추구하지만 제도를 사익편취의 수단으로 생각하는 이들의 기생주의적 성향 때문에 '표류'의 제도변화가 나타나기도 한

38　Mahoney & Thelen, 2010, p. 28.

다. '전복기도자'들은 현존 제도를 대체할 새로운 제도의 수립을 도모하지만 단기적으로는 '층화'의 제도변화가 생길 수도 있다. '기회주의자'들은 정치적 상황의 관망 속에서 이익극대화 차원의 '전환'을 도모하기도 한다. 이를 표로 나타내면 아래와 같다.[39]

<표 4> 정치적 상황 및 제도적 특성과 행위자 유형

		제도의 특성	
		낮은 수준의 재량권	높은 수준의 재량권
정치적 상황의 특성	강한 비토권	Subversives (layering)	Parasitic Symbionts (drift)
	약한 비토권	Insurrectionaries (Displacement)	Opportunities (Conversion)

출처: Mahoney & Thelen(2010), p. 28.

설명변수 III: 정치적 상황 및 제도의 특성과 행위주도자의 행동 전략

제도변화 추진자의 변화를 위한 행동전략은 정치적 상황의 특성과 현존 제도의 특성이 어떻게 맞물리느냐에 따라서 달리 결정된다. 제도변화를 둘러싼 행위자들의 변화에 대한 기본 입장과 변화 전략, 그리고 제도 변화의 유형을 결정하는 요인은 다양할 수 있다.

첫째, 강력한 비토권 행사자가 존재하지 않고, 제도해석이나 운용 과정에서 재량의 여지가 없는 경우에 제도변화 추진자가 선택할 수 있

---

39 Mahoney & Thelen 2010, p. 28.

는 전략은 반대 의사를 명확히 하면서 즉각 기존 제도를 새로운 제도로 '대체'하기 위한 활동에 뛰어드는 것이 될 것이다. 이 경우 제도변화 추진자는 '반발자'로 행동하는 것이 된다.

둘째, 강력한 비토권 행사자가 존재하는 상황, 즉 제도변화 추진 기도에 대한 강력한 저항이 있는 경우라 하더라도 실제 제도 운용과정에서 제도적 요소들에 대한 해석과 운용방식을 둘러싸고 재량권 발휘의 여지가 큰 경우에는 현존 제도의 효력을 무력화시키려는 '표류'의 변화전략이 추진될 수 있다. 이러한 경우라면 변화추진자는 공생자로서 기존 제도에 편승하면서도 기존 제도의 효과를 무력화시키려는 전략적 행동을 거듭해 나갈 것이다.

셋째, 강력한 비토권 행사 가능성이 있는 데에도 재량의 여지가 없는 경우에 변화추진자는 기존 제도를 새로운 것으로 대체할 수 있는 결정적 기회를 포착하기까지 일단 현존 제도에 순응하면서 전복기도자(subversives)로서 전략적으로 행동할 수 있다.

넷째, 제도변화 추진에 대한 저항이 크지 않고, 신축적 재량의 제도 운용이 가능한 경우에는 행위자는 기회주의적으로 행동할 수 있다. 기회주의자들은 제도변화에 대한 명확한 선호를 드러내지 않은 상태에서 현존 제도의 이점을 최대한 활용하려는 전략을 구사한다. 다만 기회주의자들은 현존 제도의 급격한 폐지 기도에 대해서는 반대한다. 기회주의자들은 현존 제도의 즉각적 폐지를 추구하지 않는 한, 제도 작동의 효력을 무력화시키려는 표류나 전환의 제도변화를 추구하는 행위자들의 변화전략에 대해 자신들의 이익에 부합된다고 판단하면 여기에 동조하고 나설 수도 있다.[40]

(4) 제도변화의 정치동학: 제도변화 추진자들 사이의 집단행동 문제

　제도변화의 추진 노력은 얼마나 많은 지지자들을 끌어 모을 수 있느냐 하는 것에 성패가 달려 있다고 할 수 있다. 제도변화 추진 과정은 변화추진 연합의 성공 가능성에 전적으로 좌우된다. 제도변화 추진자의 유형에 따라 현존 제도의 지지자 그룹이 연합의 대상이 되기도 하고, 기존 제도에 대한 반발자 집단이 연합의 대상이 되기도 한다.

〈표 5〉 제도변화 연합전선

구분	현존제도 지지자들과의 연합	현존제도 도전자들과의 연합
반발자	No	Yes
공생자	Yes	No
전복기도자	No	No
기회주의자	Yes/No	Yes/No

출처: Mahoney & Thelen(2010), p. 30.

　반발자는 현상 유지 지지자들과의 제휴 가능성은 차단한 채, 어떤 형태로든지 현존 제도에 도전하면서 변화를 추구하는 그룹과의 연합형성을 도모한다. 기회주의자들은 반발자를 포함한 모든 유형의 행위자들과 시점을 달리하는 연합을 모색한다. 반발자의 변화 추진 기도는 때로는 기회주의자들 끌어들이는 연합의 기능성 여부에 따라 성사 여부가 달라지기도 한다. 이 경우 반발자 집단은 '대체' 유형의 제도 변화추

40　Mahoney & Thelen, 2010, p. 30.

진이 성공 가능성이 크고, 또 그것이 불가피하다는 점을 설득할 수 있어야 한다. 공생자들은 현상 유지를 선호하기 때문에 도전자들보다는 현존 제도의 지지자들과의 연합에 참여할 가능성이 크다. 전복기도자는 현존 제도에 비판적이고, 제도 변화를 추구하지만 제도의 즉각적 대체를 추구하는 반발자 그룹과의 연합을 추진할 가능성은 크지 않다. 더욱 전복 기도 그룹이 공개적으로 반발자 그룹과 연합을 시도하지는 않을 것이다. 전복기도자는 막후 접촉 등을 통해 잠재적 연합 세력의 규합을 도모할 것이고, 그 전모는 한참 후에 드러날 가능성이 크다.

5. 시장행위자의 '경제 아이디어'와 담론제도주의

(1) 이익, 아이디어, 행위자, 제도

시장행위자의 행동은 이해관계(interests)에 의해 추동된다. 이익은 공사부문에서 사람의 행동을 움직이는 가장 중요한 동인이며, 행위자의 선택과 결정을 좌우하는 가장 주요한 인자이다. 사람들은 때로는 감정에 따라 행동하기도 하며, 이해관계와 무관한 즉흥적인 충동이나 뿌리 깊은 편견에 따라 행동하기도 한다. 하지만 이익은 항상성과 안정성 측면에서 인간의 행동을 설명할 수 있는 가장 믿을 수 있는 설명변수이다. 허쉬만(Hirschman 1977)은 이러한 의미에서 "감정이나 열정, 그리고 인간의 어떤 다른 특질에 의해 추동된 행동보다도 이익에 의해 추동된 행동이 예측가능성을 갖는다."라고 설명하고 있다. 이익—이해관계—은 특히 시장행위자의 행동을 설명하는데 가장 중요한 설명변수가 될 수 있는 것이다.

시장행위자의 행동변인으로서 이익은 복합적 설명을 필요로 한다. 행동의 동인으로서 이해관계는 사람의 마음속에서 절로 우러나는 심성 동기가 아니다. 시장행위자의 행동을 설명하는 변수로써 이익은 객관적으로 주어지는 것도 아니고, 구조적으로 결정되는 것도 아니다. 사람의 이해관계에 대한 고려는 상황의 변화에 따라 달라질 수 있고, 행동이 일어나고 있는 배경적 조건에 따라 달라질 수 있다. 이익에 대한 계산 방식은 그 사람의 행동을 규율하는 규칙이나 배경적 제도에 따라 달라질 수도 있다. 행위자의 이익에 대한 계산은 단기적 안목을 가지고 행해질 수도 있고, 장기적인 안목을 가지고 행해질 수도 있다. 이해관계의 인식과 계산은 행위자가 선택 상황을 어떻게 인식하고 있는가에 따라 달리진다. 행위자의 선택 상황에 대한 인식은 그가 놓여 있는 구조나 배경적 제도에 대한 인식에 따라 달라지며, 상황에 함께 놓여 있는 다른 행위자와의 관계나 그 다른 행위자들을 어떻게 인식하느냐 하는 것에 의해 달라지기도 한다.

사람은 개별 시장행위자로 행동할 수 있고, 공동체의 일원으로 행동할 수 있다. 그런가하면 사람은 결사체의 일원으로 행동할 수도 있고, 국가 구성원으로 행동할 수도 있다. 시장과 공동체, 결사체, 국가와 그 각각을 규율하는 제도적 장치는 행동의 배경적 조건으로서 제도적 규칙체계(institutional rule system)가 된다. 공동체와 국가의 일원으로서 사람은 사익보다는 공익을 추구한다고 설명된다. 적어도 공익추구의 미덕이 강조되는 제도적 조건 속에서 행동한다. 하지만 시장과 결사체에서 행위자들은 사익극대 추구자로 행동한다. 시장에서의 경제적 행위자로서는 사익 추구의 개별 행동이 도덕적으로 아무런 문제가 되지 않으며, 오히려 공익 마인드를 가지고 움직이는 것보다는 사익추구에 충실하는 것이 사회 전체적으로 바람직한 결과를 가져 오는 것으로 설명되기도 한다.

⑵ 합리적 선택 제도주의와 아이디어, 내생적 제도변화

합리적 선택제도주의 이론의 핵심 개념은 '자기이익'이다. 합리적 개인은 철저히 자기이익의 극대화를 도모하는 선택을 하고, 제도를 만들거나 제도변화에 관심을 갖는 것도 이를 위한 것이다. 합리적 선택 제도주의 이론에서는 사람의 선택과 행동을 설명하기 위한 핵심 개념으로서 자기 이익은 객관성을 갖는 것으로 설명된다. 주관적인 판단이나 이데올로기와는 달리 자기이익은 객관성을 갖는다는 것이고, 명료한 기준이나 절차에 의해 계산되고 수학적으로 처리될 수 있다는 장점을 갖는 것으로 설명된다. 문제는 사람들이 자기이익을 무엇을 근거로 어떻게 계산하고, 인지하느냐 하는 것이다.

합리적 선택 제도주의에 대해서는 행위자의 선택과 행동을 설명할 때 자기이익이 당연히 주어지거나 전제되는 것으로 설명될 뿐, 실제 행위자들이 자기이익을 어떻게 인식하고 계산하는지에 대해서는 구체적인 설명을 생략하고 있다. 그런가하면 합리적 선택 제도주의자들은 사람들이 선택을 앞두고 선택 상황이나 선택 대안들에 대한 완벽한 정보를 가진 것으로 전제하며, 계산이나 선택 과정에 어떠한 오류도 일어나지 않는 것으로 전제하고 있다. 하지만 현실적으로 무엇이 나에게 최선의 이익을 가져다주는가를 계산하는 과정에서는 행위자가 주어진 상황을 어떻게 받아들이고 해석하느냐 하는 것이 문제가 된다. 선택 상황에서 사람들은 상황과 대상에 대한 완전 정보 조건 하에서 무오류의 판단과 계산을 통해 자동으로 최선의 결론에 도달하는 것은 아니다. 이익계산은 행위자의 상황 인식과 해석의 토대 위에 이루어진다.

합리적 제도주의자들에게 제도는 인간 사회에 적용되는 게임의 규칙이며, 사람들의 필요에 의해 고안된 '제약'으로 사람들 간의 상호작용을 규율한다.[41] 제도는 정치적, 사회적, 경제적 교환 과정에서 인센티브를 구조화 한다. 합리적 선택 제도주의 이론에서는 사람들 간 집단행동의 문제를 해결하고, 거래과정에서 편익을 얻을 수 있다는 기대감에서 제도를 만든다고 본다. 제도는 사람들 상호간의 거래와 교환활동을 규율한다. 합리적 선택 제도주의자들에게 제도는 행위자의 계산과 선택의 산물이다. 사람들이 제도를 만드는 것은 불확실성을 감소시키고, 비용보다는 편익이 클 것이라는 계산 때문이다. 사람들은 제도를 만들어 얻을 수 있는 편익이 만드는데 소요되는 비용보다도 클 것이라고 계산할 때 제도를 만든다는 것이다.

합리적 선택 제도주의자들은 제도 변화 역시 사람들이 자기이익 증진을 위해 도모하는 것으로 설명한다. 사람들은 다른 사람들과의 거래과정에서 자기에게 보다 유리한 결과를 얻어내기 위해 게임의 규칙으로서 제도의 변화를 도모한다.[42] 사람들 간 권력과 이익 분배 상황의 극단적인 불균형 상태는 제도변화를 자극하는 요인이 된다. 극단적인 불균

---

41 North 1990.
42 Kiser and Kane 2001; Knight 1992, 1998.

형 상태는 불리한 여건에 놓여 있는 사람들이나 집단으로 하여금 재균형점을 향해 나아가도록 동기를 부여한다. 이러한 상황 하에서 제도변화는 때때로 '단절적 균형'의 형태로 아주 돌발적 방식으로 이루어지기도 한다.[43] 하지만 대다수의 많은 합리적 선택 제도주의자들은 경로의 존성을 갖는 점진적 제도 변화가 일반적인 경우라고 설명한다. 혁명적 제도 변화라는 평을 듣는 경우라 하더라도 처음부터 끝까지 완전히 새롭게 창조된 것은 매우 드물며, 자세히 들여다보면 과거의 흔적을 내포하고 있는 것들이 대부분이라는 것이다.[44]

이러한 의미에서 합리적 선택 제도주의자들 가운데에는 제도에 대한 '제약 속의 선택'이라는 접근법보다는 '전략적 균형상태'(strategic equilibria)라는 개념의 틀 속에서 제도변화를 설명하기도 한다. 전략적 균형이라는 것은 그 상황 속에서 어느 누구도 자신의 행동변화로 이득을 보지 못하는 균형 상태를 뜻한다.[45]

최근 합리적 선택 제도주의 접근법을 취하는 연구가들 사이에서는 '아이디어'라는 개념을 중심으로 행위자들의 인지구조나 신념체계, 그 밖의 다른 '생각'의 요소들을 이론체계 속에 포함시키고 있다.[46] 이익은 객관적으로 계산되는 것이고, '인식'이나 '생각'은 주관적인 판단으로 언뜻 간주되기 쉽다. 하지만 행위자들이 자기이익을 계산하는 과정에서는 선택 상황에 대한 인식과 해석, 그리고 선택 대상에 대한 주관적 판단

43 Moe 1987; Shepsle 1986.
44 Riker 1998, p. 121.
45 Bates et al. 1998, pp. 8-10.
46 Garrett and Weingast 1992; Goldstein and Keohane 1993b, Gorge 2001.

을 포함하지 않을 수 없다.

　더욱 개개인의 개별 행동이 아니라, 합리적 개인들 간의 집단행동
이 사회 현상을 야기하는 것이라면 개개인들의 합리적 선택의 결과가
하나의 균형점으로 어떻게 귀결될 수 있느냐가 관건이 된다. 이론적으
로 복수의 균형이 가능한 상황이 집단 행동과정이라면 개개인들의 차
이가 어떻게 단일의 균형점에 도달하는지를 설명할 필요가 있게 된다.
단일 균형점에 도달하는 과정을 각각의 자기이익 계산의 총합이나 그
평균치를 제시하는 것으로 설명되어질 수 있는 것이 아니다. 집단행동
에 참여하고 있는 구성원 각각의 개별적인 자기이익 계산만으로 특정
의 단일 균형에 도달하는 과정을 제대로 설명하기 어렵다. 집단행동에
참여하고 있는 구성원들이 단일의 균형에 도달한다는 것은 행위자들이
상황과 선택 대안에 대하여 인식과 해석을 공유하고 있다는 것을 의미
한다. 합리적 선택 제도주의자들에게 '아이디어'는 행위자들의 선택이
수렴될 수 있도록 하는 구심력의 원천(focal point)이라 할 수 있다.[47] 아이
디어는 상황에 대한 공통 인식을 기초로 집단행동 참여자들이 공통된
이해관계를 갖도록 유도하는 기능을 수행한다. 불확실성이 큰 복합적
상황 하에서 행위자들의 기대와 행동을 조정해 줌으로써 상황에 대한
공유된 해석을 가능하게 하고, 이를 통해 특정의 균형에 이르도록 유도
하는 기능을 수행한다는 것이다.[48]

　합리적 선택 제도주의자들에게 제도는 합리적 개인들이 자기이익
을 증진하기 위해 만드는 것인데, 여기서 말하는 자기이익은 개개인의

47　Garret & Weingast 1993; George 2001.
48　하연섭 2011, p. 219.

복리상태의 개선을 말한다.[49] 합리적 개인들 간의 선택과 합의에 의해 제도가 일단 만들어지면 사람들은 제도가 부과하는 제약 속에서 최선으로 자기이익의 증진을 위해 노력한다. '제약 속의 선택'(choice-within-constraints) 접근법이 합리적 선택 제도주의 이론의 요체라 할 수 있는데, 공식적인 규칙이든 비공식적인 규범이든 제도는 사람들이 자기이익을 추구해 나가는 과정에서 개인의 선택의 범위를 제약한다.[50] 다만 행위자의 합리적 선택을 뒷받침할 수 있는 정보의 가용성 여부와 이러한 정보의 처리능력이 변수로 등장할 수 있다.[51]

(3) 사회학적 제도주의, 아이디어, 내생적 제도변화의 전망

사회학적 제도주의는 규범과 해석, 인지적 요소 등 사람의 '생각'이나 '아이디어'와 같은 인지적·관념적 요소를 합리적 선택 제도주의 접근법보다도 더욱 중요하게 다룬다. 사회학적 제도주의 이론체계 내에서 제도는 인간의 정치적, 사회적 삶에 일정한 질서를 부여하면서 사람의 행동을 규율하거나 제약한다. 제도는 규칙의 형태를 띨 수도 있고, 규범이나 절차, 혹은 관행의 형태를 띨 수도 있다. 사회학적 제도주의 이론에서 제도에 대한 가장 광의의 개념을 채택하고 있다. 제도는 공식적 비

---

49 North 1981, ch. 5; Ostrom 1990, ch. 6; Coleman 1990, pp. 28–29; Scharpf 1997, p. 40.

50 Alt and Shepsle 1990 a; Scaharf 1997.

51 Rutherford 1994, ch. 4.

공식적 규칙뿐 아니라, 인간 행동에 의미와 질서를 부여하는 인지와 상징 등을 포함한다. 사회학적 제도주의자들에게 제도와 문화의 개념이 엄격하게 구분되지 않는다는 비판이 뒤따르는 것도 이 때문이다. 사회학적 제도주의 이론은 공식적 규칙체계로서 제도 개념에 의존하지 않는다. 인간의 행동을 제약하거나 규율하기는 하는 것이지만 정식으로 규정화되지 않은 비공식적인 관행이나 일처리 절차, 다수의 사람들 간의 약속 등도 제도의 범주에 포함시켜 설명한다.

사회학적 제도주의에서 제도는 그 사회 구성원들이 따르고 있는 공식적 규칙체계뿐 아니라, 자연스럽게 받아들이고 있는 비공식적인 다양한 문화적 프레임 워크와 상징, 관례적 지식(taken-for-granted cognitive schema)—당연한 것으로 받아들여 이미 저장되어 있는 인지의 틀—등을 포함한다. 사회구성원들은 합리적으로 이익극대화를 추구하는 행동을 한다기보다는 환경 속에서 문화적으로 적절성을 갖는 행동처방전이나 관례적 지식(schema)에 부합하는 행동을 한다는 것이다. 사람들은 그때그때 이익과 손실에 대한 명료한 기준이나 확고한 계산법, 어떤 뚜렷한 목표의식을 가지고 행동하는 것이 아니라는 것이다. 사람들은 나도 모르게 이미 생각 속에 깊숙이 배어 있는 기본 관념이나 지식에 따라 행동하는 경우가 많다. 사회학적 제도주의 이론은 사회 구성원들에게 공유되어 있는 이러한 관례적 지식들이 사람들의 행동을 일정한 방향으로 이끌거나, 또한 사람들의 행동을 제약하는 것으로 설명한다. 사람들의 행동을 일정한 방향으로 이끄는 것은 행위자에게 어떻게 행동하는 것이 적절한 것인지를 알려주는 안내자 역할을 하는 것이기 때문이고, 행동을 제약하는 것은 결국은 사람들의 행동이 그 인지의 틀을 벗어나지 않기 때문이다.

사회학적 제도주의 이론체계 속에서 제도는 구성원들 사이에서 적절하거나 당연한 것으로 광범위하게 받아들여지고 있는 규범들이다. 사회적 제도주의자들은 제도의 인지적, 상징적, 문화적 측면을 부각시킨다. 제도는 물리적 실체가 아니라, 인지적 문화적 상징적 차원에서 존재하는 사회적 질서이다. 사람들 사이에 공유되고 있는 의미의 틀(frame of meanings)로서 제도는 사람들 사이의 상호작용 확대에 의해 사회질서로서 제도로 발전하게 된다. 그리고 사회적 질서의 형성과 재생산 과정이 사회학적 제도주의에서 말하는 제도화 과정인 것이다.

사회학적 제도주의 이론체계에서 제도는 일정 유형의 행동을 거듭 유발한다는 측면에서 재생산적이고 자기 강화적인 속성을 갖는다.[52] 이러한 이론적 맥락에서 제도화된다는 것은 자기 지속성의 관성을 더해 나간다는 것을 의미하는 것이며, 변화를 지향하는 노력에 저항력이 형성되어 있다는 것을 의미하는 것이다.[53]

사람들은 사회화 과정을 통해 다른 사람들로부터 적절하다고 인정되는 행동을 반복해 나가며, 또한 다른 사람들의 그러한 행동 규범들을 따르게 된다. 제도는 사회 구성원들 사이에 사회화 과정을 통해 전승되고 공유되는 '적절성의 행동규칙'(code of appropriateness)이다.[54] 사회학적 제도주의 이론체계 내에서 제도는 만성적으로 자기 재생산 과정에 놓여 있는 것이며, 제도의 존속은 끊임없는 자기 활성화 과정(self-activating process)의 산물로 진행된다. 사회학적 제도주의 맥락에서 제도는 인간

---

52 Powell 1991 ; Jepperson 1991.

53 Powell 1991, p. 197.

54 March & Olsen 1984.

활동의 산물로서 형성되는 것이기는 하지만, 의식적이고 의도적인 설계나 선택의 결과물로 나타나는 것은 아니다. 제도는 의도적인 설계의 산물로 공식적, 외형적 체계를 갖추고 있다기보다는 사회구성원들이 함께 공유하고 있는 다양한 규범들이다.

사회학적 제도주의 맥락에서는 사회적 행위자들이 동일한 제도의 논리를 사회의 다양한 영역에 걸쳐 확대재생산 해나가는 것으로 주장한다. 사람들은 구성원으로 그 사회에 살아가면서 학습과 모방 과정을 통해, 또는 부지불식간에 다른 사람들로부터 '적절한 것'(appropriate)이나 혹은 '당연한 것'(taken-for-granted)으로 받아들여질 수 있는 행동을 거듭해 나가는 사회화 과정을 경험한다. 구성원들의 이러한 사회화 과정 속에서 그 사회의 제도는 지속적 관성을 유지하면서 자기 강화의 과정을 거치게 된다는 것이다.

사회학적 제도주의자들에게 제도는 쉽게 변화되어지는 것이 아니며, 오히려 자기재생산을 통해 강화되어 가는 것이다. 사람들의 생각과 공유규범이 바뀌지 않은 상태에서 새로운 제도의 출현이 가능하다하더라도 그것이 이전 것과 동형적인 것이라면 그것은 '변화된 제도'라고 부를 수 없을 것이다. 사회학적 제도주의자들이 부각시키고 있는 제도의 재생산, 자기강화 개념 속에는 제도변화에 관한 특별한 의미가 함축되어 있다. 그것은 제도가 구성원들의 의식적이고 의도적인 노력에 의해 쉽게 변화되지 않을 것이라는 점이다. 사회학적 제도주의 이론에는 내생적 제도변화가 가능하지 않을 것이라는 의미가 함축되어 있는 것으로도 볼 수 있다.

사회학적 제도주의자들 가운데 일부에 의해서 외재적 실체로부터의 영향이나 외부로부터의 압력에 의해 이루어지는 단절적 균형의 제도

변화 가능성이 제시되기도 한다. 예컨대 외부로부터 수입되거나 외부로부터 강요된 새로운 해석의 틀(new interpretive frames)[55]이나, 광범위한 정치적, 법적, 혹은 시장적 '장(fields)의 진화[56]가 그러한 것일 수 있다. 하지만 일부 사회학적 제도주의자들이 제시하고 있는 이러한 외생적 변화의 전망은 설명의 구체성이 떨어진다. 사람들 사이에 공유되어 있는 인지, 상징, 문화적 요소들이 외부로부터의 변화에 의해 과연 얼마나 큰 폭으로 바뀔 수 있는지 의문이며, 혹은 바뀌었다거나 바뀌고 있다고 하다라도 이를 설득력 있게 입증하기가 어려울 것이기 때문이다.

사회학적 제도주의 이론에서 제도는 사람들이 공유하고 있는 '인지의 틀'과 그 속에 저장되어 있는 기본 관념들이다. 어떤 상황에서 무엇을 할 것인가를 정하는 것은 이익의 계산이 아니고, 자신도 모르게 인지의 틀 속에 저장되어 있는 기본 관념들이다. 사람들은 그렇게 하는 것이 당연하다든가 혹은 적절하다고 생각하기 때문에 그러한 행동을 선택한다. 어떤 의미에서 사회학적 제도주의자들에게 제도는 사회구성원들 사이에 공유되어 있는 이러한 '생각'의 요소들이다. 사회학적 제도주의 이론은 제도 형성과 작동에 전제되어 있는 이러한 기본 관념들을 부각시킨다. 제도는 성문화된 규칙 이상의 것이고, 표면에 드러나 있는 것보다 훨씬 근원적인 것들이다. 사람들의 생각은 쉽게 바꾸지 않는다. 더욱 사람들에 공유되어 있는 생각들은 좀처럼 변화하지 않는다. 그러나 사람들의 생각이 절대 불변인 것은 아니다.

긴 시간적 안목 속에서, 역사의 흐름 속에서 사회구성원들이 공유

---

55 DiMaggio & Powell 1983.
56 Fligstein 1996.

하고 있는 생각들은 바뀌어 왔음을 알 수 있다. 제도가 사람들이 공유하고 있는 아이디어에 기반을 두고 있는 것이라면 제도변화는 매우 점진적으로 이루어진다. 사회학적 제도주의자들은 안정성 상태에서 매우 서서히 진행되는 점진적 제도변화를 전망한다. 사회학적 제도주의자들에게 점진적 변화의 시간적 안목은 매우 길다. 한두 해가 아니고, 짧기는 몇 년부터 수십 년, 길게는 몇 세기의 동안의 긴 시간적 안목 속에서 제도변화를 전망하기도 한다. 물론 긴 시간 안목 속에서의 변화 과정에서도 사람들이 공유해 온 기본 생각들이 빠르게 바뀌는 계기가 있을 수도 있다. 예컨대 아주 심각한 경제위기를 겪은 사람들은 시장과 소유에 관한 기본 생각들을 빠르게 바꾸어 나갈 수 있고, 극단적인 정치적 억압을 체험한 사회의 구성원들은 정부와 정치적 권위에 대한 기본 생각들이 빠르게 바꾸어 나갈 수도 있다. Neil Fligstein(1990)은 미국 기업인들의 시장제도에 대한 기본 관념들이 19세기 말 이후 20세기에 걸쳐 어떻게 바뀌어 나갔는지를 설명하고 있다.

(4) 이익, 아이디어, 담론제도주의

최근의 신제도주의의 이론적 동향은 각각의 이론체계 속에 제도의 변화를 설명하려는 노력들을 포함하고 있다. 새로운 접근법은 행위자의 선택과 역할을 매개로 이루어지는 내생적, 점진적 제도 변화의 가능성을 각각의 이론 체계 속에 열어 두고 있는 것이다. 새로운 흐름의 또 하나의 공통된 특징은 제도변화의 내재적 원천으로 행위자의 '아이디어의 변화'에 설명의 초점을 맞추고 있다는 것이다.[57] 합리적 선택 제도주의의 접근법을 취하는 연구가들 가운데에는 노스와 와인개스트, 베이츠 등이 아이디어 변화가 행위자의 이익과 선호를 변화시킴으로써 제도 변화를 초래할 수 있다는 이론적 전망을 제시하고 있다.[58] 역사 제도주의 접근법을 취하는 연구가들 사이에서는 복잡한 상황이 교차하는 역사적 맥락 속에서 행위자의 선택과 행동에 초점을 맞추어 제도의 변화 현상을 설명하려는 접근법이 매우 큰 비중으로 자리를 잡아 오고 있다.[59]

신제도주의를 관통하고 있는 최근의 새로운 접근법은 아이디어에 초점을 맞춤으로써 행위자가 구조적 제약요인을 넘어 제도 그 자체를 변화시킬 수 있다는 이론적 전망을 열어 놓고 있다.[60] 제도 자체가 개인이나 집단 등 행위자들의 선택에 의해, 그리고 행위자 간 갈등과 전략적 상호작용의 결과로 변화할 수도 있다는 점에 설명의 주안점이 주어지고 있다는 것이다. 행위자의 아이디어와 그 변화를 원천으로 제도변화를 설명하고자 하는 최근의 신제도주의 흐름은 '담론제도주의'(Discursive Institutionalism)라는 제 4의 신제도주의(the forth new institutionalism)의 유형으로 묶여지기도 한다.[61] 슈미트(Schmidt 2002, 2008, 2011)는 담론제도주의의 설명 틀을 구성하고 있는 주요한 이론적 요소들을 체계적으로 잘 재정립해 놓고 있다. 담론제도주의 접근법에서 제도 변화는 행위자들 간 '아이디어'의 소통과 경쟁에서 기인하는 것으로 설명된다. 행위자 간 권위를 둘러싼 경쟁이 제도 변화를 설명하는 주요 동인이 된다. 제도

---

57 Schmidt 2011, p. 51.

58 North 1990; Weingast 1995; Bates 외 1998; Rothstein 2005.

59 Hall 1993; King 1999; Blyth 2002; Streek et al. 2005.

60 하연섭 2011, p. 226.

61 Campbell 2004.

변화는 정책결정과정에서의 권위 유지를 위한 경쟁관계에서 혁신을 추구하는 엘리트에 의해 주도되는 것으로 설명되는 것이다. 제도 변화과정에 참여하고 있는 엘리트들은 변화를 주도할 수 있는 새로운 '아이디어'를 고안·선택하며, 선택된 아이디어를 실행해 나감으로써 제도의 변화를 견인한다.[62] 담론제도주의에서 '아이디어'는 크게 세 차원을 지니는 것으로 설명된다.

첫째, 가장 구체적인 차원에서 정책적 처방전(policy solution)이나 정책 수단을 뜻한다.

둘째, 구체적인 정책수단들의 근저에 전제되어 있는 정책 패러다임 차원의 것을 지칭하는 것일 수도 있다.[63]

셋째, 가장 추상성이 높은 수준에서 공공철학(public philosophy) 혹은 공공정서(public sentiments) 차원의 것을 뜻하는 것일 수도 있다(Campbell 2002, 2004).

내생적 변화 과정에서 행위자는 자신들의 아이디어를 다른 행위자 집단들에게 전파하는 한편, 제도변화의 필요성을 설득해 나가기 위한 전략적 활동에 주력한다. 아이디어는 전략적 담론활동을 통해 현실 정책이나 제도 변화로 구현되는 과정을 거치게 된다. 담론 활동은 아이디어의 확산이나 공유를 목적으로 다른 사회 집단이나 정책엘리트들, 또는 일반 시민들을 대상으로 이루어진다. 담론은 정책결정 영역에서 주요 정책참여 엘리트 간 아이디어의 조율과 합의를 위한 조정담론(coordinative discourse)과 정치적 결정과정에서의 정치적 지지 확충을 위한 소통

---

62 Hassenteufel et al 2010; 하연섭 2011, pp. 228-29.

63 Majone 1989; Hall 1993; Schmidt 2002b, ch 5.

담론(communicative discourse)으로 나누어진다.[64]

슈미트에 의하면 국가별로 상이한 정치제도상의 차이가 담론 활동 방식의 차이를 낳는다. 정부 정책이 성향과 배경이 다른 다수의 정책행위자 간 합의를 통해 결정되는 분권형 정치제도 하에서 변화를 주도하는 행위자 집단은 다른 행위자 집단과의 합의를 위한 조정 담론에 주력한다. 정책이나 제도의 변화가 어느 한 강력한 정책행위자 집단에 의해 주도되는 집권형 정치제도 하에서 변화를 주도하는 정책엘리트 집단은 일반 국민과의 소통 담론에 주력한다.[65]

(5) 경제단체의 정치활동과 신제도주의 분석

이 연구는 글로벌화가 추동하는 정부와 기업 관계의 변화, 그리고 이와 관련된 제도변화가 이러한 변화를 주도하는 행위자들의 전략적 선택에 의한 것이라는 점을 밝히는 것을 목표로 한다. 기업의 정치적 활동에 대한 경험적 연구는 매우 제한적으로만 이루어질 수 있다. 정부의 정책 결정과정에 대한 영향력 침투가 비공개적인 방법으로 이루어지는 경우가 많고, 관련 당사자들로부터 객관성 있는 정확한 진술을 확보하기 어렵기 때문이다. 이 연구는 기업이나 업계 단체의 정치적 활동을 비교 분석하기 위하여 사례연구 중심의 정성적 분석에 치중한다. 스웨덴과 미국, 한국의 사례를 동일 수준에서 비교 분석할 수 있는 계량화

---

64 Schmidt 2002b, ch. 5; Schmidt 2005.

65 Schmidt 2002a.

된 경험적 자료를 확보하는 것은 어렵다. 미국은 기업과 업계 단체의 정치적 활동에 대한 연구가 가장 활발하게 이루어져 왔고, 이 분야에 관한 연구 업적이 가장 많이 축적되어 왔다. 미국에서 기업이나 업계 단체의 정치적 활동에 연구 가운데 큰 비중을 차지하는 것은 정치후원금 자료 등 계량화된 지표를 이용하여 입법과정에서의 정치적 영향력과의 상관관계를 설명하려는 정량적 연구이다. 미국은 음성적으로 행해지기 쉬운 기업의 정치적 활동을 밖으로 드러내어 관찰 가능한 형태로 이루어지도록 하는 관련법과 제도를 오랫동안 유지해 오고 있다. 한국과 스웨덴의 경우는 관련 법규범이 존재해 오지 않았고, 따라서 이와 관련된 경험적 자료의 축적이 충분하게 확보되어 있지 않다. 기업이나 업계 단체들을 대상으로 정치적 활동 현황을 분석할 수 있는 설문 조사를 실시하는 등의 정량적 분석 역시 제한된 시간과 여건상으로 용이하게 이루어질 수 있는 일은 아니다. 이 연구는 사례연구를 수행하지만, 사례들을 평면적으로 비교 기술하는 데 그치지 않는다. 이 연구는 글로벌화에 따른 기업이나 업계 단체의 정치적 활동 변화를 환경변화에 대한 기업이나 업계 단체의 전략적 선택이라는 관점에서 설명한다. 이 연구는 행위자의 선택과 전략이라는 미시적 행위변수를 글로벌화에 따른 시장/경제의 구조적 변인에 연계시켜 설명할 수 있는 설명 모형을 제시한다. 이 과정에서 이 연구는 합리적 선택 제도주의와 담론 제도주의 등 제도변화를 행위자의 '이해관계'과 '아이디어'의 변화에 초점을 맞추어 설명하는 신제도주의설명 틀을 이용한다.

3장 스웨덴 경제단체와 '스웨덴 모델'의 변화

1. 스웨덴 모델, 중앙 임금단체협상, 정책협의제

스웨덴 모델을 구성하고 있는 제도적 요소들의 핵심은 중앙 임금단체 협상 제도(central wage bargaining)와 정책협의제(policy concertation)이다. 중앙 임단협 제도와 정책협의제는 매우 큰 상보성 관계를 갖는다. 재계와 노조의 정상 이익조직들이 사회적 파트너로서 노동시장을 규율하는 정책요소들을 협상을 통해 조율하고, 정부 정책결정자들과 삼자 협의를 통해 이를 정부 정책으로 입안하고 집행해 나간다. 스웨덴 모델은 스웨덴의 역사와 정치사적 전통, 그리고 사회 문화적 특성을 반영하고 있으며, 이는 스웨덴의 오랜 역사적 발전의 산물로 이루어진 것이다.

노사 간 사회적 합의와 정책협의제 참여를 특징으로 하는 스웨덴 모델은 20세기 초 초기 산업화 과정의 직접적 산물이었다. 20세기 초까지만 하더라도 스웨덴과 덴마크는 산업화 초기 단계의 농업국가였고, 대다수 사람이 농업부문을 중심으로 임금노동자로 고용되어 있었다. 대규모 농업자본을 배경으로 서로 긴밀하게 사회적 망을 이루고 있는 사용자들과는 달리 이들 임금 노동자들은 이익을 대표할만한 단체 하나 결성하지 못한 상태에서 갈기갈기 나뉘어 있었다. 스웨덴과 덴마크에서는 1900년을 전후로 하는 시기에 노동자 조직과 사용자 단체, 그리고 사회민주당이 출범함으로써, 20세기 이들 국가에서의 조합주의 정치의 기본 구도가 형성되기 시작했다.

스웨덴은 20세기 이후 산업화 과정에서 산업근로자들과의 사회적 합의를 지탱하기 위하여 광범위한 복지국가체계를 발달시켜 왔고, 이에 따른 공공부문의 급격한 팽창을 경험하였다. 국민들의 결사체의 참여 비율이 높고, 사용자 집단과 노동자 계층을 대표하는 중앙 정상조직의 고집적성과 중앙집권적 이익집약 구조를 가지고 있다. 정치적으로는 사회민주당 정부가 노조와 오랜 기간 동안 긴밀한 정치적 협력관계를 공고화해 오면서 장기간 집권해 오다가 70년대 중후반 이후 간헐적으로 보수우익의 연립정부가 집권에 성공해 오고 있다. 그러나 사민당 정부와 비사민당 연립 정부 사이의 정부교체 그 자체는 스웨덴 모델의 변화와 직접적으로 큰 관계가 있어 보이지는 않는다. 그것은 스웨덴 모델의 변화가 이념을 달리하는 정파에 의해 적극 주도되고 추진되었다고 보기 어렵기 때문이다. 스웨덴 모델의 형성 자체는 스웨덴 사회를 구성해 오고 있는 이익조직 간의 타협의 산물로 등장한 것이라면, 스웨덴 모델의 변화 역시 특정 정파에 의해 주도되었기보다는 이익조직 간의 갈등과 역학관계 변화를 배경으로 진행되어 왔기 때문이다.

(1) 스웨덴의 모델의 형성: 스웨덴 노조와 사용자 연합의 집단행동

스웨덴에서는 1889년 임금노동자를 의회에 대표하기 위한 사회민주 당이 만들어졌고, 이후 여러 갈래로 나뉘어 있던 임금 노동자들이 스웨 덴 노조총연맹(LO)을 결성, 노동자 권리보호를 위한 정치적 단합을 이 루어 나가기 시작하였다. 노조의 이러한 정치적 단합은 20세기 초 계속 되었던 강력한 파업투쟁을 배경으로 이루어진 것이었다.[1]

스웨덴과 덴마크에서 사용자 단체가 본격적으로 결성되기 시작한 것은 LO의 출범에 대응하기 위한 것이었다. 스웨덴 사용자 총연합(SAF) 이 만들어진 것은 1902년이었다. SAF는 노조총연맹의 정치적 단합에 맞서기 위해 강력한 중앙집권화를 추진해 나갔다. 스웨덴 사용자 연합 은 노동조합에 대응하기 위한 방편으로 직장폐쇄를 매우 공격적으로 사용하였으며, LO로 하여금 그 회원 조직에 대한 통제를 강화하도록 압박하였고, 1906년에는 '사용자 권리'를 인정하는 협정을 맺도록 강제 하기도 하였다.

스웨덴에서는 두 거대 단체의 대립 속에 노조의 파업투쟁이 상당 기간 지속되었고, 국가는 사용자 단체와 노조의 대립을 중재하기 위해 나섰다. 20세기 초 스웨덴에서는 국가 차원에서 제3의 중재기구로서 노 동재판소(labour court) 설치 등의 사법기관의 권위에 의존해서 산업평화 를 이루어 나가고자 하였다. 하지만 이러한 국가기구가 중재하는 이러 한 법적 조치들은 성공적이지 못하였다. 스웨덴은 1930년대 후반 이후

---

1   Fulcher 2002.

산업평화가 정착한 국가로 알려졌지만, 1930년대에 이르기까지 아주 심각한 수준의 노사갈등을 경험하였던 것이다.

스웨덴에서 노사 간 대립이 줄기 시작한 것은 1930년대 후반, 세계경제의 극심한 불황을 배경으로 한 것이었다. 경제 불황은 노사 간 서로가 결코 받아들일 수 없는 요구를 자제하는 분위기를 조성하였고, 보다 진지한 상호 타협의 자세를 견지하도록 만들었다. 특히 SAF는 노사갈등에 대한 국가규제를 노사 공동규제로 대체하기 위하여 LO와의 연계를 강화해 나갔다. 1930년대 후반에 이르러 SAF는 사민당 정부 하에서 국가통제가 확대되어 나가는 것을 크게 우려하였다. 국가 통제의 확대가 궁극적으로 기업 활동에 대한 통제로 이어질 수 있다고 믿었기 때문이다.[2]

스웨덴에서 노사정간의 협력기도가 처음 제도적 결실을 맺은 것은 1938년의 일이었다. 1938년 잘츠요바덴(Saltsjobaden)에서 노사대표들이 모여 노사관계를 중앙에서 노사공동으로 규제할 수 있도록 한 제도적 틀, 즉 '기본합의'(Basic Agreement)에 도달하였다. 잘츠요바덴 '기본합의'는 이후 '스웨덴 모델'(swedish model)의 원형으로서, 노조는 파업권과 대표권을 인정받는 대신, 사용자의 권리를 또한 확고하게 인정하는 등 노사공존, 공영의 새로운 틀을 모색한 것이었다. '기본합의'는 스웨덴 국법으로 뒷받침 되어 전국 수준으로 확대되었으며, 이로써 노조와 사용자가 양자 협의를 바탕으로 임금수준을 결정할 수 있는 권리를 국가가 인정한 것이었다.

---

2 Fulcher 2002, p. 284.

'기본합의'의 핵심적 내용은 노사 간 합의 도달 실패로 산업평화가 위협받을 때에 SAF와 LO는 정부와 협의를 거쳐 조정하며, 이것도 여의치 않는 경우에 한해 노동재판소의 최종 결정에 따른다는 점을 명문화한 것이었다. 기본합의의 밑바탕에는 산업현장의 문제를 노사 간 대화와 협력을 통해 자율규제(self-regulation)로 풀어간다는 원칙이 자리하고 있었다. 이러한 상호인정 및 동등지위 보장의 자율규제 정신은 노조와 사용자 단체 내 급진세력의 입지를 취약하게 만드는 것이었으며, 노사 대표가 정부위원회나 집행이사회에서 우호적인 분위기하의 상호협의를 통해 합의안을 도출할 수 있는 관행을 가능하게 만드는 것이었다.

1930년대 스웨덴에서 정책협의제의 기틀이 자리 잡을 수 있었던 것은 두 거대 이익조직 외, 사민당 정부의 능동적 역할이 크게 기여하고 있었던 것으로 평가된다. LO는 사민당 정부를 통로로 활용하여, 정부의 정책결정에의 참여를 확대할 수 있게 되었지만, 사민당은 전적으로 노조의 편에 서지 않고 사회의 주요 집단(농민, 기업 등)들과 실용적 관계를 구축하고자 노력하였다.[3] 스웨덴 사민당은 복지국가 목표 달성을 위해서는 재계의 경제적 성과에 의존할 수밖에 없고, 이를 위해서는 스웨덴 경제의 국제경쟁력을 유지할 수밖에 없다는 점을 인정하였다. 또한 사민당은 30년대 이후 급진적 강령을 포기하는 이데올로기적 변화로 계급갈등보다는 계급협력을 추구하였고, 스스로를 노동계급만의 정당이 아니라 전체 스웨덴 국민을 대표하는 국민정당임을 표방하기도 하였다.

---

3 Fulcher 2002, pp. 284-285.

실용주의 노선에 힘입어 사민당은 전후에도 확고한 정치적 기반을 다져 갈 수 있었다. 전후 한때 사민당 내 일부 급진세력들의 국유화 강령으로 선거에서 지지 기반의 이탈을 경험하는 위기를 겪기도 했지만, 보수주의 정당들이 집권할 만큼 아직은 위력적이지 못했기 때문에 사민당 정부를 유지하는 데에는 70년대 중반까지 큰 문제가 없었다. 하지만 사민당의 선거성과에 따라 정책협의제는 다소 부침을 겪기도 하였음을 알 수 있다. 예컨대, 1950년대 후반 총선에서 압승한 사민당은 정부의 위상을 강화하였고, 사용자 단체들과의 정책협의는 1964년까지 일 년에 한 차례 정도를 수상관저에서 진행하는 등의 요식행위로 그쳤다.[4] 이에 대하여 이미 이 시기에 임금억제와 경제성장, 산업 합리화라는 시장 지향적 정책노선에 대하여 노조와 사용자 단체, 그리고 사민당 정부가 합의를 보고 있었기 때문에 정책협의의 필요성조차도 사실상 무의미한 것이었다는 해석이 있을 정도였다.[5]

50-60년대 스웨덴에서는 중앙정부 차원의 정책 입안을 위한 정책협의는 활성화되지 못했다. 그렇지만 중앙정부 차원의 공식적인 정책협의 절차와는 별도로 의회의 입법과정이나 행정기관의 집행과정에서 정책협의가 지속적으로 이루어졌다. 예컨대 입법 준비 단계에서 법안별로 주요 정당과 이익조직의 대표가 참여하는 조사위원회(research committee)가 설치되었는데, 이들 위원회의 제안서들은 표준적인 입법검토 및 자

---

4 이 회의는 수상 관저인 하프순트(Harpsund)에서 연례 회의로 이루어졌다. 이 때문에 하프순트 민주주의(Harpsund Democracy)라고도 명명되었는데, 경영계, 농민, 노조 및 협동조합 주요 조직의 지도자들이 초청되었다.

5 Fulcher 2002, p. 286.

문절차를 통하여 각 이익조직들에게 공식적으로 회람(remiss)되었고, 이들 조직으로부터 오는 회신들은 법안을 만드는데 실질적으로 활용되었다.

스웨덴 의회에서 법이 통과되면, 이를 집행하기 위한 세부적인 법규는 행정부 각 기관에서 시행령의 형태로 작성하도록 되어 있다. 정책집행을 담당하고 있는 스웨덴 행정부는 각료의 직접적 통제를 받지 않은 준자율적 기구들로 구성되어 있고, 이러한 기구들에 설치된 집행이사회는 통상적으로 주요 이익조직의 대표들을 의사결정과정에 참여시킨다. 전후 70년대에 이르기까지 이익조직의 대표들이 참여할 수 있는 정부 기구의 비율은 1946년의 28%에서 1968년에는 64%로 증가하였음을 알 수 있다. 그런가하면, 경제 및 노사관계의 현안에 관련된 특정 정책분야에서는 이익조직 자체에 아예 정책집행이 위임된 경우도 있었다. 이들 조직들에 대한 정책위임은 이해관계자들이 상호조율을 통해서 자체적으로 타협점을 모색하도록 하기 위한 것이었는데, 이는 정부가 주도하는 정책협의에 대한 기능적 대안이기도 했다.

이익조직과 국가는 이러한 정책협의 및 정책위임 장치를 통해 서로 이익을 공유하였다. 국가는 이익조직들의 전문 인력과 자원을 활용할 수 있었고, 정책에 대한 이익조직의 지지를 보장받으며, 정책에 대한 정당성을 제고할 수 있었다. 그런가하면 자율 기구와 이익조직에게 집행에 따르는 책임을 전가할 수도 있었다. 특히 집행단계에서의 집행이사회를 통한 정책협의제 운용은 내각의 정치인에게 편리한 장치였다. 왜냐하면 각료들은 행정기구의 인사와 예산을 여전히 통제할 수 있는 위치를 그대로 유지하면서도 정책집행에 대한 책임을 전가할 수 있었기 때문이다.[6]

다른 정책영역에서 정책협의제의 부침과는 무관하게 50년대와 60
년대 스웨덴의 소득정책은 대부분 SAF와 LO의 전적인 수중에 놓여 있
었다. 1950년대까지 중앙 단체협상제도가 아직 도입되지는 않았으나,
이미 이때 정부 개입 없이 임금인상 압박에서 오는 인플레이션 충격을
성공적으로 해소해 나가기 위해서는 중앙 단체협상이 불가피하다는 인
식이 싹트기 시작했다. 사용자 집단은 중앙 단체교섭으로 노조의 자율
적인 임금억제를 기대했을 뿐 아니라, 그것이 국가의 개입을 차단하는
길이라고 생각하였다.[7]

단체협상은 그것이 정부 밖에서 작동하는 별도의 임금결정 기제라
는 점에서 자율규제 체제를 의미한다. 완전고용과 거시경제 성과에 대
한 책임은 정부에 주어져 있지만, 정부는 임금인상 지침을 결정하는 노
조와 사용자 단체와의 중앙 협상 과정에서 주도적인 역할을 하지는 않
는다. 50-60년대 사용자 단체들과 협상에서 노조가 정작 관심가지고
있었던 문제는 노조 간 임금경쟁에 의해서 노동자 집단 사이에 임금격
차가 발생하는 것이었다. 이 시기 노조 측이 적극 도입하고자 했던 연
대임금정책은 동일노동-동일임금을 보장해야 한다는 정책으로 임금의
차이는 사용자, 즉 기업의 수익성에 따라 달라져야 하는 것이 아니고,
숙련성과 훈련, 노동 강도에 대한 사회적 기준을 반영해야 한다는 것이
었다.

노조는 자발적으로 노조 간 경쟁과 전투적 노동운동을 자제해 나
갔으며, 임금격차를 축소시켜가는 방향으로 활동하였다. 이에 대해 사

---

6   Fulcher, p. 287.
7   Milner 1990.

용자 단체가 수익성과는 무관하게 중앙에서 정해진 비율에 따라 임금을 지불해야 하는 동일노동–동일임금 원칙의 적용으로 수익성이 큰 수출부문의 노동자들은 임금억제를 감수하지 않을 수 없었다. 하지만 이러한 연대임금원칙은 재정적 한계선상에서 작동되는 많은 중소기업들에게 재정압박을 가중시키는 것이었기 때문에 고용불안의 문제를 가중시키는 결과를 낳기도 하였다. 이러한 고용불안의 문제는 정부의 '능동적 노동시장정책'(active labour market policy)에 의해 해소될 수밖에 없었다.[8]

(2) 스웨덴 모델과 정책협의제

스웨덴 등 북유럽 국가들은 20세기 이후 오랫동안 노사 두 정상 이익조직 간의 협상을 통해 노동시장에 직접적으로 영향을 미치는 주요 지표들을 결정하고, 정부는 이것을 받아들여 정부 정책으로 구체화하는 오랜 전통을 유지해 오고 있다. 정부가 사회적 파트너 간 정치적 협상의 산물을 정부 정책으로 전환함으로써 시장에서 시장법칙의 작동을 정치적 결정에 의해 제어해나가는 정치제도 및 관행을 발달시켜 왔다. 정책협의제는 시장과 경제에 영향을 미치는 주요한 공공정책을 정부와 노조, 사용자 단체가 공동 결정(codetermination)하는 정책결정 양식을 의

---

8 능동적 노동시장정책에는 고용교환, 노동자 고용지속 지원, 노동유동성 제고, 취약근로자에 대한 임금보조금 지급 등이 포함되었으며, 고용안정을 보장하는 최후의 수단은 공공부문이 사용자로서의 기능을 대대적으로 확충하는 것이었다.

미한다. 사회적 파트너십은 정책협의제를 지탱하는 가치와 신념으로 칭송되어 왔다. 정부의 정책이 노사 간의 협상을 근간으로 노사정 협의과정을 통해 결정하는 이러한 제도를 정책협의제(policy concertation)로 부르는데, 이는 중앙임금단체협상과 함께 스웨덴 모델을 구성하고 있는 두 개의 핵심적인 제도적 요소들이라고 할 수 있다.[9] 스웨덴은 정책협의제 전통을 지난 한 세기 동안 유지해 왔으나, 90년대 이후 본격적인 큰 변화를 경험하고 있다.[10]

스웨덴 등 북유럽 국가들을 모델로 공공정책 결정과정에 노조와 재계의 대표가 참여하는 현상은 필립 슈미터 이래 '조합주의' 개념을 중심으로 분석되어 왔다. 슈미터에 의하면 조합주의는 '국가로부터 공인을 받은 소수의 유력한 이익 조직들과 국가 사이에 독점적 이익표출 및 정책순응이 정치적으로 교환되는 이익대표체계를 의미하는 것'이었다.[11] 슈미터가 조합주의를 이익대표 체계의 한 양식으로 이해하고 있었

---

9 이하 정책협의제에 대한 주요 설명은 윤홍근(2006) "정책협의제의 변화: 스웨덴과 덴마크 사례비교."의 일부를 요약하고 있는 것이다.

10 스칸디나비아 국가들에서의 정책협의제의 역사적 기원에 대해서는 서로 다른 해석이 존재한다. 예컨대 로드스타인(Rothstein)은 스웨덴이나 덴마크에서 조합주의적 경향이 나타난 것은 19세기 말까지 거슬러 올라간다고 주장하고 있다. 1888년 노동자보험위원회에서 노동자와 사용자대표들을 참여시켜 산재보험기구를 만들려는 시도를 그 기원으로 들고 있다. 실질적인 조합주의적 기구는 지방 수준이었던 것이긴 하지만 1903(노사대표 동수로 구성된 직업소개소)이므로 이때를 기원으로 볼 수 있다는 해석도 있다. 하지만, 정책협의제의 요체가 노조와 사민당 정부와의 정치적 제휴를 배경으로 중앙정부 차원해서 추진된 것이라는 점을 감안한다면 그 기원은 1930년대 사민당 집권시기로 보아야 할 것이다.

11 Schmitter 1979.

다면, 공저자였던 렘부르쉬는 조합주의 현상을 정책결정양식이라는 측면에서 이해하고 있다. 즉 "대규모 이익조직들 상호간 그리고 이익조직과 정부당국 사이에서 이익표출 과정에서뿐 아니라… '가치의 권위적 배분'의 정책결정 및 정책집행과정에서의 상호 협력이 제도화되어 있는 정책형성 유형'이다.[12] 이런 맥락에서 정책협의는 조합주의 체제 하에서의 정책형성 측면을 특별히 부각시키고 있는 개념이라 할 수 있다.

스웨덴의 정책협의제는 다음과 같은 특징을 갖는다.

첫째, 재계 단체와 노동조합의 정상 조직(peak organization)인, SAF[13]와 LO가 중앙 집중화된 방식의 협상을 통해 시장에 영향을 미치는 공공정책의 주요 내용을 결정한다. 정부 관료와 의회 의원들은 이 과정에서 조정자로서의 역할을 담당하며, 여기에서 결정된 내용을 정부 정책과 법규에 반영한다.

둘째, 정상조직 산하 각 경제단체들은 산업별, 부문별로 위계구조로 조직화되어 있다. 업종별, 산별 단체들은 중앙에서의 협상 결과를 수용하여 부문 간 이해관계 조정을 위한 협상을 진행한다.

셋째, 정책협의의 주 대상이 되는 정책은 고용, 가격, 성장, 무역, 복

---

12 Lehmbruch 1984.

13 스웨덴에서 정책협의제는 재계 정상단체라고 할 수 있는 SAF(2001년 스웨덴 제조업협회(SI)와의 통합으로 '스웨덴 경제인연합'(Svenskt Näringslive/The Confederation of Swedish Enterprise)으로 확대 재편되었음)이 스웨덴 재계를 대표하는 정상 사용자 조직으로 활동하는 시기(1938-2001)에 가장 잘 작동되었다. SN 출범 이후 스웨덴 재계는 정책협의제에 공식적으로 참여하고 있지 않다. 이와 관련된 설명은 5장에서 다시 자세하게 다루어질 것이다.

지 등 경제정책과 사회정책에 관한 것들이다.[14] 노동정책에 관한 한 중앙 협상의 결과는 산별 협상 또는 개별 기업 차원에서의 노사 협상을 제약하는 구속력을 갖는다.

렘부르쉬(1984)에 의하면 정책협의제는 다음 두 제도적 차원을 포함한다. 첫째는 정상조직과 산하 하위 조직 간의 통합, 그리고 정상조직들의 정책결정 및 집행과정에의 참여양식(mode of participation)이다. 둘째는 정상조직과 정부기관 간의 협의양식(modes of concertation)이다. 렘부르쉬에 의하면 전자는 공식화되어 있어야 하지만, 후자는 비공식적으로 이루어질 수 있다.

렘부르쉬가 말하는 '이익조직의 정책 참여'는 두 수준에 걸쳐 이루어진다. 하나는 이익조직 체계 내의 이익집약 과정으로서, 이익조직 체계 내의 다양한 이해관계가 정상조직을 통해 수렴·집약되는 절차를 말하는 것이다. 정상조직은 이익조직 체계의 활동을 효과적으로 조정하기 위한 권위를 부여받고 있는 반면, 산하 단체―정상조직의 기관회원―들은 정상조직의 통솔 하에서 제한된 자율성을 갖는다. 또 다른 수준은 정상조직 사이에 임금인상률, 실업률, 근로 혜택 등 주요 시장 지표에 대해 공식적으로 협의하는 절차다. 이는 이익조직의 대표가 정책 입안 과정에 참여하거나 혹은 정책 집행을 담당하고 있는 정부기구

---

14 정책협의의 대상이 되는 공공정책의 영역과 그 범위는 국가별로 차이가 있고, 또한 시대별로도 차이가 있다. 주로 근로조건이나 임금, 고용 수준을 결정하는 노동시장정책이 공통적으로 나타나고 있으며, 재정금융정책이나 산업정책, 통상정책, 고용 창출과 직업교육훈련을 위한 정책 등에 이르기까지 광범위하게 다루어지기도 한다.

에 주요 멤버로 참여한다는 것을 의미한다.[15] 정책협의가 이루어지는 회의체 내부에는 참여 집단들 사이에 타협과 합의를 유도하는 공식화된 의사결정 기제 및 절차가 마련되어 있다.

정책 참여양식의 제도적 기제는 국가별로 각각 다르다. 어느 산업을 대표하는 인사가 정책 협의체에 참여할 것인가 하는 문제부터, 협의체 내부의 의사결정 규칙에 이르기까지 정책협의제의 제도적 성격은 국가별로 차이가 있을 수 있다. 정책협의제의 제도적 특성에는 특히 그 나라 산업구조의 차이가 반영되어 있을 수 있다. 이익조직 내의 의사결정 과정에서는 참여 단체나 기업 사이에 불균등한 영향력 관계가 존재하는데, 일반적으로는 그 나라의 경제적 성과에 지대한 영향력을 행사하고 있는 산업 부문이 소속 기업이나 단체를 통해 정상 조직 내부의 의사결정과정에서 더 큰 지배력 행사한다.

사용자 단체를 연구해 오고 있는 Traxler(1993, 1995)는 사용자 조직의 정치적 영향력을 대표성(representativeness)과 통할가능성(governability)의 함수로 설명한다. 대표성 문제는 일차적으로 이익조직의 잠재적 회원이 될 수 있는 기업이나 업계 단체들 가운데 얼마나 많은 기업이나 업계 단체들이 실제 그 이익조직의 회원사로 참여하고 있느냐 하는 것을 나타낸다. 트랙슬러는 '집적도'(density) 개념을 사용해서 이를 설명하고 있다. 고집적도(high density)의 이익조직일수록 대표성을 인정받을 수 있다. 하지만 고집적도는 곧 멤버십의 이질적 구성을 의미하는 것이기 때문에

---

15 주로 정책입안을 담당하는 정부 위원회(commission)나 정책 집행을 담당하는 집행기구-통상적으로는 집행이사회(executive board)의 주요 멤버로 초청되는 것을 의미한다.

이익집약 과정에서 한계를 가질 수도 있다. 이익조직의 이질적 구성은 이익 조직체계 내부의 통합가능성(governability)의 문제를 발생시킬 수 있다. 통합가능성은 사용자 조직의 수직적 통합의 정도를 나타내 주는 지표로서, 조직 내부의 이익조정 메커니즘의 중앙집권화의 정도, 제재권(制裁權) 발동을 통한 구성원들에 대한 통제가능성을 나타낸다.

스칸디나비아 국가들에서 이익대표성 및 통합가능성 문제는 일반적으로 정상조직으로서 사용자 단체 연합회 내의 대기업과 중소기업 간의 이익갈등, 노조총연맹 내의 수출산업부문과 보호산업 부문, 공공부문과 민간부문간의 이익갈등이 주된 문제영역이었다. 대기업과 중소기업은 이해관계가 일치하지 않고, 자원동원 능력에도 차이가 있다. 중소기업은 대개의 경우 뚜렷한 재정적 한계 속에서 작동되고, 노사분규에 의한 타격의 정도가 큰 반면, 대기업은 정치적 활동에 필요한 자원동원이 용이하고 노사분규에 대응할 수 있는 다양한 전략적 옵션의 활용이 가능하다. 그런가하면 규모의 차이가 큰 기업들로 구성되어 있는 산업은 조직구조와 기술이라는 측면에서 이질적일 수밖에 없다.

이익 조직체계 내부의 이질성 문제는 채택하고 있는 의사결정규칙 여하에 따라 극복될 수도 있고, 그렇지 못할 수도 있다. 사용자 단체 연합회 내에서 대기업이나 영향력 있는 기업들은 국가경제에서 자신들이 차지하는 비중에 걸맞은 영향력 행사를 기대하고, 규모에 상응하는 투표권을 요구한다. 이러한 요구는 규모나 자원의 크기와는 상관없이 동등한 투표권리를 요구하는 중소기업들의 입장과는 다르기 때문에 이익 조직 내 대기업과 중소기업사이의 양극화 현상을 초래할 수 있다.

정책협의제는 본질적으로 타협과 협상을 내포하는 정치적 과정으로서 정치화된 정책결정과정 혹은 정책결정과정의 정치화를 의미한다고 말할 수 있다. 이는 정책협의제가 제도적 취약성을 가질 수 있음을 말해주는 것이기도 하다. 정책협의제의 제도적 취약성은 두 가지 원천을 갖는다. 하나는 정책협의제가 경제적 합리성 제고를 목표로 하는 것이라기보다는 정치적 협상을 통해서 시장력의 발현을 제어해 나가는 것이기 때문이다. 다른 하나는 정책협의제 하에서 이익조직 사이에서 체결되는 협약은 당사자들 간의 일시적인 힘의 균형을 반영하고 있는 잠정적 타협책(modus vivendi)에 불과한 것이기 때문이다.

정책협의제는 여건 변화에 큰 취약성을 가지고 있는 제도이다. 경제 조건이나 시장력 변화에 취약하고, 참여 그룹의 역학관계의 변화에 취약할 수밖에 없다. 1980년대 이후 스웨덴 등지에서의 정책협의제 변화는 바로 이러한 관점에서 분석될 수 있다.

2. 스웨덴 모델의 변화와 정책협의제의 제도적 위기

1950년대부터 1970년대까지 스위스 모델은 정치적 안정과 경제성장을 가져온 모범적 사례로 광범위한 찬양의 대상이 되어 왔다. 그러나 70년대 초반 국제오일 쇼크 이후, 스칸디나비아 복지국가체계에도 세계경제의 충격이 미쳐 오기 시작했고, 80년대 이후 세계화의 여파가 밀려들면서 스칸디나비아 국가모델에도 새로운 차원의 변화를 경험하기 시작하였다.

스웨덴에서의 정책협의제는 70년대 이후 서서히 정점에서 내려와 변화를 모색하기 시작한다. 정책협의제의 변화 자체가 새롭게 집권에 성공한 정당조직에 의해 추진이 주도된 것은 아니었다. 스웨덴 1976-1982년, 그리고 1991년 말-1993년까지 보수우익 정부(Buildt 정부)가 들어섰다. 스웨덴에서는 70년대 중반 이후 90년대 초반까지 사민당 정부와 보수 우익 정부가 정권을 교체해가며, 신자유주의 경제사회정책을 시행해 나갔다. 스웨덴에서 정책협의제 변화는 임금동결, 실업급여 삭감, 대대적인 디플레 정책, 탈규제와 민영화 등 신자유주의적 정책 추진을 배경으로 한 것이었다. 정책협의제 자체의 변화를 주도한 것은 스웨덴 재계였다.

(1) 1970-80년대 노사대립과 SAF 내의 이익균열

스웨덴 모델은 1970년대 초까지 성공적으로 잘 작동되는 것처럼 보였다. 특히 노조와 사민당 정부로서는 잘츠요바덴 합의를 뒷받침하는 정책과 제도가 자리를 잡아 가는 가운데, 이른바 스웨덴 모델이 가시적인 경제성과를 내고 있다고 생각했다. 50-60년대 유럽의 주요한 다른 국가들이 이룩한 경제성과보다도 더 낫다는 평가가 이어지면서 스웨덴 모델은 학계의 주목을 받기 시작하였다. 동서 냉전이 계속되는 상황 하에서 미국식의 자유 시장경제모델의 경제적 성과를 능가하는 것처럼 보였던 스웨덴 모델은 제3의 발전 모델로까지 주목받기에 충분하였다.

스웨덴 모델에 대한 학계의 주목과 경제적 성과에 대한 저널리즘의 호평이 이어지는 가운데 70년대에 들어오면서 상황은 급격히 바뀌기 시작하였다. 일본과 대만, 한국 등 신흥공업 국가들의 세계 시장 등장, 그리고 73년부터 79년까지 이어진 국제 석유파동 등으로 스웨덴 기업들은 경기위축과 함께 해외경쟁력 상실을 경험하기 시작하였다. 특히 조선, 철강, 제지업을 중심으로 수출산업에 종사하는 스웨덴 대기업들의 국제경쟁력 저하 현상은 스웨덴 경제 활력의 빠른 둔화 현상을 초래하였다. 경제 활력이 떨어지는 가운데 나타난 인플레이션 현상도 문제였다. 스웨덴 정부는 재정적자를 꾸려가며 '스웨덴 모델'이 자랑하는 복지 정책을 이어가지 않을 수 없었고, 국가부채는 늘어만 갔다.

경제 위기 상황을 배경으로 스웨덴 노조는 더욱 강력하게 결집하면서 정치적 요구 증대를 통해 어려워진 경제적 형편을 개선해 나가고자 하였다. 스웨덴 노조는 결집된 힘을 배경으로 작업장에서뿐만 아니라, 정치적으로도 근로자와 노조의 권리를 크게 확대하기 위한 입법 추진을 압박해 나갔다. 근로환경 개선과 근로시간 단축, 다양한 유급 휴가 일수 증대, 피고용 상태의 안정적 유지 등을 위한 입법 투쟁은 상당한 성과를 거두어 나갔다. 사민당 정부와 보수우익 연립정부의 정권교체가 이루어지는 가운데에서도 노조의 정치적 승리는 계속 유지될 수 있었다.

스웨덴 노조는 거듭되는 정치적 승리를 배경으로 요구 수준을 높여 나갔고, 드디어 사용자의 고유 영역이라고 인정되었던 경영과정에 근로자 대표의 직접적 참여를 제도화한 공동결정법(Co-determination Act of 1977)을 추진하였다. 뿐만 아니라 동일노동-동일임금 원칙의 제도화를 추진한 연대임금법도 문제였다. 70년대 중반 스웨덴 노조는 의회의 다수당이었던 사민당을 내세워 노조의 영향력을 강화하기 위한 방편으로 기업과 자본에 대하여 재정적 부담을 전가하는 제도적 정치를 입법화하려는 기도를 추진해 나갔다. 이 가운데에서 특히 사용자의 반발을 촉발한 것은 공동결정(Codetermination)법과 임금노동자 투자 기금법(Wage

Earner Investment Funds)이었다.

공동결정법은 사용자가 작업장의 환경에 필요한 변화조치를 취하기 위해서는 반드시 노조의 동의를 받도록 하는 등 기업의 의사결정 과정에 노조가 더 많은 영향력을 행사할 수 있도록 제도적으로 뒷받침해 주고 있는 법이었다. 사용자측의 저항을 더욱 불러일으킨 임금노동자 기금법은 1976년 스웨덴 노조총연맹(LO)이 채택한 '마이드너 계획'(Meidner Plan)에 따라, 산업의 소유권을 노조가 통제할 수 있는 투자기금으로 이전시키려는 급진적 기도였다.

노조에 의한 마이드너 플랜의 입법화 기도는 스웨덴 정책협의제의 쇠퇴를 재촉하는 가장 상징적인 사건이었다.[16] 스웨덴 왕립위원회(Royal Commission)가 설립과 함께 법안이 추진된 마이드너 플랜은 기존의 정책협의를 위한 제도적 틀 속에서 평온하게 다루어질 수 없었다. 이 법의 취지는 회사의 이윤으로 피고용자들을 위한 투자기금을 조성하되, 노조가 그 운영권을 갖도록 하자는 취지의 법안이었기 때문에 노사 간 기본 입장의 차이가 확연한 것이었다. 정치적, 사회적 갈등만을 불러일으킨 왕립 위원회 활동은 아무런 합의 없이 작업 종료를 선언했지만 위원회 밖의 여론의 양극화는 계속되었다. 사회민주당이 근로자투자기금에 대하여, 양론으로 나뉘어져 대립하다가 1983년 당초의 취지에서 크게 후퇴된 법안을 통과시켰으나, 양쪽 모두에게 비판을 받았다. 임노동자 투자기금법은 결국 산업의 소유권에 어떠한 영향도 미치지 못했다.

이러한 일련의 상황이 전개되면서 기업과 사용자 집단은 스웨덴 정

---

16 Marshall 1996.

부가 이익조직에 대하여 더 이상 중립적이지 않으며, 스웨덴 LO 역시 더 이상 믿을만한 사회적 파트너로 볼 수 없다는 확고한 인식을 가지게 되었다. 70년대 중반 이후 스웨덴 노동운동의 이념적 급진화는 기업과 사용자 단체의 강력한 반발을 불러일으켰다. 그동안 정치적 중립을 표방해 오던 스웨덴의 사용자 단체들은 극우 부르주아 정당인 온건당(Moderate Party)을 공개적으로 지지하면서 사민당 정부를 퇴진시키려는 정권 교체운동까지 기도하였다. 그런가하면 영국 등 유럽 전역에서 붐을 일던 신자유주의 물결을 스웨덴으로 불러들이기 위한 여론형성 활동에 적극 나섰다. SAF의 적극적인 캠페인 활동으로 정부재정지출 삭감, 세금인하, 시장력 복원을 요구하는 새로운 정책 패러다임이 급부상함으로써 복지국가 모델에 대한 스웨덴의 사회적 합의체제는 서서히 붕괴해 나가기 시작했다.

스웨덴에서의 정책협의제 쇠퇴는 노사 중앙 단체교섭의 틀이 해체되어 간 데에서 그 전형을 찾을 수 있다. 스웨덴에서 정책 정책협의제 실패는 노사 간 갈등과 함께, 노노간의 갈등으로 더욱 부채질되었음을 알 수 있다. 1960년대 후반 이후 화이트칼라 노조가 자신들만의 중앙 집중화된 교섭조직을 만들었고, 70년대 이후에는 공공부문의 노조가 독자적으로 움직여 나갔다. 화이트칼라 노조 상호간의 경쟁관계, 화이트칼라 노조와 스웨덴 LO 간의 알력과 경쟁관계로 인해 매년 임금협상은 정책협상의 제도화된 틀 속에서 난항을 계속해 갔으며, 그 결과로 합의된 기준 이상의 임금상승(wage drift)이 이루어짐으로써 기업과 사용자 집단의 경제적 부담은 가중되어 갔다. 스웨덴 LO의 중앙집권에 대하여 산하 단체나 지역 차원의 불만도 고조되었기 때문에 중앙연맹의 통제력도 기대할 수 없었다. 1970년대까지 스웨덴에서 중앙 단체협상을 위한 제도적 장치는 원래의 목표인 임금억제와 산업평화를 이루어내지 못하고, 파업, 직장폐쇄, 부문 간 경쟁, 그리고 급격한 임금상승만을 부추겼을 뿐이었다.

노노간의 갈등에 대해서 사용자 단체는 일부 노조의 지원을 이끌어 내며, 노사협상의 분권화를 추진해 나갔다. 대표적으로 스웨덴의 수출지향적인 금속제조업협회(VF)는 수출 금속제조업 노동자들로 하여금 LO로부터 이탈하도록 유인해 낼 수 있었다. VF는 지속적으로 중앙 단체교섭의 틀을 해체하고, 개별 기업단위의 노사교섭을 통해 탈중앙화된 방식으로 문제를 해결해 나가야 한다는 강력한 입장을 견지하였다.

이러한 노사 갈등에 대하여 스웨덴 정부는 행정기관과 지방정부에 보다 많은 권한을 위임하고, 지방정부 차원에서 보다 많은 이익단체들이 정책결정과정에 참여하도록 하는 공공부문 개혁을 단행해 나갔다. 이러한 개혁은 '탈중앙화된 정책협의 구조'로서 사회적 통합을 이룩하고, 중앙정부에 대한 불만을 줄이겠다는 정책목표 하에 추진되었다. 하지만 분권화된 정책협의는 정책결정 과정에서의 중앙정부의 영향력 상실과 함께, 국가 차원의 정책 조정문제를 발생시키기는 부작용을 초래하기도 했다.

한편 스웨덴 중앙정부는 결정권을 이양했지만, 노사 간의 단체교섭 실패로 발생하는 파업 등의 사회적 갈등문제에 대해서는 더욱 지시적이고, 권위주의적 방식으로 정부 개입의 강도를 높여 나갔다. 많은 분권화된 교섭의 실패 사례들에 직면하여 스웨덴 정부는 과거 노사자율 교섭에 맡겨진 많은 정책이슈에 대해, 중앙정부 차원의 기준과 지침을 마련하고, 필요한 경우 이의 입법화를 추진하기도 하였다. 83년 이후 다시 정권을 인수한 사민당 정부는 변화한 세계경제 환경 속에서 스웨덴 기업의 국제경쟁력 강화 문제와 공공지출 감축 문제에 보다 큰 정책적 관심을 기울였고, 이러한 우경화는 스웨덴 LO와 갈등을 낳기도 하였다.

(2) SAF 내의 내부갈등과 집단행동 딜레마

스웨덴 모델은 중앙 집권화된 두 정상급 이익조직, 즉 SAF와 LO 사이의 전략적 상호작용을 뒷받침해 주는 제도적 장치를 집약해 놓고 있는 개념이다. 이는 사회적 파트너로서 두 정상 이익조직이 도출한 합의안에 기초하여 노동시장 전역을 포괄하는 조정과 통제가 이루어질 수 있다는 전제를 갖는 것이었다. 두 정상조직 사이의 협상의 결과로 도출된 합의안을 각 조직의 산하에 있는 단체회원과 회원사들에게 전달하고, 합의안에 따른 이행을 권고하면 회원들이 이 권고를 받아들여 각각 내부의 의사결정 과정에 반영하는 것이었다. 권고안을 수용하느냐 하는 것은 정상 조직이 얼마나 잘 조직화되어 있고, 정상조직의 회원사들에 대한 통제력 행사가 얼마나 잘 먹혀 들어가느냐의 여부에 달려 있었다.[17] 따라서 스웨덴 모델은 두 정상 조직의 회원사들에 대한 압도적인 권위를 배경으로 작동하는 것이었다고 할 수 있다. 하지만 80년대 이후 극심한 노사갈등을 배경으로 두 정상 조직은 회원사들에게 내부 규율을 강제할 수 있는 압도적 권위를 행사할만한 위치에 놓여 있을 수 없었다. SAF와 LO 각각은 내부로부터 가해지는 압력과 중앙권위에 대

---

17 여기서 스웨덴 노조 LO와 재계단체 SAF의 변화에 관한 개괄적 설명은 De Geer(1992)의 설명을 재정리하고 있는 것이다: 특히 De Geer, pp. 128-129.

한 도전에 직면하게 되었다. SAF도 LO는 더 이상 단일주적으로 움직이는 정상조직의 위상을 지켜갈 수 없게 되어 갔다. LO는 운송노조와 건설노조로부터 중앙 권위에 대한 집요한 도전이 이루어졌고, 민간기업 노조와 공공부문 노조 사이의 갈등을 중재해 나가는 과정에서 큰 어려움을 겪고 있었다. SAF 역시 업종과 규모를 달리하는 기관회원과 회원사들 간의 갈수록 커져 가는 갈등을 조정하지 못한 상태에서 회원들에 대한 규율을 강제할 만한 위치에서 차츰 멀어지게 되었다. 80년대 이후 거듭되는 극단적인 노사분규 와중에서 SAF와 LO는 극단적인 파업 노조의 요구에 빈번하게 굴복하지 않을 수 없었다. 특히 SAF 회원사들 가운데에는 지도부가 회원사들의 이익에 반하는 데에도 불구하고 LO의 완강함에 쉽게 굴복해 버린다는 불만을 나타냈다.

SAF 내에는 상반된 이해관계를 가진 업계의 대표단체들이 대립하는 일이 빈번하게 발생했다. 업종별 이해관계는 경기 사이클과 생산기술의 발전, 시장개방과 대외경쟁력의 정도, 노동력 유치를 회원사 간 상호 경쟁의 정도에 따라 판이하게 갈렸다. 업종별 단체회원과 개별 회원사 간 이해관계가 유동적으로 크게 갈리는 상황 하에서 SAF 지도부는 이해관계 조정 리더십 행사에 큰 어려움을 겪지 않을 수 없었다. 노조와의 협상에서 쉽게 굴복한다는 불만이 늘어가고 있는 가운데, 업계 간의 이러한 상반된 이해관계의 충돌은 SAF가 차츰 스웨덴 재계를 대표하는 정상조직으로서의 역량 한계를 드러내고 있음을 보여주는 것이었다.

SAF 지도부는 회원들을 한데 묶을 수 있는 플랫폼을 만들어 내는데 뚜렷한 한계를 보여 주었다. SAF 지도부는 회원들에게 '비용수준 불변'(unchanging cost level) 조건의 유지가 거의 유일의 공동 플랫폼으로 기능하는 것이었지만, 대외경제 여건이나 노조와의 협상 결과는 재계 결집을 위한 이러한 공동플랫폼이 갈수록 작동되기 어렵다는 점을 재확인하게 만드는 것일 뿐이었다.

업종별, 규모별 이해관계의 뚜렷한 상충은 LO도 마찬가지였다. 그렇지만 사용자 측과는 달리 LO는 상반된 이해관계를 갖는 회원들을 한데로 묶을 수 있는 공동의 플랫폼을 만들어 가는데 얼마간 성공적일 수 있었다. 연대임금정책(solidaristic wage policy)이나 임노동자 투자기금, 공동결정법 추진 등은 단위 노조 간 이해관계의 상충을 뛰어 넘어 전 노조를 재결집할 수 있는 새로운 공동의 플랫폼으로 기능하기에 충분한 것이었다. 하지만 LO의 공동플랫폼이 성공적으로 작동하는 것처럼 보일수록 상반된 이해관계를 가진 SAF는 더욱 단일의 공동 플랫폼으로 결집해가는 것이 더욱 어려워졌다. 70년–80년대 스웨덴 노조의 집요한 도전 속에서 스웨덴 재계는 SAF 지도부가 제시한 '비용조건 불변'의 플랫폼을 유지해 나가는 것이 더 이상 가능하지 않다는 인식을 공유할 수 있도록 만들었다. 이러한 상황 하에서 SAF 내부에서는 중앙 임단협 체제로부터, 더 나아가서는 정책협의제로부터, 그리고 궁극적으로는 스웨덴 모델로부터의 '이탈' 대안이 재계를 다시 한데 묶는 유일의 공동 플랫폼일 수밖에 없다는 '아이디어'의 확산을 가져 왔다.

스웨덴 모델은 재계와 노조 각각이 단일의 정상 조직의 리더십 하에 집단행동을 성공적으로 조직화해 나갈 수 있는 한 잘 작동될 수 있는 것이었다. 스웨덴 재계는 노조에 비하여, 이러한 집단행동 조직화에 불리한 여건에 놓여 있었다. 스웨덴 재계의 집단행동 조직화를 가로막는 장애 요인은 다양했다. 산별 단체회원 간 이해관계 상충과 노동력 유치경쟁과 임금부상(wage drift)을 배경으로 중소 제조업 사업자들의 불만 확대와 지도부에 대한 불신이 늘어갔으며, 사무관리직 및 공공부문 노조 문제가 대두되면서 제조업 중심의 운영체계에 변화가 초래되지 않을 수 없었다.

(3) 노동력 유치경쟁과 임금부상(wage drift)

임금부상은 개별 단위 기업 수준에서 실제 지급되는 임금상승률이 중앙 임단협이나 산별 단체교섭을 통해 합의된 기준율 이상으로 높게 지급되는 현상을 지칭한다. 임금 부상의 주요한 가장 이유는 우수노동력 확보 및 유지를 위한 기업 간 경쟁 심화에 있었다. 특별한 기술요건을 가진 우수 인력을 유치할 필요성이 있는 산업부문에 종사하는 기업이나 성과급 지급 등 경영혁신으로 생산성의 향상을 서두르고 있는 기업들로서는 임금부상이 불가피했다. 기업들은 타 기업들보다 높은 수준의 임금 지급을 인센티브로 제시하면서 우수 인력 유치를 추진해 나갔고, 한 회사 내에서도 근로자들 간 차등적 임금지급 방안으로 성과향상을 독려해 나갔기 때문이었다. 더욱 북유럽 다른 국가들과 비교할 때 스웨덴의 경우 상당히 큰 폭의 임금 부상이 발생한 것은 완전고용 상황하에서 임금지불 능력이 큰 고수익 기업들이 우수노동력을 안정적으로 확보하기 위하여 산별 임단협에서 합의한 임금수준을 크게 상회한 액수의 임금을 지급한 것이다.[18]

---

18 신정완 2012, pp. 130-131.

⑷ 중소 제조업 사업자들의 불만 확대와 지도부에 대한 불신

스웨덴에서 노사 간 임금협상을 SAF와 LO 두 정상조직 간의 중앙 임단협, 산별임단협, 그리고 개별 기업 내 노사협상 등 여러 수준에 걸쳐 진행되었다. 문제는 개별 단위 기업들로서는 이러한 중첩적 협상단계가 결과적으로는 매우 불리하게 작용한다는 것이었다. 여기에는 다시 두 가지 이유가 있었다. 하나는 경기 상황에 따라 형편이 좋지 않게 된 기업들로서는 상급 수준에서 결정된 임금인상 기준을 쉽게 수용하기 어려웠다는 점이다. 다른 하나는 개별 기업단위 노사협상에서 회사 노조대표들은 상급 단위의 권고안을 상회하는 인상률 적용을 주장했기 때문이었다.

개별 기업노조는 이렇게 함으로써 회사 노조원들에게 활동의 가시적 결과물을 보여 줄 수 있다고 생각했던 것이었다. 노동 인력에 대한 의존도가 클 수밖에 없었던 제조업 분야의 중소기업들은 이러한 이유로 임금 부상의 큰 압박하에 놓이게 되었다. 그렇기 때문에 제조업 분야의 중소기업들은 중앙 임단협에서의 임금상승률의 큰 폭 제한을 요구해왔으며, 임금 협상 단계를 줄일 것을 줄기차게 주장해 왔다.[19] 후에 이들 제조업 분야의 중소기업들이 앞장 서 SAF 수준의 중앙 임단협 폐지를 요구한 것은 이러한 배경 하에서였다.

제조업 분야의 중소기업들의 SAF에 대한 불만은 임금 단체협상과

---

[19] 반면 산림 가공업 분야나 상업 부문의 사용자들은 강력한 중앙 임단협 체제를 선호했으며, 개별 기업 단위의 재량적 조치 여지를 확실하게 축소해야 한다는 입장이었다.

관련해서 뿐만이 아니었다. 중소기업들은 70년대 이후 임노동자투자기금, 공동결정법, 연대임금 정책 등을 둘러싼 상황 전개과정을 지켜보면서 노조의 공세 맞설 수 있는 SAF의 역량에 근본적 한계가 있다는 점에 대해 큰 불만을 표출하였고, 더 나아가 SAF의 존재 가치에 대해 근본적인 회의를 나타내기 시작하였다.

80년대 이후 SAF는 제조업 부문의 중소기업들로부터 제기된 이러한 불만과 요구를 수용하는 방향으로 스스로의 정체성 변화를 도모해 나가기도 하였다. 대기업 회원사들 중심의 운영체계를 유지하는 가운데에서도 중소기업의 이익과 정책적 선호를 중요하게 다루어 나가는 포괄적 재계단체로서의 위상을 적극적으로 표방하여 나갔다.[20] 그런가하면 SAF는 1980년대 이후 중앙 임단협을 책임지는 사용자 정상조직으로서보다는 LO의 경제 사회주의화 기도에 맞서 싸우는 자유 시장경제를 대표하는 재계단체의 본산으로서의 이데올로기적 정체성을 재확립하여 나갔다.

(5) 사무관리직 및 공공부문 노조 문제

스웨덴 모델의 변화에 대한 압박은 스웨덴 노동시장 내 이해관계를 달리하는 수많은 행위 집단의 출현으로부터 가해지기도 하였다. 또한 이해관계를 달리하는 유력 집단들이 기관회원으로 받아들여짐으로

---

20 Geer 1992, p. 132.

써 SAF는 내부 의사결정 과정에서 효율적으로 하나의 입장을 만들어 가는데 뚜렷한 한계를 나타내게 되었다. 정상조직으로서 SAF로서는 같은 위상의 LO를 상대하기 위해서 LO가 제시하는 다양한 쟁점을 협상 의제로 올리지 않을 수 없었다. LO는 내부에 새로운 구성원 집단을 받아들이게 되면 이들 신규 구성원 집단의 이해관계와 관련된 사안들을 협상 테이블 위에 올려놓지 않을 수 없었고, 그렇기 때문에 SAF는 내부 구성원 집단 간 이해관계를 조정하는데 더욱 어려움을 겪어 나가게 되었다. 그런가하면 LO로부터 떨어져 나온 독립노조를 별도의 단체협상 상대로 받아들이지 않을 수 없었다.

사무관리직 노조와 공공부문 노조와 관련된 사안이 대표적인 것이었다. SAF와 LO는 애초에 블루칼라 노동자와 관련된 사안만을 협상 이슈로 다루어 나갔다. 사회적 인식의 변화와 함께 개별 단위 기업 내에 사무관리직이 노조에 참여할 수 있게 되고, 이어 1954년부터는 이들 사무관리직들이 모인 별도의 사무관리직 노조(SIF: Swedish Union of Clerical and Technical Employees in Industry)가 정식으로 출범하였다. 1964년부터 SAF의 공식 문건에는 '노동자'(workers)란 표현이 빠지고, '피고용자' (employees)라는 개념이 쓰이기 시작하였다. SAF는 사무관리직 근로자와 관련된 쟁점들을 단체교섭의 의제로 다루어나가려 하지 않았었다. 하지만 SIF가 LO 내부의 이해관계 상충을 이유로 별도로 떨어져 나와 독립적 지위의 노조단체로 활동을 시작하였기 때문에 SAF는 이를 중앙임단협의 또 다른 파트너로 받아들이지 않을 수 없었다. SIF가 노동시장에서의 새로운 주요한 행위자로서 인정된 것이었다. SAF로서는 이후 다른 유형의 독립노조들(SALF, CF 등)을 단체협상 상대로 인정해 주지 않을 수 없었다. LO는 이에 대해 크게 반발하였다. 이러한 반발에 대해

SAF는 LO에 대해서 '최혜당사자'(most favoured party) 지위를 인정해 주는 결정을 내리기도 하였다.[21]

　스웨덴에서 공공부문에 종사하는 근로자들은 오랫동안 SAF와 LO의 중앙 임단협 체제 하에 있었다. 하지만 1960년대 이후 공공부분 노조는 스웨덴에서 규모와 영향력 면에서 가장 빠르게 성장하여 갔고, 그 결과로서 스웨덴 노동 시장에서 가장 주요한 행위자 집단의 하나가 되었다. 1980년대 지속적인 파업을 전개하면서 공공부문 노조는 독립노조를 결성하고 SAF로부터 별도의 단체협상 파트너로 그 지위를 인정받고자 하였다. 하지만 이러한 노력이 소기의 성과를 거둘 수 있는 것은 아니었다. 공공부문 노조는 여전히 LO의 단체회원으로 존립하고 있다. 그렇지만 공공부문 노조는 LO 내에서 다른 단체회원들과 자주 이해상충을 빚어내면서 독자적 행보를 계속 이어오고 있다.

(6) 산별 단체회원 간 이해관계 상충: SAF 내의 조직변화 추구

　1980년대 들어오면서 스웨덴 경제는 급격한 위기상황을 경험하지 않을 수 없었다. 수출업에 종사하던 스웨덴 대기업과 강소형 중견 기업들은 국제경쟁력을 상실하게 되었고, 치솟는 인플레이션 압박 속에서

21　SALF는 회사가 아닌 자영업자들에게 고용된 비조직 부문 근로자들로 구성된 노조이며, CF는 회사 등에 고용되지 않은 개인 기술자나 기능인들로 구성된 단체이다. SALF와 CF는 이후 SIF와 통합하여 자영업 종사 근로자 카르텔을 의미하는 PTK(Private Salaried Employees' Cartel)로 출범하였다(Geer 1993, p. 134.)

스웨덴 경기는 바닥을 향해 추락하는 것처럼 보였다. 경기침체를 배경으로 스웨덴 정부는 재정압박에 시달려야 했고, 70년대 이후 지속된 노사분규는 더욱 심각한 양상을 드러내게 되었다. 76년부터 82년까지 집권한 보수연립 정부가 물러나고 사민당이 다시 내각을 인수하였지만 정치적 지지 기반이 크게 위축된 상태에서 이념이 다른 정당들과 타협하지 않으면 정국을 이끌어 갈 수 없는 형편이 되었다. 미국과 영국 등에서 불어 닥친 신자유주의 물결이 유럽 등지의 각국으로 퍼져 나갔고, 세계화 물결 속의 각국 정부들은 경제개혁과 공공부문 개혁을 추진해 나갔다.

SAF는 빠르게 변화하고 있는 대내외의 이러한 여건에 맞추어 내부적으로 대대적인 조직 변화를 단행해야 한다는 목소리가 높아 갔다. 하지만 SAF는 조직으로 이미 너무나 커져 있는 상태에 있었기 때문에 스스로 필요한 변화를 한꺼번에 이루어 갈 수 없었다. 특히 구성원 집단 간의 확대일로를 걸어 온 이해관계 상충과 이질성은 무엇이 어떻게 달라져야 하는지에 대해 합의안을 도출하는 것을 거의 불가능하게 만드는 것이었다. SAF 내외로부터 제기되어 온 조직 혁신의 필요성에 대해 대다수의 내부 구성 집단들이 공감하고는 있었다. 하지만 혁신의 목표와 혁신을 추진하는 방법에 대해서는 이견이 분분하였다. 그러는 가운데에서도 SAF 내부에서는 중앙 임단협 체제와 조합주의적 정책협의제로부터 빠져 나가야 한다는 것에 대해서는 회원 간 공감의 폭을 넓혀 나갈 수 있었다.

SAF의 중앙임단협 체제로부터의 이탈 기도는 사민당이 재집권 한 1980년대 초 서서히 구체화되기 시작하여 1990년까지 삼단계로 추진되었다. 이러한 추진 노력의 산물로 1991년 정책협의체로부터의 이탈이

전격적으로 단행되었다. 1981년 말 보수 연립정부의 몰락과 함께 SAF 지도부는 LO의 대대적인 이데올로기적 공세를 우려하지 않을 수 없었다. 사민당이 새롭게 다수 의석을 차지하게 된 스웨덴 의회에는 재계를 압박하는 새로운 법안들이 제출되어 있거나, 그 동안 통과되지 못한 법안들이 발효를 기다리고 있었기 때문이었다. 사용자들이 노사분규 과정에서 노조에 대항할 수 있는 가장 강력한 무기였던 공장 폐쇄권 발동을 크게 제한하는 법안이 의회에 제안되었으며, 재계가 시장에서 창출한 경제적 성과 일부를 합법적으로 노조의 소유로 돌려놓겠다는 '임노동자 투자기금법'이 최종 통과를 기다리고 있었다. 노조의 경영 참여를 제도화 하고 있는 '공동결정법'도 재계로서는 노조로부터 가해지는 조직적인 압박으로 받아들이지 않을 수 없었다. SAF 구성원들은 노조의 이데올로기적 공세에 의해 둘러싸여져 있다는 확고한 인식을 공유할 수 있었고, 이러한 집중포화의 공세로부터 한꺼번에 벗어날 수 있는 획기적인 조치가 단행되어야 한다는 인식을 공유할 수 있었다.

SAF는 스스로 내부 조직운영체계의 개혁을 통해서 LO의 이데올로기 투쟁에 맞서가고자 하였다. 1970년대 노조 정치투쟁의 격랑 이후 SAF는 내부 조직전열의 재정비를 서두르는 한편 새로운 인력을 보강해 나갔다. 또한 회원사들로부터 회비 등으로 갹출한 막대한 재원을 정치적 목적으로 활용해 나갈 수 있도록 운영체계를 바꾸어 나갔다. 예컨대 SAF는 1970년대 말 회원사로부터 걷는 회비를 2배 이상으로 늘려 나갔다. 이는 1980년 이후 SAF가 LO 에 비해서 연간 재정수입의 2배, 총적립 기금은 8배 규모의 풍부한 가용자원을 가질 수 있었던 직접적인 배경이기도 했다.[22]

SAF의 적립 기금은 공장폐쇄 등을 대비한 분규보상과 행정관리,

선전광고 등 세 유형의 목적에 주로 사용하기 위한 것이었는데, 가장 눈에 띄는 변화는 1970년대 말부터 선전광고의 재원이 급격히 증대되었다는 점이다. 예컨대 선전광고 목적의 사용 재원은 15% 선을 유지해 왔는데, 이것이 80년대에 들어오면서 25% 이상 최대 35%까지로 증대되었다. 재계 본산으로서 SAF의 역할이 이미 1970년대 후반에 들어오면서 임단협보다는 노조의 정치투쟁에 맞선 정치적 영향력 행사(여론조성 및 로비활동 등)에 초점이 맞추어졌음을 보여주는 것이었다.[23]

노조의 투쟁에 맞서 공장폐쇄 전략으로 대응해 오던 SAF가 전략적 대응을 달리 모색하기 시작한 것은 1970년대 말 부터였다. SAF의 변화하는 환경에 대한 전략적 대응의 새로운 변화는 SAF 주도의 공장폐쇄 전략의 변화에 대한 회원사들의 이반이 나타나기 시작한 것에 대한 대응책이기도 했다. SAF 내부 의사결정과정에서의 의결권 행사 방식이 회원사 피고용자 수, 피고용자에 대한 임금총액에 비례하여 투표권을 부여하는 방식으로 변화하게 됨에 따라 소수의 대기업들에게 결정권한이 집중되어 있었다. 또한 SAF는 강령개정을 통해서 임금협상이나 파업, 공장폐쇄 결정에 대한 개별 회원사의 독자적 행동금지를 명문화할 수

---

22 주 재원은 insurance fund, guarantee fund 등으로 노조의 장기파업 및 노사분규에 대비해서 공장폐쇄 조치 시 회원사들에게 제공할 목적으로 적립해 놓은 기금이다. 이로써 SAF는 세계 어느 다른 국가들의 재계단체에 비해서 압도적으로 풍족한 여유재원을 가질 수 있었다. 예컨대 1980년대 이후 SAF는 15억 달러 정도의 활동 재원을 확보해 놓고 있는 것으로 알려져 있다.

23 Victor A. Pestoff, "The Politics of Private Business, Cooperative and Public Enterprise in aCorporate Democracy: The Case of Sweden" (Stockholm: University of Stockholm Department of Business Administration, 1991).

있었다. 하지만 중소기업들은 1977년 이전까지 이러한 개혁조치들이 완결되지 않음에 따라 중소기업들은 제재 위협 없이 공장폐쇄 사안에 대해 무임승차가 가능했다. 회사 노조와의 적당한 타협을 통해 공장폐쇄까지 가지 않도록 함으로써 SAF의 결정에 구속되지 않고, 이탈을 통한 편익향유가 가능했던 것이었다. 더욱 1977년 경기침체가 본격화되면서 경기가 바닥을 치고 있는 불확실성 상황 하에서 SAF 회원사들은 노사분규의 홍역을 피하고자 하였다. 마침 경기하강 국면에서 사민당 정부는 생산지속을 조건으로 재고물량에 대한 국가보조금을 지급할 수 있는 제도를 도입했다. 국가보조금이 중요했던 대기업으로서는 공장폐쇄로 국가보조금을 지급받지 않는 상황을 회피하고자 했다. 이러한 상황 하에서 SAF는 회원사들의 이탈이나 무임승차를 막기 위한 자체 조직정비나 의사결정 규칙의 개선을 추진하였으며, LO의 이데올로기 공세에 맞설 수 있는 새로운 전략적 접근법을 모색 강구해 나가기 시작했다. '사용자 연대'의 기치 하에 공장폐쇄 전략의 효과를 높일 수 있는 방안 모색하면서, 동시에 내부 조직정비나 역량 강화보다는 LO를 무력화시키는 새로운 전략적 대응을 모색하였던 것이다.

1970년대 말 SAF는 노조의 강경한 정치투쟁에 맞서 공장폐쇄 등의 강경한 대응전략을 모색하였다. 하지만 당시 우파정부는 경제침체 상황 하에서 파업과 공장폐쇄의 악순환이 이어지면서 경제가 더욱 침체에 빠지는 상황을 원치 않았기 때문에 SAF의 강경 대응전략을 지지하지 않았다. 더욱 70년대 말은 경기침체 하에서 노조 주도의 노사분규는 줄어드는 추세에 있기 때문에 우파정부로서 굳이 전래의 사민당 정책과의 극단적인 결별을 추진할 필요가 없었다.

당시 우파정부는 권력을 갖고 이를 운용해 나갈 대안적 경제적 아이디어가 없는 것처럼 보였다. 우파정부의 이러한 미온적 대응을 지켜보면서 SAF는 지금까지 스웨덴 모델의 제도의 기초인 경제적 아이디어를 대체하는 새로운 경제적 아이디어를 찾고, 이를 기초로 하는 새로운 대안적 제도를 모색하는 것만이 기존의 제도적 질서를 재구조화할 수 있는 것으로 판단하였다. 이후 SAF는 스웨덴 모델 ─ 임단협의 제도화와 정책협의제 ─ 의 제도적 장치로부터의 탈퇴와 이념적 경합전략을 모색하고 실천에 옮겨 나가기 시작하였다.[24]

3. 스웨덴 모델의 제도 변화의 주요 행위자로서 SAF

스웨덴 모델의 근간이 자리 잡기 시작한 1930년대부터 균열이 시작된 1970년대 초까지 스웨덴 모델을 지배한 주요 행위자는 스웨덴 사용자 연합 SAF(Swedish Employers' Confederation)이었다. 스웨덴 노조 LO와 함께 SAF는 스웨덴 모델의 형성을 주도하고 이를 지탱해 나가는 가장 중요한 행위자였다. SAF는 정부의 정책결정과정에 요구를 쏟아 내는 단순한 이익집단이 아니었으며, 스웨덴 모델의 시스템 운영자(system bearers)였다.[25] SAF는 올슨이 말한 '특권적 지위'(privileged status)를 갖는 제도적 행위자였다. SAF는 스웨덴 모델을 기획하고, 또한 그 변화를 기획 주도하였다. SAF는 스웨덴 모델을 유지하는데 소요되는 사회적 비용의

---

24 Campbell 2004.

25 Geer 1992, p. 107.

가장 큰 몫을 기꺼이 떠안은 특권적 지위의 가장 중요한 행위자였으며, LO 등 다른 제도적 행위자들과의 사회적 협력을 주도한 정치적 행위자였다. SAF는 스웨덴 재계를 대표하는 정상조직으로서의 위상을 지켜왔다. 스웨덴 재계의 이익을 대표할 뿐 아니라, 재계 일반의 입장과 철학을 대표하는 스웨덴 재계의 총괄조직(encompassing organization)이었다.

SAF는 노조에 대하여 사용자 입장을 대표하는 재계 단체로서 출범하였다. 출범 당시 SAF를 구성하고 있던 것은 제조업, 건설업 등 각 분야의 업종과 생산 품목별 업계의 이익을 대표하던 업계 단체들이었다. 업계와 업종별 대표 단체를 회원으로 둔다는 SAF의 기본 구성 원리는 직종 및 업종의 분화를 낳기 마련인 스웨덴 산업발전의 산물로서 새로운 변화를 경험하게 되었다. 원래 SAF는 제조업을 대표하는 업종별, 주요 품목별 업계단체들을 회원으로 출범하였다. 제조업 분야에서 가장 영향력이 큰 단체는 금속 제조업을 대표하는 스웨덴 '금속제조업협회'(VF)이었다. VF는 SAF에서 큰 영향력을 행사할 수 있었던 것은 대표성과 응집력 때문이었다. VF에는 금속산업 분야의 거의 모든 회사들이 회원사로 참여하고 있었고, 회원사들이 동시에 한꺼번에 SAF의 회원사로 등록하여 의사결정 과정에서 주도권을 행사할 수 있었다. 개별 회원사 입장에서 보면 업계 단체인 VF와 재계 총괄 단체인 SAF에 이중으로 회비를 납부하는 부담을 떠안는 것이었다. 업계 단체와 재계 총괄 단체에 대한 회비 등 재정적 기여는 종업원 수에 비례하여 갹출되었다. SAF 내에서 VF가 가질 수 있었던 정치적 영향력은 스웨덴 경제에서 금속산업이 차지하는 비중과 정비례하는 것이었다.

(1) 스웨덴 재계 단체의 이익균열과 집단행동의 딜레마

스웨덴 모델은 사용자 조직과 노조가 협상을 통해서 시장과 경제에 영향을 미치는 공공정책을 결정해 나가는 협상 정치경제 제도—조정 정치경제제도—의 전형을 보여 주는 것이다. 스웨덴 정치경제 제도는 시장 행위자들 간 두 차원의 성공적인 집단행동의 조직화를 전제로 하는 것이었다.

첫 번째 차원은 스웨덴 재계와 근로자 집단을 대표하는 정상조직 SAF와 LO노조 간의 집단행동이다. 스웨덴 모델은 스웨덴 재계를 대표하는 정상조직(SAF)과 근로자 집단을 대표하는 정상조직(LO) 간 중앙집권형 협상 및 정치적 합의를 통해 시장력(market force)의 발현을 제한해 나가는 조정 시장경제(coordinated market economy)의 전형이라 할 수 있다. 조정 시장경제 제도는 주요 시장행위자들 간의 집합적 의사결정을 통해 각각의 선택과 행동에 대한 제약을 호혜적으로 교환할 수 있어야 한다. 스웨덴 모델의 경우, 노조는 임금 상승에 대한 제약을 받아들이는 대신 사용자 집단으로부터 고용안정과 복지 혜택을 제공받는 호혜적 교환이 이루어질 수 있었다.

두 번째 차원은 재계와 노조 각각 내부의 집단행동이다. 첫 번째 차원의 집단행동의 성공적 조직화는 두 번째 차원의 집단행동의 성공적인 조직화를 통해서만 이루어질 수 있다. 두 정상조직 간 협상을 통한 합의 체제가 잘 작동되기 위해서는 정상조직 각각이 배후 집단의 집단행동을 성공적으로 잘 조직해 나갈 수 있어야 한다. 각각의 집단이 내부 구성원 집단의 선호와 이익을 잘 집약할 수 있어야 하고, 중앙 협상을 통해 도출된 결과를 내부 구성원 집단이 잘 이행해 나갈 수 있도록 해야 한다.

스웨덴 모델의 특수성을 감안할 때 스웨덴 재계단체의 집단행동 딜레마는 두 차원으로 나누어 분석될 필요가 있다. 하나는 두 정상 조직 간의 집단행동 딜레마이고, 다른 하나는 두 배후 집단—노조와 재계—각각의 내부 구성원들 간의 집단행동 딜레마이다.

1930년대 출범 당시 SAF에 참여하고 있는 회원사들의 평균 근로자 수는 120명 이었는데, 이들 모두 블루칼라 노동자들이었다. SAF가 본격적인 변신을 시작하였던 1990년 당시 등록 회원사의 평균 피고용 인력 규모는 28명 정도로 줄어들었다. 회원 기업의 평균 근로자 수가 줄어든 배경에는 다음 몇 가지의 변화를 반영하고 있는 것이었다.

첫째, 중소기업들의 가입이 크게 늘어났다.

둘째, 중소규모 위주의 서비스업 기업들이 회원사로 참가하게 되었다.

셋째, 사무관리직 노조가 LO에 가입하게 됨에 따라 관련 회사들도 사용자로서 SAF에 회원사로 등록하게 되었다.

SAF의 이러한 업종별, 유형별 회원사 기반 확충은 SAF에 큰 이득이기도 했지만, 내부 운영과정에서 회원사들 간 적지 않은 이해관계의 상충을 낳는 것이기도 했다. 1960년대 중반 사무관리직 근로자 단체에 맞선 기업들이 사용자로서 SAF에 등록을 시작하면서 내부 작동체계는 조금씩 변화하기 시작하였다. SAF는 사용자단체로서 블루칼라 위주의 '노동자'(workers)와의 단체협상을 중앙에서 총괄 지휘하는 단체로서의 역할비중을 차츰 줄여 나가지 않을 수 없게 된 것이었다. SAF는 사무관리직을 포함한 '피고용자'(employee) 일반과 관련된 사안들을 다루어나가는 사용자 조직으로서의 위상을 스스로 표방하기 시작하였다. 협상의 파트너로서 '노동자'라는 어휘는 SAF의 문서상에서 공식적으로 사라지게 되었다.[26] 노조에 맞서 사용자 정상 조직으로서 SAF가 가질 수 있었던 가장 강력한 무기는 회원사들의 공장폐쇄(lock-out)와 관련된 조치들이었다. 노조의 지나친 파업권 행사에 대해 SAF는 공장 폐쇄권을 무기로 맞설 수 있었다. SAF는 노조들의 극단적인 동조 파업에 맞서 회원사들 간의 동조 공장 폐쇄권을 발동하기도 하였다. 하지만 공장을 갖지 않은 기업들이 회원사로 대거 가입하게 됨에 따라 SAF가 행사해 오던 공장폐쇄권의 위력은 차츰 줄어가게 되었었다.

회원사 기반이 대거 확충되기 시작한 1960년대 이미 SAF 내에는 기관회원들 간의 서로 다른 이해관계 상충이 두드러진 현안으로 등장하였다. 임금 단체협상을 총괄 지휘하는 정상 조직으로서의 위상은 지켜갈 수 있었지만, 임단협 사안 외 교육훈련 등 노동시장 정책 사안들과 복지, 세금 등의 정치·사회적 현안들을 다루어나가지 않을 수 없게 되었고, 이러한 현안들과 관련해서는 일반 공중을 상대로 SAF의 정리된 입장을 발표하고 이에 대한 여론의 호응을 이끌어 내는 활동도 수행되어 나가야 했다. 내부 구성 집단의 다양화는 구성원 간 이해상충 과 갈등 심화를 낳았고, 정상조직으로서 SAF의 정리된 입장을 조율해 나가는데 큰 장애물이 되었다. 가장 두드러진 현상 가운데 하나는 수출업 관련 기관 회원들이 SAF 내에 단일 연합체를 구성하여 자체 강령을 만들어 행동하면서 SAF가 수출업 기업들의 해외경쟁력 확보에 기여할 수 있도록 의사결정과정에서 압력을 행사하기 시작한 것이었다.

---

26 Geer 1992, p. 111.

사용자 이익을 대표하는 정상조직으로서 SAF는 회원사 기반을 확대해 나갈수록 쟁점 사안들이 크게 늘어갔다. 공장 노동자 관련 사안들 뿐 아니라, 사무관리직 관련 현안들도 크게 증대되어 나가게 되었고, 쟁점 사안들이 늘어 감에 따라 회원사들 간의 이해 상충과 마찰은 갈수록 늘어갔다. 기관회원 간의 상충하는 이해관계, 그리고 업종과 유형이 다른 개별 기업회원들 간의 서로 다른 요구, 대기업과 중소기업 간의 쟁점 사안에 대한 서로 다른 입장의 차이가 현저해지면서 사용자 정상 조직으로서 SAF는 한 단위의 연합체로 움직이는 것이 갈수록 어렵게 되었다.

SAF의 내부 조직 작동 체계는 크게 5개의 영역으로 나뉘어 있다. 각각의 영역에서 SAF가 중점을 둔 것은 다음과 같은 것들이었다.

첫째, 중앙 임단협 추진: 중앙임금단체 협상은 장기적 관점에서의 산업평화(industrial peace)를 도모할 수 있는지의 여부에 초점이 맞추어졌다. SAF 회원들 사이의 산업평화를 유지를 위한 핵심 사안은 다시 두 가지로 압축될 수 있다. 하나는 노사분규와 파업의 예방 및 이의 최소화를 도모한다는 것이다. 다른 하나는 기업들 간 차별적 고임금을 미끼로 근로자를 유치하려는 경쟁을 막는다는 것이었다. 중앙 임단협의 타결 결과―임금 인상률 및 여타의 부대 편익 등―는 사용자로서 모든 기업들에게 일괄 적용되는 것인 만큼, 개별 기업의 차원의 차별적 인금 인상을 내세워 인력 이동을 유발하려는 개별 기업의 전략을 차단한다는 것이었다.

둘째, 사회 정치적 이슈관리 부서: 정부와 의회 내, 그리고 언론기관 등에서 다루어지는 특정의 사회 정치적 이슈가 커져서 끝내 기업 활동의 자유에 제한을 가하고, 시장을 규제하는 새로운 법규가 만들어지는 것을 경계하였다. SAF는 노동시장 등을 규율하는 정부 정책의 입안이나 집행이 그때그때의 상황과 여건에 맞추어져 노사 대표간의 협상에서 타결된 합의안에 근거하여 이루어지기를 원했다. 이는 정부 관료나 의회가 주도하여 만들어지고 집행되는 법규는 경직성을 가질 수 있다는 우려를 반영하고 있는 것이었다.

셋째, 노사관계 이슈관리 부서: SAF는 LO 및 사민당과 완전고용을 지향한다는 목표를 공유하는 대신, 근로자들에 대한 고용 방식과 채용 계약 등에 관련된 사안에 대해서는 사용자로서 최대한의 자유를 확보하기 위해 노력하였다. 노동 시장 전반을 규율하는 일반적 조치에 대해서는 환영하였지만, 특정 산업 부문에 한정적으로 적용되는 선별적 조치에 대해서는 경쟁력 왜곡 가능성을 들어 비판적이었다.

넷째, 여론 관리부서: SAF는 중앙 임단협 및 노사관계 현안뿐 아니라, 이와 직간접적으로 관련 있는 사회 정치적 현안들에 대해서도 재계의 입장을 홍보하고 여론의 공감을 사기 위한 활동을 지속적으로 수행해 나갔다. SAF 내의 대외 커뮤니케이션 담당 부서에서는 미디어와 일반 시민들을 대상으로 하는 홍보 활동과 여론조성을 위한 활동을 지속해 오고 있다.

다섯째, 정부기관 협의체 대표 참여: SAF의 주요 인사들은 의회나 정부기관에서 운영하고 있는 각종 회의체에 참여하여 재계의 입장을 대변하는 활동을 해 왔었다. 이러한 회의체로서의 입법 관련 조사위원회 (research committee), 중앙 정부 내 정책집행에 관여하는 집행이사회,[27] 행정청의 각종 위원회(Board)[28] 등을 포함한다.

(2) SAF 내 변화추진자로서 금속제조업협회(VF)

VF는 SAF 내에서 지배적인 영향력을 행사해 오던 가장 규모가 크고, 가장 강력한 결집력을 가진 단체회원이었다. VF는 수출기업들이 많았고, 많은 중소기업들이 회원사로 참가하고 있었다. 그렇지만 Volvo 등 금속부문 대기업들의 지배적인 영향력 하에 있기도 했다. 금속 대기업들은 1960년대 초부터 SAF로 하여금 수출기업들 편에 서도록 압력을 행사하였으며, SAF의 중앙 임단협 추진 과정에서는 SAF의 협상목표를 설정해 나가는데 주도권을 행사하였다. 스웨덴 경제에서 차지하는 큰 비중 때문에 VF의 영향력은 효과적으로 발휘될 수 있었다.

1970년대 말부터 VF는 중앙 임단협 체제의 폐지 및 산별 임단협 추진, 궁극적으로는 개별 기업단위의 노사협상 필요성을 역설하고 나섰다. VF의 단체 활동을 지배하던 금속 부문의 대기업들은 1980년대 내내 줄기차게 임금협상 탈중앙화를 추진해 나가면서 SAF 내 다른 단체 회원들에 대해서도 동일한 노선 채택을 역설하고 나섰다. 80년대 VF의 단체활동 과정에서는 두 개의 대립전선이 형성되어 있었다. 하나는 SAF

---

27 중앙 정부 각 부처에 설치되는 집행이사회는 내각의 직접적인 통제를 받지 않는 준자율적 행정 기구로 구성되어 있고, 여기에는 통상적으로 주요 이익집단의 대표들이 참여하고 있다. 각 부처의 집행이사회에는 재계와 노동계를 대표하는 SAF와 LO의 인사들이 반드시 포함되도록 되어 있었다.

28 각 부처에서 입안된 정책을 집행해 나가는 행정청(Government Agency) 내에 설치된 위원회로서 정책 집행과정에 필요한 구체적인 조치들을 결정하는 권한을 행사하는 기능을 맡고 있다. 행정청 집행위원회도 각계의 유관 이익단체나 기관을 대표하는 인사들로 구성된다. 1991년 SAF는 각 행정청 집행위원회에 참여하고 있는 SAF 대표들을 철수시키는 일방적 조치를 단행하였다.

내에 VF와 나머지 다른 회원들과의 대립이며, 다른 하나는 그 연장선에서 SAF와 VF가 별도의 조직으로서 팽팽하게 대립하는 양상이었다. VF는 산별 수준의 단체교섭을 합법화하고, 그것이 쉽게 이루어질 수 있도록 SAF 강령 개정을 주도하였다. VF는 모든 수준에서의 단체협상 합의안에 대하여 SAF의 승인을 받도록 강제해 놓고 있는 SAF의 강령 개정을 요구하였다. VF는 임단협의 탈집권화 요구가 관철되지 않는다면 SAF를 탈퇴하겠다는 입장이었다. 자체적으로 노사분규 대응기금을 마련하는 등 VF는 SAF와의 결별을 준비하면서 금속 노조와의 독자적인 임단협을 추진해 나가기도 하였다.

VF의 독자적인 행동은 SAF 내 다른 단체회원들 간에 열띤 논란을 불러 일으켰다. 1980년대 초반까지 VF를 제외한 다른 기관회원들은 SAF가 스웨덴 노동시장에서의 임단협을 총괄 지휘하는 정상조직의 지위를 유지해야 한다며 강령 수정에 반대하였고, VF의 독자적 행동에 큰 우려를 나타내었다. 하지만 다른 단체회원들의 압도적인 반대에도 불구하고, SAF 집행부는 VF의 요구를 수용하는 방향으로 옮겨가지 않을 수 없었다. 우선 산별 단체들의 공장폐쇄권 발동과 관련하여 좀 더 융통성을 발휘할 수 있도록 강령 개정이 이루어졌다.[29] SAF 내 VF의 위상이 그만큼 큰 비중을 차지하고 있었기 때문에 탈퇴의 배수진을 친 VF의 요구를 묵살할 수 만은 없었던 것이었다. VF에 소속된 기업들은 SAF를 구성하고 있는 전체 회원사의 1/3을 차지하고 있었고, 이들이 임금 협상을 앞서서 이끌어 나갔다. 그러나 VF의 강경한 탈중앙화

---

29 Geer 1992, p. 143.

추진은 SAF내 회원 단체들 간의 갈등을 표면적으로 드러내는 것이었기 때문에 이에 따른 파장을 확대 재생산하는 것이기도 했다.

중앙 임단협 체제의 유지를 일관되게 주장해 왔던 LO는 SAF 내의 이러한 불협화음을 이용하여 매 2년마다 이루어지는 중앙 협상에서 유리한 협상 결과를 얻어 내고자 하였다. 이에 맞서 VF는 전략을 바꾸어 LO내 협상파트너인 금속노조를 LO로부터 분리해 내어 산별 협상을 진행하도록 유인하였다. VF의 이러한 전략 선회는 곧 결실을 맺을 수 있었다. 1983년 금속산업 부문의 사용자 단체(VF)와 금속 노조 간 단체 협상 타결은 SAF 내의 다른 사용자 단체들에게도 직접적으로 영향을 미쳤다.

SAF의 스웨덴 모델의 제도 이탈은 1983년부터 시작하였는데 먼저 금속노조의 신임 노조위원장 Lief Blomberg의 리더십 하에 추진되었다. 스웨덴 금속노조는 스웨덴 중앙노조조직인 LO로부터 탈퇴하고, 중앙 임단협 체제로부터 이탈을 조건으로 산별 사용자 단체인 금속제조업 협회와 협상을 타결하였다. LO로부터의 이탈 대가로 노조가 협상테이블에 내어 놓았던 첫 번째 임금인상안을 VF가 그대로 수용하는 한편, 이후에도 지속적으로 다른 산업부문의 중앙 단체교섭의 타결로 주어지는 인상률을 상회하는 별도의 인상분을 준다는 합의안이었다. 이는 스웨덴 모델의 두 기둥이라 할 수 있는 요구제한(demand restriction)과 연대 임금 원칙을 무너뜨리는 것이었다.

스웨덴에서 1980년대 내내 경기침체를 배경으로 노사분규가 매우 극심하게 일어났었다. SAF 내 회원단체들 사이에는 분권화된 산별 협상을 고집하는 VF와 중앙 임단협으로 다시 돌아가야 한다는 단체들 간의 논란이 거듭되는 가운데, 두 유형의 협상 방식을 오가는 반전이 거듭되었다. 논란과 반전이 거듭되는 가운데 VF는 1980년대 후반에 들어오면서 다른 회원 단체들이 따라 오지 않는다면 SAF로부터 탈퇴하겠다는 확고한 입장을 발표하였다. VF의 이러한 압박은 주효하여 1989년 임금 협상에서는 VF를 제외한 나머지 다른 회원단체들은 중앙 협상 체제로 남고, VF는 단독으로 산별 협상을 통해 타결안을 만들어 내는 이원적 협상 방식이 채택되기도 하였다.

SAF 내 다른 단체들이 산별 협상 방식에 응하지 않는 것에 대한 VF의 인내는 갈수록 고갈되어 갔다. 특히 VF를 이끌어 가고 있는 금속부문 대기업들은 분권화된 산별 협상 이상의 의제를 정식으로 제기하였다. VF 대기업들은 SAF의 조직 작동체계와 의사결정 방식에 대해 근본적인 회의를 나타내면서 SAF의 조직 대변혁 필요성을 역설하기 시작하였다. SAF 내에 이들의 요청을 수용하여 모든 것을 근본적으로 재검토하는 특별 위원회가 만들어졌다. 특별 위원회에서는 보고서를 발표하면서 시장 원리에 따른 임금 결정 원칙을 천명하고, 산별 협상 원칙뿐 아니라, 개별 기업 단위의 협상도 인정되어야 한다는 입장을 천명하기도 하였다.

1990년 2월 이사회 결정을 통하여 SAF는 이제 정상조직으로서 LO를 상대로 협상 주체로 나서지 않는다는 공식적인 입장을 발표하였다. 임금상승율과 일반 근로조건 등에 대해서 더 이상 LO와 협상하지 않는다는 것이었다.[30] 그리고 그 확고한 입장을 나타내기 위하여 중앙

---

30 다만 근로자의 직업안정성이나 근로환경, 보험, 교육훈련 등의 문제에 대해서는 LO와의 중앙 협상의 여지를 남겨 두었다. 또한 이 결정을 통해 공장 폐쇄 조치의 재량권 행사가 산별 단체로 이양되었고, 다만 공장폐쇄 조치를 단행

협상을 담당하고 있는 부서를 전격적으로 폐지하는 조치를 단행하였다. 중앙협상 체제로부터의 '이탈' 옵션의 단호함은 중앙 협상을 지원하기 위해 만들어진 통계부서를 함께 해체해 버렸다는 점에도 잘 나타나 있다.[31]

이러한 과정에서 다른 단체회원들도 영향을 받지 않을 수 없었고, SAF의 공식적인 입장도 서서히 바뀌어 나갔다. SAF는 임단협에 관한 새로운 정치적 전략의 채택을 선언하고, 산별 또는 개별 기업별 노사협상 방식의 도입을 공식화하였다. 이후 SAF는 정부기관 조합주의 의사결정과정에 한 당사자로 참여해 온 것을 근본적으로 재검토하겠다는 것을 천명하였다. SAF는 중앙단체 교섭에의 참여거부, 노조와의 조직 대 조직 차원의 직접협상 거부를 관철시켜 가다가 1991년에는 정부기관의 위원회 의사결정과정에 조직대표로 참여시켜 오던 조직인사들을 위원회로부터 일방적으로 철수하도록 하는 조치를 단행하였다. 6,000여명의 재계단체의 대표 인사들이 중앙, 지방 정부기관의 조합주의적 정책 협의체로부터 한꺼번에 일시적으로 탈퇴하였다. 다만 이익조직의 대표로서가 아니고 개인 자격의 전문가로서 참여하는 것은 인정되었다.

한 기업들을 지원하는 파업대치 기금에 대해서는 여전히 SAF가 여전히 결정권을 행사하는 것으로 정리되었다.

31 통계부서는 중앙 협상을 지원하기 위하여 노동 시장에서의 각종 경제 현안을 분석하고, 이와 관련된 통계자료를 조사 분석하는 업무를 총괄하고 있었다.

(3) SAF의 스웨덴 모델의 제도변화 추진 : 1991년 정부위원회 철수 결정

스웨덴에서 정책협의제는 70년대 이후 서서히 퇴조하는 방향으로 일관되게 변화해 나갔음을 알 수 있다. 스웨덴 정책협의제 쇠퇴의 가장 정점에 있었던 사건은 1991년 있었던 스웨덴 사용자연합(SAF)이 그 동안 대표를 파견하여 정부 및 노조의 대표들과 주요 공공정책의 입안과 집행을 협의해 오던 3자 협의체 기구로부터 탈퇴를 선언하고, 중앙 정부의 거의 모든 위원회로부터 6,000여명의 사용자측 대표를 전면적으로 철수시킨 사건이다. 스웨덴 사용자연합(SAF)은 1991년 9월 보수우익 정부를 탄생시킨 총선거 직후, 정책협의제 폐지를 홍보하기 위한 캠페인 성격의 회의를 개최하였다. 이 회의의 제목은 'Farewell Corporatism'였다. SAF는 정책협의제 폐지를 곧 코포라티즘 철폐라는 말로써 표현하였던 것이었다. SAF의 이러한 일방적 조치 이후에도 노조의 대표들은 여전히 정부의 위원회나 집행이사회에 대표를 파견하였나, 1992년 보수주의 연립 정부가 정부의 집행이사회로부터 모든 노조의 대표들을 축출하는 법안을 발효시킴으로써 스웨덴 정책협의회는 적어도 공식적으로는 중앙 정부 차원에서 종결을 고한 것이었다.

1990년대 초반 스웨덴 정책협의제의 급격한 쇠퇴는 91년부터 93년까지 짧은 기간 동안 정권을 장악한 우익보수 빌트(Bildt) 정부 하에서 추진되었다. 빌트정부 하에서 스웨덴은 이전 '사회적 파트너'들 사이의 협상에 맡겨졌던 주요 정치적, 사회적 문제들을 시장적 해결책에 의존하여 해결하려는 신자유주의 해법이 조심스럽게 모색되었다.[32] 신자유주의론자들은 분권화와 탈규제의 공공정책을 내세우면서, 정책협의, 사회적 파트너십, 코포라티즘을 위한 제도적 장치들을 공격하였다. 빌트

정부는 공행정 부문에서 정책협의제의 핵심적 요소라 할 수 있는 이익
조직의 평대표제(lekmannastyrelser)를 1992년 입법조치로 폐지하였다.[33] 모
든 이익조직의 대표들은 행정기관의 집행이사회에서 철수할 수밖에 없
었다. 참여하는 경우에도 조직의 대표로서가 아니고, 오로지 전문가로
서 개인 자격으로만 참여할 수 있었다.[34]

정책협의제의 공식 폐지 직전 해인 1991년 스웨덴 경제단체를 대표
하는 인사들 825명이 91개의 정부 이사회에 참석하고 있었고, 이 가운
데 SAF와 LO를 대표하는 인사의 수는 약 20%에 달했다. 92년 공식폐
지 이후, 개인 자격의 참여자 수가 늘어나면서 1997년에는 74개 이사회
에서 633명의 경제단체 소속 인사들이 개인 자격으로 참여하고 있다.[35]
전체적으로 그 수가 축소되어 가는 가운데에서도 각 이익조직에 배당
된 비율은 그대로 유지되고 있는 것으로 알려지고 있다. SAF의 기본 입
장 변화가 공개적으로 천명된 이후에도 스웨덴의 대표적인 노조들은 정
책협의제의 부활에 큰 관심을 보여 왔다. 1998년 총선 이후, 정권을 안
정적으로 유지하게 된 사민당과 노조의 노력으로 '성장을 위한 동맹'(Al-
liance for Growth)이라는 기치 아래 정책협의제를 복원하려는 움직임이 추

---

32 Pestoff 2002, pp. 296–297.
33 평대표는 정책집행의 실무책임을 맡고 있는 공공행정 이사회의 집행기구에
주요 이익조직과 정부, 의회, 전문가 집단 등을 대표하여 파견된 사람을 의미
한다.
34 1992년 이익조직 대표제가 폐지된 이후에도, 여전히 이익조직의 대표가 정책
협의를 위해 잔류하고 있는 정책집행 기구는 노동재판소나 연금보험기금 등
노동정책 분야에서 매우 한정적으로만 존재한다.
35 Pestoff 2002, p. 300.

진되기도 했다. 그렇지만 이것 역시 마지막 단계에서 기업과 사용자 단체가 여기에 응하지 않음으로써 좌절되고 말았다.[36]

4. 스웨덴 모델의 제도 변화와 경제적 아이디어의 변화

(1) 스웨덴 모델과 사회적 파트너 간 경제 아이디어의 공유

스웨덴 모델의 형성은 스웨덴 재계와 노조 간 '경제 아이디어'의 공유를 기반으로 하는 것이었다. 스웨덴 모델의 급격한 퇴조는 재계와 노조 사이에 공유되어 있던 경제 아이디어가 더 이상 공유할 수 없을 만큼의 큰 격차가 생겼다는 점으로부터 기인하는 것이었다. 앞서 살펴 본 바와 같이 스웨덴에서는 1970년대 이후 사용자 단체와 노조 간 주요 공공정책 사안을 둘러싸고 절충할 수 없을 만큼의 대격돌이 이루어지면서, 결코 협의를 통해 합의에 도달할 수 없는 크나큰 쟁점들이 이어졌다. 70년대 원자력 전력 문제나 '임금노동자투자기금'(Wage Earner Funds)으로부터 90년대 EU 가입을 둘러싼 격돌 등이 그 대표적인 것들이다. 이들 이슈들 가운데에는 EU 가입 건처럼 스웨덴 모델에서 이례적이라 할 수 있는 국민투표(referendum)로서 해결을 보아야 하는 국가적 쟁점도 있었다. 두 이익조직 간의 확연한 노선과 입장의 차이는 더 이상 정

---

36 Stephen 2000.

책 협의제의 틀 속에서 합의를 이루어 나가는 것이 불가능한 수준의 이데올로기적 대립으로 비약되어 있었다. 그럼으로써 노조와 재계 단체 간에는 서로에 대한 불신만 갈수록 높아져 갔다. 스웨덴 LO 내의 급진파들에 의해 추진된 기업과 자본에 대한 정치적, 이념적 공세에 대하여 SAF 역시 극단적인 초강수를 선택함으로써 다시 정책 협의제의 틀 속으로 되돌아 올 수 없을 만큼 양자 사이는 멀어져 갔다. 정책 협의제의 틀 속에서 합의가 불가능했던 굵직한 사안들은 급기야 정책협의제 자체에 대한 회의적 시각을 불러일으키는 데까지 비화하였다.

스웨덴 노사정이 공유한 기본 경제 아이디어는 자본주의 시장경제의 테두리 내에서 복지, 평등, 완전고용의 목표를 이루어나간다는 것이었다. 자본주의 시장경제의 기본 이념은 사적 소유권 보장과 기업의 경영 자율권 보장을 기본으로 한다. 스웨덴 노조와 재계 단체 사이에 공유된 기본적인 경제 아이디어는 이러한 시장경제의 기본 이념에 기초를 둔다는 것이었다. 그리고 이러한 경제 아이디어 공유에 기초를 두고 있는 스웨덴 모델은 1950년대까지 별 문제없이 잘 작동하였다. 1960년대 재정적자와 경제성장 둔화의 여건변화에 따른 약간의 삐걱거림은 있었지만 그래도 여전히 스웨덴 모델을 떠받치고 있던 아이디어의 공유는 큰 틀을 지켜갈 수 있는 것처럼 보였다. 하지만 1970년대 들어오면서 노조가 스웨덴 재계가 끝까지 지키고자 하였던 기업의 기본 권리에 도전을 가하기 시작하면서 스웨덴 재계-노조 간 경제적 아이디어의 공유 기반이 급격하게 흔들리기 시작하였다.

70년대 중반 스웨덴 노조는 의회의 다수당이었던 사민당을 내세워 노조의 영향력을 강화하는 대신, 기업과 자본에 부담을 제도적으로 부과하려는 입법을 추진해 나가기 시작하였다. 그 가운데 기업의 반발을 촉발한 것은 1976년의 '공동결정법(Co-determination)과 '임노동자 투자기금' 관련 입법추진이었다. 공동결정법은 사용자가 작업장의 환경에 필요한 변화 조치를 취하기 위해서는 반드시 노조의 동의를 받도록 하는 내용이었다. 이 법의 기본 취지는 경영층의 의사결정 과정에서 노조가 더 많은 영향력을 행사할 수 있도록 이를 제도적으로 뒷받침하는 것이었다. 특히 재계가 거세게 저항을 시작한 것은 임금노동자 투자기금을 둘러싼 것이었다. 이는 1976년 스웨덴 LO가 채택한 '마이드너 계획' (Meidner Plan)에 따라, 기업의 소유권 일부를 노조가 통제하는 투자기금으로 이전시키려는 급진적 기도였다.

노조에 의한 마이드너 플랜의 입법화 기도는 스웨덴 정책협의제의 쇠퇴를 재촉하는 가장 상징적인 사건이기도 했다.[37] 스웨덴 왕립위원회 (Royal Commission)가 설립되어 법안이 추진된 마이드너 플랜은 기존의 정책협의를 위한 제도적 틀 속에서 평온하게 다루어질 수 없었다. 이 법의 취지는 회사에 적립된 이익금의 일부를 피고용자들을 위한 투자 기금을 조성하되, 노조가 그 운영권을 갖도록 하자는 것이었다. 이 법 추진을 둘러싼 노사 간의 기본 시각에는 확연한 차이가 있었다. 스웨덴 재계는 70년대 이후 스웨덴에서의 노사분규와 파업 투쟁의 기본 성격은 임금 인상 등 근로조건을 둘러싼 것이라기보다는 기업 경영권과 소유권에 대한 노조에 의한 도전이라고 인식하였다.

스웨덴 노조에 의해 제기된 '근로 생활의 민주화(democratization of working life)'나 작업장 환경조성을 위한 노사공동결정(co-determination) 정

---

37 Marshall 1996.

신, 임노동자 투자기금 추진 등에 대하여 재계는 사회적 파트너 간 경제 아이디어 공유를 기반으로 형성된 기존 질서에 대한 중대한 도전으로 판단하였다. 특히 기업이익의 20%를 세금으로 환수하여 이를 가지고 주요 기업들의 주식을 사서 기금 운영권을 노조가 행사하도록 한 임노동자 투자기금제도에 대해 재계는 사적 소유권 제도에 대한 근본적 도전으로 받아들였다.[38]

이러한 일련의 상황이 전개되면서 스웨덴 재계는 정부와 관료집단이 더 이상 중립적이지 않으며, 더욱 LO를 더 이상 경제에 관한 기본 아이디어를 공유하고 있는 사회적 파트너로 신뢰할 수 없다는 확고한 인식을 가지게 되었다. 70년대 중반 이후 스웨덴 노동 운동의 이념적 급진화는 기업과 사용자 단체의 강력한 반발을 불러 일으켰다. 이는 스웨덴 사민당조차 그 동안 명백하게 제기하지 않았던 '자본과 노동 간의 근본적 관계 변화'라는 이슈를 제기한 것으로서 사민당조차도 난처한 입장에 빠뜨리는 것이기도 했다. SAF 등 스웨덴 재계단체는 공식적으로 정치적 중립을 표방해 왔으나, 급기야 극우 부르주아 정당인 '스웨덴 온건당'(Moderate Party)을 공개적으로 지지하면서 사민당 정부를 퇴진시키려는 정권 교체운동까지 기도하였다.

SAF를 대표하던 Olof Ljunggren은 "스웨덴 재계는 이 잔혹하고 기만적인 노조의 사회주의화 기도에 맞서 모든 수단을 다해 단호하게 대

---

38 정치적, 사회적 갈등만을 불러일으킨 왕립 위원회 활동은 아무런 합의 없이 작업 종료를 선언했지만 위원회 밖의 여론의 양극화는 계속되었다. 사회민주당이 근로자투자기금에 대하여, 양론으로 나뉘어져 대립하다가 1983년 당초의 취지에서 크게 후퇴된 법안을 통과시켰으나, 양쪽 모두에게 비판을 받았다.

응해 나갈 것이다."라고 공개적으로 선언하였다.[39] SAF는 즉각 영국 등 유럽 전역에서 붐을 일던 신자유주의 물결을 스웨덴으로 불러들이기 위한 여론형성 활동에 적극 나섰다. SAF의 적극적인 캠페인 활동으로 정부 재정지출 삭감, 세금인하, 시장력 복원을 요구하는 새로운 정책 패러다임이 급부상함으로써 복지국가 모델에 대한 스웨덴의 사회적 합의 체제는 이제 본격적인 변모를 향해 나가고 있다는 점을 분명하게 보여주는 것이었다.

(2) SAF의 새로운 리더십과 시장주의 경제아이디어

이러한 변화과정에 대해 당시 SAF의 회장 Laurin은 SAF의 변화는 아이디어의 전환에 의한 것이었음을 명확히 밝히고 있다.

"SAF 활동의 무게 중심이 아이디어와 여론형성 쪽으로 옮겨졌다. 세상을 변화시키는 것은 아이디어이다. SAF는 미래의 생각을 판촉할 것

---

39 연구자는 2014년 4월 1-3일 사흘 동안 SAF의 후신인 '스웨덴 경제인연합' (SN)을 방문하여 1991년 이후 Ulf Laurin의 요청을 받고 SAF 지도부에 합류해서 SAF 조직개혁 작업에 참여했던 Janerik Larsson과 인터뷰를 가졌다. 1991년-1992년까지의 SAF의 조직 개혁 과정이나 2001-2001년 두 재계 단체 SAF와 스웨덴 제조업협회의 통합으로 만들어진 SN의 출범 과정과 그 배경에 대한 설명은 이 인터뷰에 근거하고 있다: Janerik Larsson과의 인터뷰 도중 Lasson이 보여준 자료 Turning Point (Stockholm: Timbro Forlag, 1984)에서 발췌함.

이고, 그 역할은 이전보다 훨씬 광범위하게 펼쳐질 것이다. SAF는 시스템을 변화시키는 동력원이 될 것이다"[40]

조합주의제도 자체로부터의 이탈은 기존 체제를 불안정하게 만드는 것까지는 성공했는지 몰라도 이를 대체할 새로운 제도의 정립까지를 보장해 주는 것은 아니었다. 이를 위해서 SAF는 스웨덴 모델을 지탱해주던 아이디어를 탈정당화하기 위한 이념적 캠페인을 지속하는 한편, 새로운 경제 아이디어를 기존 체제 혁파를 위한 무기로 채택하고 이에 대한 공감대 확충을 위한 전략적 행동이 이어져야 했다.

예컨대 SAF는 1983년 스웨덴 전역에서 10만 여명의 시민들을 스톡홀름에서 개최된 임노동자 투자기금 반대 시위에 버스로 동원하였다. 이는 SAF 조직 내에 임시로 편성된 '10월 4일 위원회'가 철저한 사전계획에 따라 조직적으로 동원한 것이었다. 이 위원회는 스웨덴 대기업들의 주요 인사들이 위원으로 참여하고 있었다. 이후 SAF 내에 시장주의 원리의 주창을 위한 '기업정책연구원'(The Center for Business and Policy Studies) 및 팀브로(Timbro) 같은 항구적인 싱크탱크 조직이 만들어졌다. 두 산하 조직은 스웨덴 모델의 변화를 이해하는 데 있어서 매우 중요하고 의미 있는 현상이라 할 수 있다. 왜냐하면 이 두 기관은 미국과 영국에서 일기 시작한 신자유주의 아이디어의 확산을 공개적으로 표방하고 나섰기 때문이었다. 두 SAF 산하조직들은 스웨덴 모델을 지탱해 주던 현행 제도의 변화 필요성을 역설하고 SAF가 지향하고 있는 새로운 제

---

[40] Ulf Laurin, SAF-tidningen, February 16, 1990. Blynth 2002 재인용.

도의 비전을 주창하는 한편, 이러한 새로운 경제적 아이디어를 스웨덴 학계와 언론계 등의 여론형성 주도층을 대상으로 적극적으로 전파해 나가는 데 활동의 역점을 두었다. SAF를 대표하는 인사들 역시 언론 미디어를 상대로 스웨덴 사회를 바꾸어 나가기 위해서는 스웨덴 모델을 떠받쳐 온 경제아이디어의 대전환이 필요하다는 점을 역설하고 나섰다.

(3) SAF 내부의 조직편제 개편

중앙 임단협 폐지 및 정책협의제 탈퇴 등 스웨덴 모델의 제도변화를 본격적으로 추진해 나가기 위하여 SAF는 스스로 내부조직 개편을 단행하기도 하였다. 스웨덴 모델을 지지하는 인사들이 핵심적 직책에서 나오고, 이를 시장 친화적 정책노선을 역설해 온 인사들로 대체하는 내부 조직편제 개혁 및 인력 재배치가 이루어졌다. SAF는 이제 중앙 임단협을 총괄 책임지는 정상 조직으로서가 아니고, 자유주의 시장 이데올로기의 확산을 위한 여론 형성 주도 기관으로 변모해 나가고자 하였다. 내부에서는 미국과 영국의 재계단체의 역할과 위상을 모델로 변신을 해 나가야 한다는 주장이 더욱 설득력을 더욱 가지게 되었다.[41]

1990년 이후 SAF의 개혁 작업은 철저히 이러한 자유주의 시장이데올로기에 기초한 것이었다. 1990년 말 SAF의 신임회장으로 선출된 Ulf

---

41 Victor A. Pestoff, ""Towards a New Swedish Model of Collective Bargaining and Politics,"" in Colin Crouch and Franz Traxler, eds., *Organized Industrial Relations in Europe: What Future?* (Aldershot: Avebury Press, 1993), p. 155.

Laurin은 SAF의 개혁을 외치며 대대적인 조직 개편을 단행하는 한편, SAF를 확실한 시장이데올로기 주창 조직으로 탈바꿈시키기 위한 노력을 추진해 나갔다. Ulf Laurin의 리더십 하에 SAF가 주창한 기치는 '스웨덴 사용자 연합: 다양성과 시장'(SAF: Markets and Multiplicity')이었다. Ulf Laurin이 주창한 스웨덴 사회 개혁 프로그램은 사회적 연대의 가치보다는 개인주의적 다양성의 가치를 지향하는 것이었으며, 협상과 조정으로부터 주어지는 결과보다는 시장법칙에 따라 각자의 기여에 비례하는 결과가 주어지도록 해야 한다는 것이었다. Ulf Laurin은 SAF가 회원사들로부터 능력을 인정받는 권위 있는 정상 조직의 위상을 지켜 가면서도 좀 더 창의적이고, 비용 효율적이며, 서비스 마인드를 가진 조직으로 거듭나야 한다고 강조하고, SAF가 스웨덴 사회의 새로운 변화의 견인차가 되어야 한다는 점을 역설하였다.[42]

SAF가 새롭게 기치로 내건 'SAF: Multiplicity and Markets'은 다음과 같은 시장주의 이데올로기에 기초하고 있는 혁신적 아이디어를 집약한 것이었다.

첫째, 기업 경영의 자유 및 사적 소유권 보장과 개인의 책임: 노조나 국가의 간섭으로부터 기업 경영 활동의 자유, 그리고 경영활동의 산물로서 이루어진 사적 소유권에 대한 확고한 제도적 보장이 이루어져야 한다. 국영 기업이나 국유 기업은 민영화하여 경영의 효율성을 도모하도록 하여야 한다. 조세개혁을 단행하여 개인과 기업이 시장에서 획득한 성과를 자기책임 하에 처분할 수 있는 권리를 최대한 보장할 수 있

---

42 위 Larsson과의 인터뷰.

어야 한다. 사회적 파트너들 간의 정치적 협상을 통해 시장 원리를 제어하는 조합주의로부터 탈피해 나가야 한다. 개인과 기업의 시장 활동의 영역을 확대해 나갈 수 있도록 EC 가입이 추진되어야 한다.

둘째, 시장원칙에 의한 임금 결정: 시장에서 근로자가 향유할 수 있는 임금 수준은 시장 원리에 따라 결정될 수 있도록 하는 것이 바람직하다. 임금 결정은 산별, 기업별, 노동력에 대한 수요와 공급법칙에 의해 결정되어야 한다. 또한 임금은 근로자의 기술수준이나 자격요건 등에 의해 차등적으로 결정될 수 있어야 한다. 정상 이익조직 간의 협상에 의해 모든 지역, 모든 산업, 모든 사업장을 획일적으로 규율하는 중앙 임단협 체제는 해체되는 것이 바람직하다.

셋째, 근로환경 개선과 만족스러운 일자리 제공: 근로자들에게는 각자의 능력에 걸 맞는 양질의 일자리가 제공될 수 있어야 한다. 양질의 일자리 제공은 국가의 책임에 앞서서 개별 기업 단위로 각 기업의 필요성과 경영 방침에 의해 결정될 수 있도록 하는 것이 바람직하다. 일자리 보장에 관한 한, 사회적 연대 책임이나 국가의 책임은 그 다음 단계의 문제일 뿐이다.

넷째, 사회적으로 순기능 하는 노동시장: 국가 경제의 발전에 기여하고, 사회적으로 순기능하기 위해서는 노동 시장의 유연성 제고가 중요하다. 노동 시장은 경제 발전과 산업발전의 단계에 따라 인력 이동과 재편이 원활하게 이루어질 수 있도록 유연하게 작동되도록 하는 것이 바람직하다. 급진 노조의 활동으로 노동 시장이 경직성을 갖게 되는 것은 스웨덴의 사회 경제적 발전에 결정적인 장애가 될 수 있다. 따라서 사회주의 이념에 기초하고 있는 노조 활동의 개혁이 필요하다.

(4) 스웨덴 경제학계의 주류 경제학 패러다임 변화

SAF가 주창하는 스웨덴 모델의 제도변화와 이를 뒷받침했던 경제 아이디어 전환 노력은 스웨덴 경제학계의 지지가 큰 도움이 되기도 하였다. 탈케인즈주의, 시장주의 논변이 급부상 하고 있던 당시에 스웨덴 경제학계를 대표하는 경제학자 린드백(Assar Lindbeck)은 스스로의 경제학 사고에 큰 전환을 보여 줌으로써 SAF의 새로운 경제 아이디어의 타당성을 보증해 주는 역할을 하였다. 스웨덴 경제학계 내에서 큰 영향력을 갖고 있었던 그의 경제학적 사고의 전환은 스웨덴 경제학계에서 시장주의 이론이 새로운 중심 사고로 자리 잡아 가는데 큰 전환점이 되었다.

스웨덴 경제학자들이 나서서 스웨덴 모델에 대한 비판과 근본적 변화를 역설하기 시작했고, 스웨덴 경제학계 내부에서 신자유주의, 시장친화적 경제학 논변이 새로운 주류로 등장해서 자리를 잡아가기 시작했다. 경제성장을 위한 공공부문의 역할을 강조하고, 경제성장을 위한 거시경제 정책 등을 강조하던 거시경제 접근법으로부터 탈피하여 오히려 공공부문 확대에 따른 문제점을 부각시키며 공공부문의 감축 필요성과 시장효율성을 역설하는 공공선택이론이 복지국가를 다루는 지배적 연구 접근법으로 대두될 수 있었다.

1980년대 이후 스웨덴 경제학계의 경제학 패러다임의 전환은 3단계의 진화를 거치며 전개되었다.[43] 첫째 단계는 신고전파 경제학 이론의

---

43 Agneta Hugemark, Den fängslande marknaden: ekonomiska experter om välfärsstaten (Lund: Arkif Förlag, 1992)-Campbell 2004에서 재인용.

관점에서 스웨덴 모델을 분석하는 연구를 통해 스웨덴 모델이 갖는 문제점을 주장하기 시작하였다. 두 번째 단계는 이러한 연구 성과물을 토대로 스웨덴 복지국가 체제 하에서 경제 성장이 왜 둔화될 수밖에 없는지, 얼마나 성장률이 둔화되는지를 발표하였다. 세 번째 단계는 스웨덴 모델을 구성하고 있는 제도적 요소들의 개혁을 위한 구체적 방안들을 제시하는 단계였다.

1980년대 말 사민당 정부, 1990년대 초 보수우익 정부에까지 큰 영향을 미쳤던 대표적인 경제학자는 Hans Tson Söderström이었다. 그는 사민당 정부가 추진해 오던 실물경제 흐름을 반영하지 않는 완전고용지향의 경제정책 노선이 스웨덴 사회에서 경제적 효율성을 갉아 먹고 자원배분의 왜곡을 심화시켜 왔다고 주장하면서, 노동시장에서의 임금수준과 실업률은 시장 가격기제에 의해 결정되어야 한다는 점을 경제학적 관점에서 역설하였다. 스웨덴 중앙 정부의 인위적 정책개입으로 스웨덴 경제가 위축되고, 스웨덴 기업들이 국제경쟁력을 급격하게 상실해 갔다는 점을 이론적으로 입증하고자 하였다.

SAF 산하 대정부 정책제안을 목표로 주요 경제사회적 현안 연구를 담당해 왔던 SNS('The Center for Business and Policy Studies')는 구체적인 개별 정책사안들 자체보다는 그 저변에서 작용하는 근본 경제아이디어를 문제 삼기 시작하였다. SAF 산하에 새로운 시장주의 경제아이디어의 전파와 자유시장 이념의 확산을 목적으로 하는 새로운 싱크탱크 조직으로 Timbro가 만들어졌다. SNS와 Timbro에 소속되어 있는 경제학자들은 스웨덴 모델의 문제점을 이론적으로 비판하는 연구 성과물들을 속속들이 발표하면서, 스웨덴 중앙 정부가 경제적 역할을 축소해 나갈 필요성이 있다고 역설하고 나섰다.[44] 이들 SA 산하 싱크탱크들은 시장에 대한 공공부문의 개입은 제한되어야 한다는 관점에서 스웨덴 모델의 대대적 전환을 주창했다.

당시 스웨덴 경제위기의 근본적 요인을 둘러싼 논의가 방송 매체 등을 통해 사회적으로 공론화되고, 정치권에서 이에 대한 토의가 본격화되도록 하는 과정에서는 Timbro의 성공적인 공론화 역할이 컸다. Timbro 소속 경제학자들은 특히 공공선택이론을 스웨덴 경제학계에 널리 보급하는 데 역점을 두어 활동하기도 하였다.[45] Timbro 경제학자들은 공공선택이론의 관점에서 스웨덴 정부의 시장 개입이 어떻게 스웨덴 경제의 활력을 저하시키고 있는지를 일반 대중이 쉽게 이해할 수 있는 방식으로 공론화하는 데 앞장섰다. 특히 시장효율성을 훼손시키고 있는 국가의 지대추구 활동을 비판했던 공공선택이론의 경제아이디어를 스웨덴 경제학 학계를 벗어나 일반인들이 이해할 수 있는 형태로 공론화시키는 데 결정적으로 기여하였다. SAF는 SNS와 Timbro를 통해 스웨덴 경제학자들의 시장주의 연구들을 재정적으로 지원하였고, 이들의 연구 성과물을 언론 매체와 일반 대중들에게 널리 확산시켜 나가는 데 활동의 역점을 두기도 했다.

Svenskt Dagablet 등 스웨덴 주요 우익성향의 일간지들에서도 신

---

44 SNS는 미국 Cato 연구소와 같은 공화당과의 긴밀한 연계 하에 보수주의적 시장 정책을 주창하는 싱크 탱크 역할을 자임하고 있지는 않다. 1990년대 초반까지 정치적 중립을 표방하면서 스웨덴 경제와 공공정책 사안을 연구하는 연구기관임을 내세워 왔지만 신고전주의 경제학적 접근법을 채택하고 있으며, 시장의 효율성을 역설하면서 시장법칙의 작동 외 어떠한 사회적 조직의 시장에 대한 개입도 최적 이하의 비효율성을 가져 온다는 주장을 펴왔다.

45 Malin Sahlen(Timbro 소속 경제정책 전문가) 인터뷰: 일시 2014년 4월 2일.

자유주의 경제아이디어를 다루는 기사들이 대거 등장하였다. 예컨대 1975년부터 1989년 사이 신자유주의 경제정책을 설명하거나 역설하는 기사들이 30%에서 70%로 급증하였음을 보여 주었고, 진보 성향의 일간지 Dagens Nyheter 까지도 새로운 경제아이디어를 소개하거나 지지하는 기사가 15%에서 30%까지 증대되었음을 보여 주었다. SNS와 Timbro의 이러한 활동은 스웨덴 재계의 치밀한 사전 계획 하에 추진되었던 이념적 공세의 일환으로 이루어진 것이었다.

스웨덴 재계의 이러한 스웨덴 모델에 대한 이데올로기적, 경제 이론적 공세는 최근까지 계속되고 있다. 1991년 SAF의 정책협의제 탈퇴가 변화의 결정적 전기가 된 스웨덴 모델의 제도변화는 보수연립 정부 하에서 이루어진 것이었지만, 1992년 재집권에 성공한 사민당 정부 하에서도 지속적으로 추진되었다. 스웨덴 재계의 이러한 활동은 2001년 단행된 SAF와 SI 간 재계단체의 대 통합으로 출범한 SN에 의해 그대로 승계되었다. SN(스웨덴 경제인연합: Svenskt Näringsliv/ Confederation of Swedish Enterprise)은 2006년 집권에 성공한 온건당 중심의 보수연합 정부 하에서 1990년대 이후 추진된 스웨덴 재계의 시장이데올로기 확산을 위한 더욱 대대적으로 캠페인 활동을 펼쳐 나갔다.

스웨덴에서는 2000년대에 들어오면서 사민당 중심의 연합정부(the Social Democrats, Green Party and Left Party)와 온건당 중심의 보수 연합(Alliance for Sweden Coalition: The Moderate Party, Liberal People's Party, Centre Party and Christian Democrats)이 교대로 중앙 정부를 이끌어 가고 있다. 스웨덴 사민당은 1994년부터 2006년까지 단독정부를 구성할 수 있었고, 온건당 중심의 보수연합정부는 2006년 이후 2014년까지 상대적으로 장기간 2기 보수연립 정부를 구성할 수 있었다. 하지만 2014년 총선거에서는 사

민당이 이끄는 좌파연립 정부가 새롭게 탄생하였다.[46]

집권당과 중앙 정부의 이데올로기적 구성이 어떠하냐와 무관하게 스웨덴 재계단체는 스웨덴 모델에 대한 제도변화를 일관되게 추진하고 있다. 1980년대부터 최근에 이르기까지 SAF의 변화 추진과 재계 단체의 통합을 전면에서 주도하는 리더십을 발휘했던 Janerik Larsson은 스웨덴 재계단체 SN은 스웨덴 모델 그 자체를 반대하는 것은 아니지만, 스웨덴 경제의 성장에 막대한 지장을 초래하는 스웨덴 모델의 제도적 요소들에 대해서는 근본적인 변화를 추진해 나가는 것이 스웨덴 재계의 일관된 입장임을 역설하고 있다.[47]

---

46 Social Democrats, Green Party, Left Party 등 세 좌파정부가 연립정부를 구성하게 되었다. 공동 연립정부 참여를 표방하였던 Feminist Initiative는 4%의 최소정당 지지율의 문턱을 넘지 못하였다.

47 연구자는 2014년 4월 1일부터 3일까지 '스웨덴 경제인연합'(SN)과 싱크 탱크인 Timbro를 방문하여 Janerik Larsson(전 SAF/SN 부회장 현재 팀브로 고문), Malin Sahlen(팀브로 소속 경제정책 전문가), Anders Edholm(SN 정치전략 전문가, 대외 커뮤니케이션 실무총괄) 등과 인터뷰를 실시하였다. 이 연구에서 다루고 있는 1980년대 이후 SAF의 변화 과정, SAF/ SN의 작동체계 및 활동방식에 대한 정보는 이 인터뷰를 통해 획득할 수 있었던 것이다.

4장 한국 경제단체와 발전국가 모델의 변화

1. 재계 집단행동 조직화 시작: 1950-1960년대

1) 4·19와 한국경제협의회

해방 뒤 1950년대 이승만 정부 하에서 한국 정부는 재계와 좋은 관계가 아니었다. 국가가 앞장서서 경제성장을 이끌어 가겠다는 정부 여당의 확고한 의지도 없었고, 기업 활동을 정책적으로 뒷받침하기 위한 정부 정책도 본격적으로 개발되지 않은 상태에 있었다. 자유당 정부는 시장경제의 창달을 표방하였지만, 재계 스스로의 성장 기반이 전적으로 결여된 상태에서 민간자율의 시장경제 발달을 기대할 수 없었다. 정부·정치권과 재계와의 제도화된 대화 채널도 거의 존재하지 않았다. 당시 한국 재계는 정부에 대한 불만을 표출할 수 있을 만큼 조직화된 역량을 갖지 못한 상태에 있었다. 대일 의존도가 컸던 재계는 이승만 정부가 대일 교역을 수시로 중단시켰기 때문에 교역 중단 조치가 내려질 때마다 이에 반발했다. 하지만 이러한 반발이 잡단행동을 통하여 조직화된 형태로 표출되지는 못했다. 개별 기업 차원에서 정부로부터의 재원 획득을 도모하는 유착 활동이 전개되고 있을 뿐이었다. 한국 정부로부터 자원과 기회를 얻는데 실패한 일부 기업들로부터 개별적 차원의 불만이 제기되는 수준이었다.

1960년 4·19 혁명으로 민주주의에 대한 의식 고양과 함께 시장 경제 활성화에 대한 기대감이 나타나면서 한국 정부와 재계 사이에 새로운 관계의 전기가 마련될 수 있었다. 그 동안 한국 기업들은 개별 행동을 통해 정치권과 정부에 접근해서 국가가 제공하는 기회를 선별적으로 배분받아 왔다. 자생적 성장 기반이 갖추어지지 못한 한국 기업들로서는 정부의 지원이 절대적이었다. 따라서 한국 정부와 재계는 극단적인 역학관계의 불균형 상태에 놓여 있을 수밖에 없었다.

한국 정부로서는 개별 기업들에 대해서 절대적인 권위를 행사할 수 있었고, 이러한 권위는 주로 정치자금을 조달하기 위한 압력 행사로 구체화되었다. 1960년 시장경제에 대한 새로운 전망이 보이자 재계 내에서는 개별 기업 단위로 한국 정부를 상대하기보다는 구심점이 필요하다는 인식을 공유할 수 있었다. 4·19 이후 한국 재계는 정치로부터의 자율, 시장경제와 자유경쟁이 작동하는 선진 자본주의 국가건설이라는 공동 목표에 합의를 이루어 나갔다. 1961년 1월 대한제분·삼양사·경방 등 50여 개의 기업이 모여 전경련의 모태인 '한국경제협의회'를 결성한 것은 이와 같은 배경 하에서였다. 당시 서울 중심의 소상인을 대표하는 경제단체로 대한상의가 있었는데, 상의는 또 다른 경제단체의 결성에 반대하는 입장을 공식적으로 표방하였다. 하지만 경제 단체로서 상의가 큰 내분 상태에 있었기 때문에 새로운 단체의 결성에 오히려 유리한 환경이 조성될 수 있었다. 대한상의 회장단 일부가 한국경제협의회 창립에 가담하였다. 이후 한국 경제협의회는 기간산업 육성을 위한 태백산종합개발계획을 발의하는 등 재계의 의견을 수렴하는 활동을 추진해 나갔다.[1] 재계 대표와 정치권 인사―장면 총리 등―들 간의 대화가 시작된 것도 이 시점이었다.[2] 한국 재계는 4·19 이후 극단적 혼란이 계속되고 있는 상황을 타개하기 위하여 참여 기업들로부터 '시국안정자금'을 갹출하여 정부에 전달하는 방안에 대해서도 합의를 이룰 수 있었다.

한국 재계로서는 4·19 이후 만들어진 부정축재처리법과 그 후속 조치에 대해 불안감을 공유하고 있었기 때문에 정치자금과 관련된 사안에 대하여 집단행동 조직화가 용이하게 이루어질 수 있었다. 한국 경제협의회는 창립 당시 회장단 기자회견에서 정치자금을 양성화하겠다는 방침을 밝힌 바 있었고, 공개적이고 투명한 방식으로 이를 집행함으로써 이권이 개입되는 일이 없도록 한다는 방침을 발표하였다. 한일 국교 정상화 추진, 독일정부로부터의 차관도입 방안 등도 당시 한국경제

---

1 전국경제인연합회, 2011, 『전경련 50년사: 기적의 50년을 넘어 희망의 100년으로』, pp. 41-48.

2 예컨대 5·16을 바로 앞둔 시점인 61년 3월 24일 반도호텔에서 장면 총리와 재계 인사 등이 만났다. 이 자리에서 장 총리는 "나라를 구해야겠는데 길이 뭐요"라고 물었다. 재계 인사는 "우리는 정치자금 거둬 줄 테니 당신들은 정치나 잘하라"고 받아친 것으로 알려지고 있다.

협의회가 중심이 되어 재계의 의견을 수렴한 성과로 발표된 것이었다.

2) 5·16과 한국경제인협회

4·19 이후 제정된 '부정축재 특별처리법'에 의해 처벌을 기다리고 있던 한국 재계의 대부분의 인사들은 초조하게 5·16을 맞이하였다. 5·16 이후 군사정부는 최고회의에서 부정축재 처리법을 새롭게 제정했다. 사회적으로 지탄대상이었던 부정축재자에 대한 군사정부의 척결 의지는 단호한 듯 했다. 하지만 재계는 이병철 삼성 회장이 중심이 되어 부정축재자로 지탄받는 기업인이라도 경제건설에 참여시켜 줄 것을 강력히 요청하였다. 군사정부는 이들의 요청을 받아들여 대부분의 기업인들에게 관대한 조치를 취하였고, 구속된 기업인들에 대해서도 대부분 석방조치를 단행하였다. 부정 축재한 재산을 국가에 헌납하는 대신 공장을 지어 국가재건에 동참한다는 조건이었다. '국가 자립경제 기반조성을 통한 민생고 해결'을 '혁명공약'으로 내세운 군사정부로서는 경제계의 호응과 사업 확장이 절대적 관건이라고 판단했기 때문이었다.

한국 재계는 공장을 건설하여 기간산업을 육성함으로써 군사정부의 국가 재건추진 의지에 적극 부응한다는 취지에서 '경제재건 촉진회'를 결성하였고, 이를 근간으로 1962년 7월 17일 지금의 전경련의 전신인 '한국경제인협의회'를 출범시켰다. 70여 회원사 대표들이 참여하고 있던 '한국경제협의회'는 최고회의에 의해 공식적으로 해산명령을 받았고, 이에 따라 한국 재계는 '한국경제인협회'로 재조직화된 것이었다.[3] 60년대 한국경제인협회를 중심으로 재계 단체가 역점을 두어 추진한 일은 크게 두 가지였다.

첫째는 기간산업 육성에 필요한 공장 건설의 재원을 확보하는 일이었다. 재계 인사들은 군사정부에 대해 외자도입 촉진책을 건의하는 한편, 자체적으로 외자유치단을 조직하여 미국·유럽을 돌며 유치에 나서는 활동을 추진해 나갔다. 하지만 신용도가 쌓이지 않은 한국 기업들이 스스로 나서서 외자를 유치할 수는 없었다. 재계는 한국 정부가 나서서 외자 도입을 제도적으로 뒷받침해 줄 것을 강력히 요청하였다. 박정희 정부도 이들의 요청을 적극적으로 수용하였다. 민간차관에 대한 정부보증을 가능케 한 외자도입촉진법, 외환관리법, 이중과세방지조약 등 당시로서는 획기적인 방안들을 제시하여 정부가 이를 수용하도록 한 것도 재계단체의 활동의 성과물이었다. 민간차관에 대한 정부 지불 보증 제도는 민간 기업의 채무불이행시 한국 정부가 책임지고 갚겠다는 것을 법제화한 것이었다. 이는 당시로서는 세계에서 유래가 없는 제도였다.[4] 한국 정부와 재계는 서로의 필요를 교환하면서 호혜적 유착의 제도화를 추진해 나갔다. 한국 정부의 부정축재자 처리 및 경제재건의 필요가 재계의 공장건설 등 사업 확장 필요와 맞아 떨어질 수 있는 것이었다. 박정희 정부 수립 후 일본과의 국교정상화를 강력하게 요청한 것도 기간산업 육성을 위한 재원 조달이라는 현실적 필요성 때문이었다.

둘째는 수출산업 육성의 필요성을 주장하면서 한국 정부의 경제

---

3   김입산, 『초근목피에서 선진국으로의 증언: 김입산 자전』(한국경제신문, 2003).

4   김홍기, 『영욕의 한국경제: 비사 경제기획원 33년』(매일경제신문사 1999), p. 76.

정책의 초점을 여기에 맞추도록 하였다. 한국경제인협회는 산하 조직으로 민관 협의체인 '수출산업촉진위원회'를 만들어 수출산업 육성을 지원받기 위한 제도적 장치의 도입을 추진하였다. 재계가 이니셔티브를 쥐고 시작한 일이었지만, 박정희 정부는 여기에도 적극 부응하는 조치를 취해 나갔다. 수출촉진을 위한 민간 기업 협의체는 1964년 이후 정부 내 대통령이 직접 주재하는 유일 회의체인 '수출 진흥 확대회의'로 제도화되었다. 수출 진흥 확대회의는 청와대에서 열린 월례 회의로서 경제기획원과 상공부 등 경제장관과 실·국장급 경제 관료들이 참석하였을 뿐 아니라, 민간 기업의 대표들이 참여해서 정책 대안을 결정해 나가는 회의체였다.[5] 이 민간 회의체에서 재계는 한국 정부에 대하여 기업활동 활성화를 위한 다양한 요구와 기대를 내어 놓았고, 한국 정부 역시 이를 적극적으로 수용하려는 입장을 취하였다. 재정지원과 면세혜택, 행정규제 대폭완화 등 다양한 정책적 혜택이 주어지는 수출 공업단지가 만들어질 수 있도록 하는 '수출자유지역 설치법' 제정도 경제 관료들과 재계 단체 인사들이 협의하여 만들어낸 합작품이었다.[6]

1960년대 재계단체 활동과정에서 한국 재계는 정부의 압도적 권위에 눌려 있었지만 단체회장 선출과정에서는 재계의 합의가 존중되었다. 5.16 직후부터 군사정부의 재계 의견 수렴의 사실상의 창구였던 이병철 삼성 그룹 회장이 전경련의 전신이 한국경제인협회의 초대 회장으로 선출될 수 있었던 것도 회원사들의 의사가 집약된 것이었다. 재계 일부에

5 김흥기, 위의 책, p. 88.
6 전경련, 『전경련 50년사: 기적의 50년을 넘어 희만의 100년으로』, 전경련 2011, vol. 1, pp. 135-137.

서는 이병철 회장의 독점적 대표권 행사에 대해 경계를 나타내기도 하였으나, 이병철 회장을 내세우는 것이 군사정부를 상대하기 위한 최선의 방책이라는 점에 대해서 재계의 합의가 이루어진 것이었다. 한국경제인협회는 1964년 차기 회장으로 김용완 회장을 만장일치로 추대하였다. 재계단체 회장직에 대한 재계의 사전조율을 통한 만장일치 추대형식은 이후 전경련의 오랜 전통으로 자리 잡았을 수 있었다.

한국경제인협회는 1968년 3월 명칭을 오늘날의 '전국경제인연합회'로 바꾸었다. 이 시기 '전경련'의 탄생은 단순히 명칭이 바뀐 것 이상의 의미가 있다. 5년여의 짧은 기간이었지만 이 기간 동안 기업체 회원 100개사, 그리고 거의 대부분의 산업을 망라한 업계 단체가 기관회원으로 참여하면서 한국 재계단체는 160여 회원사를 가진 실질적인 재계의 정상급 우산조직(peak umbrella organization) 위상으로 발돋움한 것이었다.

2. 재계 집단행동 조직자로서 전경련: 1970-1980년대

1) 한국에서의 시장제도의 변화 : 발전국가의 변화

스웨덴 등 서구 국가들과는 달리 한국에서의 시장제도 변화를 이끈 행위자는 기업이나 경제단체가 아니라, 정부 관료집단이었다.[7] 국가

---

7 한국에서의 시장제도 변화는 1980년대부터 점진적으로 이루어진 것이다. 한국에서 시장제도변화는 발전국가 체제의 변화 시작이 발단이 된 것이라

주도의 성장전략을 탈피해서, 시장이 민간기업 주도로 움직여 나가도록 시장 제도의 변환이 시작된 것은 1980년대 초 제5공화국 정부 하에서였다. 한국에서 시장제도의 변환은 1990년대 후반 외환위기의 글로벌 충격에 의해 발단된 것이 아니었다. 선두환 정부의 '안정화 시책'은 한국정부의 경제적 역할 변화의 터닝 포인트였다.[8] 정부가 경제개발과 성장을 조장하기 위해 특정 기업을 타깃팅하여 선별적으로 육성하는 '촉진자'(promoter)로서의 역할을 지양하고, 시장을 '안정과 자율, 개방'이라는 정책 기조에 맡기기 시작했다는 측면에서 그러한 것이다. 또한 정부가 시장행위자로서 기업들 간 경쟁을 유도하기 시작했고, 기업 활동의 사회적 부작용을 염두에 둔 '규제자'(regulator)로서의 역할을 처음 법제화했다는 측면에서 그렇다는 것이다. 그리고 이러한 시장제도의 변환은 당시 경제기획원 관료들의 개혁마인드에서 비롯된 것이었다. 80년대 초 안정화 정책으로 발단된 시장제도의 변환은 90년대 중반 문민정부를 거치면서 민간주도의 시장경제를 뒷받침하기 위한 제도적 보완이 이루어질 수 있었다. 글로벌 외압은 80년대 이후 축적된 점진적 변화가 더 이상 과거로 되돌아가지 못하도록 불가역성을 강제하는 '쐐기'(ratchet)로 작용한 것일 뿐이다. 그렇다면 한국 시장제도의 점진적 변화를 가져온 주요 동인은 무엇인가? 경제기획원 등 '정책행위자로서 주요 경제 관료들의 아이디어와 담론의 변화'가 한국에서 시장제도의 내생적 변화를

는 점에서 1980년대 안정화 시책이 전환점이 된 것이라고 할 수 있다(윤홍근 2013).

8 강경식, 2010, pp. 371-405: 강경식 전 총리와의 인터뷰(2011년 9월 8일).

가져 온 것으로 설명할 수 있다.[9]

발전국가의 변화를 다루고 있는 연구들은 1990년대 초 '문민정부'와 환란이후 '국민의 정부'에 초점이 맞추어져 있으며 김영삼 정부의 '신경제정책'으로부터 발전국가 모델의 변화를 설명하고 있다.[10] 1980년대 이후 문민정부 등장 전까지 전두환 정부와 노태우 정부의 시기에 대해서는 60-70년대 전형적으로 나타났던 발전국가와 동일한 연장선상에 있었던 것으로 본다. 이연호 등은 길게 논하고 있지는 않으나 전두환 정부 하에서의 안정화 정책, 그리고 노태우 정부 하에서의 재벌 규제정책의 성과를 얼마간 인정하고는 있다. 하지만 이러한 성과들이 시장자율화와 경제자유화 측면에서 문민정부 하에서 추진된 시장제도의 변화와 어떠한 연계성을 가지고 있는지에 대해서는 설명하고 있지 않다. 발전국가의 변화를 탐색하는 이들 연구들은 역사제도주의(historical institutionalism) 분석틀에 의존하고 있다.[11]

1960년대 개발 재원을 조달하고 배분하는 성장 촉진자로서 한국 정부의 역할은 경제기획원의 기획·조정 리더십 아래 상공부와 재무부 등 주요 부처 사이에 유기적 협력을 가능하게 하였다. 하지만 1970년

---

9 윤홍근 2013, p. 178: 이하 한국에서의 시장제도의 변화에 대한 논변은 윤홍근(2013)을 요약 재정리한 것이다.

10 이연호 1998, 1999; 이연호 외 2002; 양재진 2005; 장지호 2005.

11 이들 연구들 가운데 명확하게 역사제도주의의 분석틀을 제시하고 있는 연구로는 양재진(2005)를 들 수 있고, 다른 연구들은 역사제도주의의 분석틀에 의존하여 논의를 전개시키고자 한다는 점을 명시적으로 밝히고 있지는 않지만, '발전국가의 유산', '발전국가의 제도적 장치 지속', '경로의존성' 등의 역사 제도주의의 주요 개념들을 차용하고 있다.

대 초에 들어오면서 그 동안의 성장전략의 가시적 성과와 한계, 그리고 그 부작용들이 동시에 터져 나오면서부터 상황이 달라지기 시작하였다. 한국 재계가 일시에 위기상황에 빠지게 된 것이었다. 장기적 인플레이션 속에서 차관이나 은행융자 등 단기자금으로 생산 설비 도입 등 장기투자를 감행해 왔던 한국 기업들은 금융기관의 공식적인 채무 외에도, 거대한 사채를 짊어지고 심각한 경영위기에 빠졌다(남덕우 2009, 86). 특히 70년대 초, 중동발 오일쇼크로 시작된 세계경제의 장기적 침체 상황은 한국 정부의 그 동안의 성장전략의 효과가 완전히 고갈되었다는 인식의 확산을 가져 왔다. 경제성장의 지속을 위해서는 우선 정부의 시장에 대한 접근법을 근본적으로 재검토할 필요가 있다는 목소리에 힘을 실어 주었다.

대내외적 위기상황 하에서 이를 타개할 수 있는 해법을 둘러싸고, 한국 정부 내에는 시장제도의 근본적 변화의 필요성을 주창하는 아이디어와 기존 발전국가 모델의 지속을 주장하는 아이디어가 뚜렷하게 대립하는 양상을 나타내 보였다. 한국 정부와 재계 간 공유해 오던 발전국가 아이디어에도 미묘한 균열이 보이기 시작했다. 정부와 재계 간 역학관계가 여전히 압도적으로 정부 쪽에 기울어져 있는 상황 하에서 전경련으로 대표되는 한국 재계는 시장제도의 변화를 견인해 나갈 만큼의 정치적 역량을 갖지 못한 상태에 있었다. 전경련은 독자적인 정치적 행위자로서 행동해 나가기보다는 정치·경제 상황의 변화에 피동적으로만 움직여 나가고자 하였다. 따라서 70 - 80년대 한국에서의 시장제도 변화를 둘러싼 논의는 경제관료 집단 내의 갈등으로 표출되었으며, 발전국가 모델의 변화를 주창하는 경제기획원과 발전국가 모델의 지속 및 강화 필요성을 역설하는 상공부 간의 정책 아이디어 경합 양상으로 전개되었다. 발전국가의 지속 필요성을 역설하는 상공부의 정책 아이디어는 상공부가 주로 상대해 오던 한국 재계의 요청을 반영하는 것이었다. 한국 재계는 발전국가 모델에 철저히 안주하고자 하였다.

1970년대 초 제1차 오일쇼크를 배경으로 촉발된 경제위기 속에서 정부주도의 성장전략의 한계를 지적하면서 민간주도의 경제성장론이 조심스럽게 고개를 들기 시작하였다. 학계와 일부 전문가들 사이에서 일기 시작한 민간주도론은 경제기획원의 신진 관료들을 중심으로 정부 내에서도 힘을 얻기 시작하였다.[12] 경제기획원의 이러한 입장은 70년대 초 경제정책의 최대 현안으로 등장한 중화학공업화 추진에 대해서도 비교우위의 시장원리에 입각한 점진적 육성 방안을 역설하는 것으로 나타나기도 했다.

한국에서 시장제도의 변환점으로 평가되고 있는 안정화 시책의 연원은 70년대 초반의 시기까지 거슬러 올라간다. 경제기획원은 70년대 민간주도의 지속적 성장 구상과 시장원리의 도입을 담은 제3차 경제개발 5개년(72-76) 계획을 발표했다. 경제기획원은 제3차 5개년 계획을 통해 '성장·안정·균형의 조화'를 정책기조로 내세웠고, 박정희 대통령은 '1972년 예산안에 대한 시정연설 및 제안 설명'을 통해 경제운용의 기본 방향이 안정화 기조의 공고화에 있음을 천명하기도 하였다. 박정희 대통령은 경제기획원이 작성한 이러한 새로운 안정 정책기조에 대해서 일면 수긍하기도 하였지만, 민간주도의 경제발전 구상에 대해서는 끝내 부정적인 입장을 나타냈다. 박 대통령은 경제기획원이 중심이 된 민

---

12   김흥기 1999, 214.

간자율의 성장전략을 '탁상공론'으로 못마땅해 하면서, 제3차 계획과는 별도로 중화학 공업을 육성하기로 결심하였다.[13] 경제기획원의 점진적 중화학공업화 방안과는 달리 상공부에서는 중화학 공업을 국가주도로 매우 과감하게 추진해야 한다는 입장이었다.

경제기획원은 스스로가 중화학 공업 추진 업무를 맡고 '유도계획'으로 민간주도의 점진적 중화학 공업 육성을 추진해야 한다는 입장이었다. 권력의 정점에서 정책 사안 하나 하나를 챙겨가던 박 대통령은 발전 국가 모델의 강화를 역설하는 상공부의 아이디어를 채택하였다. 박 대통령은 경제기획원의 방안에 대해 노골적인 불만을 드러냈고, 기획원과 별도의 조직을 만들어 전적으로 청와대 주도로 중화학 공업화를 추진해 나갔다.[14] 경제기획원은 사업타당성을 조사하는 보조적인 역할이 주어졌을 뿐이다. 기획원에서 타당성 조사 결과 부정적인 견해를 내어도 청와대 주도로 그냥 추진된 것이 많았다.[15] 청와대는 '과감한 추진'을 역설한 상공부 입장에 확고한 신뢰를 나타내었다. 70년대 초 중화학공업 추진기획단 출범 이후 경제정책 결정 채널이 사실상 이원화된 것이었고, 경제기획원이 경제정책의 중심권에서 벗어나게 되면서 경제기획원이 주도하는 시장제도의 변화는 동력을 상실하게 되었다.

한국에서 시장제도 변화 문제를 둘러싼 관료 집단 간 갈등은 경제

---

13 김흥기 1999, pp. 213-215.
14 청와대 직할의 '중화학공업추진기획단'이 만들어 진 것이었다. 중화학공업 추진기획단 결정의 대부분은 최고 정책결정권자였던 대통령의 지시였고, 당시 중화학 공업 사업과 사업자 선정을 청와대와 상공부가 직접 담당하였다(오원철 2006, pp. 145-149).
15 김흥기 1999, 216.

기획원과 재무부 사이에서도 존재하였다. 기획원과 재무부 간의 정책갈등은 8.3조치를 둘러싸고 본격화되었다. 박 대통령은 재무부 장관과 청와대 김정렴 비서실장을 불러 극비리에 사채동결 방안을 입안하라고 지시하였다. 8.3조치가 성안되고, 대통령 긴급명령 형태로 시행되기까지 1년여 기간의 준비 작업이 있었지만, 경제기획원은 철저하게 배제되었다. 1973년 '국민투자기금법' 제정이나 77년 부가가치세제 역시 중화학공업에 대한 투자 및 수출을 촉진시킨다는 정책적 배려를 담고 내포하는 것이었지만 정책 형성과정은 마찬가지였다. 중화학 공업육성을 위한 재원 마련 차원에서 이루어진 국민투자 기금설치나 부가가치세제 도입과정에서 경제기획원은 정책결정 과정에서 주변부에 머물러 있었고, 사후에 소극적으로만 대응할 수 있을 뿐이었다. 재무부가 주도한 국민투자기금과 부가가치세제에 대해 경제기획원 관료들은 시기상조론으로 맞섰고, 정책 집행이 구체화되는 단계에서는 실시 연기를 주장하거나 반대하는 입장을 나타내기도 하였다.[16]

70년대 후반까지 이러한 경제부처 간 정책갈등 과정에서 박 대통령은 발전국가 체제의 지속을 주장하는 재무부와 상공부의 정책아이디어를 수용하였기 때문에 민간주도의 시장경제 육성을 주장하는 경제기획원의 위상은 더욱 저하될 수밖에 없었다. 상공부와 재무부의 발전국가지속 필요성 주장은 이들 기관의 정책고객 집단이었던 한국 재계로부터의 줄기찬 요구를 반영하는 것이었다. 전경련을 중심으로 하는 한국 재계는 시장 중심의 자율 성장보다는 한국 정부의 대대적인 정책적 지원

---

16 김용환 2002; 강만수 2005.

을 요청하였다. 불황이나 경제적 위기 상황 하에서 한국 재계는 전경련을 내세워 한국 정부의 경제적 역할 확충을 통한 한국 기업들이 직면한 문제들을 해결해 나간다는 입장이었다. 하지만 그러한 가운데에서도 한국 기업들은 발전국가 전략의 과실을 착실히 축적해 나가는 가운데 외형적 규모 성장과 해외경쟁력 확충을 도모할 수 있게 되었다. 성장의 과실을 축적할 수 있게 된 한국 재계와 한국 정부 사이의 역학관계가 서서히 균형의 추를 달리 하게 된 것이었다.

1970년대 후반 이후 경제개발 과정에서 국가가 주도적인 역할을 했던 한국과 대만 등지에서는 개입주의 국가 역할이 차츰 줄어드는 반면, 기업과 재계 단체의 힘과 역할이 크게 증대되면서 이들이 정치적으로도 영향력을 증대해 가는 현상이 나타나기 시작하였다. 경제기획원 관료집단이 주도한 안정화 시책이 시장에 대한 한국 정부의 역할 변화라는 측면에서 구체적인 정책변화 추진으로 이루어지기 시작한 것은 1980년대 초, 전두환 정부 하에서였다. 70년대 후반 안정화 시책을 주도했던 경제기획원 관료들과 기획원에서의 정책형성 과정을 지원했던 KDI 주역들은 대부분 미국 유학경험을 통하여 신고전파 경제학을 공부한 신진 그룹들이었다.[17] 이들은 안정화 시책을 총괄했던 경제기획원의 장관, 차관, 국실장 등의 주요 보직을 거쳐 80년대 초 전두환 정부 하에서 단행된 대대적인 경체부처 간 인사이동으로 재무부와 상공부의 주요 요직을 차지하면서 타 경제부처의 안정화 시책에 대한 반발과 저항을 제

---

17 경제기획원 관료들로는 강경식, 김재익, 김재일, 박유광 등이 대표적이고, 기획원에서의 정책형성 과정을 지원했던 KDI 주역들은 사공일, 김기환 등을 들 수 있다.

어해 나갔다. 한국의 발전 국가 경험에서 국가와 사익조직 간의 역학관계의 변화는 다음과 같은 요인들이 복합적으로 작용한 결과였다.[18]

첫째, 그 동안 경제발전의 산물로 재정적 측면에서나 경영 기술적 측면에서 정부의 지원을 더 이상 필요로 하지 않을 정도로 자체 역량을 갖춘 대기업들이 출현할 수 있게 되었다. 이들 대기업들은 압도적 권위를 행사하면서 역학관계의 절대 우위를 유지하던 국가와 관료집단의 후원 하에 성장할 수 있었지만 수출 기업으로 성장하면서 글로벌 경영 역량을 축적해 나갈 수 있게 되었다. 이들은 국가의 정책적 지원이 지속되기를 원하기 했지만 경영에 대한 간섭과 규제에 대해서는 불만을 갈수록 크게 가지게 되었다. 이들은 경영의 효율성 제고를 통해 지속적 성장을 이룩해 나가는데 이제 국가의 간섭이 장애물이 된다는 인식을 가지기 시작하였던 것이었다. 하지만 아직 개별 기업 단위로는 여전히 권위주의적이었던 국가와 관료집단에 저항하기에는 역부족이라는 인식 때문에 경제단체를 통한 집단행동의 표출형식으로 국가정책에 대한 불만과 새로운 요구를 내어 놓았다. 과도기적 상황 하에서 기업들 간 집단행동을 통한 이익집약과 이익표출이 가능할 수 있었던 것은 국가와 관료집단의 지속적인 개입 필요성에 대한 경제 아이디어를 공유할 수 있었기 때문이었다.

둘째, 70년대 글로벌 경제 위기 상황 하에서 개입주의 국가의 역할 한계가 뚜렷하게 나타나게 되었으며, 국가 경제에 대한 관료주의적 개입의 지속은 경제효율성을 저해한다는 인식이 확고하게 자리 잡아가기 시

---

18 Lucas 1997, pp. 76-82.

작하였다. 기업들은 스스로의 이익을 지키기 위하여 새로운 집단행동의 필요성을 공감할 수 있게 되었다. 하지만 여전히 정부의 경제적 역할 지속을 통해 기업 성장이 이루어질 수 있다는 기본 경제 아이디어는 그대로 유지되고 있었다. 70년대 후반 경제위기가 세계 시장을 덮치기 전까지 아시아 발전국가들의 개입주의 정책은 경제성장과 산업발전의 성과를 기록해 나가는데 효과적으로 기능할 수 있었다. 국가의 개입주의 역할은 자원과 기회를 필요로 하는 기업들에게 많은 물질적 혜택을 가져다주는 것이었다. 따라서 기업들로서는 국가의 이러한 개입주의 역할을 적극 요청해 왔고, 기꺼이 순응하려는 자세를 보였다. 정부 보조금의 혜택이나 특별융자, 세제 특혜, 정부조달 등을 통해 주어지는 경제적 편익은 시장과 경제에 대한 국가 역할의 팽창을 자연스럽게 수용할 수 있도록 만들어 주는 것이었다. 국가 관료집단과 경제계 인사들 사이에는 국가의 경제적 역할 확충에 대한 암묵적 합의가 성립되었다고 할 수 있다.[19]

셋째, 국가경제 발전의 목표에 기업과 경제단체를 효과적으로 동원할 수 있도록 뒷받침해 주었던 제도와 관행들이 서서히 힘을 잃어가면서 유명무실해지기 시작하였다. 발전국가 경제 관료는 개별 기업을 일일이 상대하기보다는 재계 단체를 만들어 이를 채널로 결정된 국가의 정책이 전달되도록 하였다. 기업들의 요구와 기대도 이들 단체를 통해서 국가 관료들이나 정치지도자들에게 전달될 수 있었다. 발전국가의 재계단체는 기업들의 자발적인 결사체가 아니었다. 그것의 형성과 발족

---

19 Haggard는 이러한 암묵적 합의를 발전국가 정부와 기업들 사이에 이루어진 협상의 산물로 설명하기도 한다.

과정에서는 권위주의적 정부의 깊숙한 개입이 있었고, 단체의 대표를 선임하는 과정에서도 지배적인 영향력을 행사하였다. 주요 산업별로 독점적 대표권을 갖는 단체를 결성하여 산하 모든 기업들은 이 단체의 회원으로 가입되도록 하였다. 개별 기업의 업계 단체 가입은 법규에 근거를 두는 경우도 있었고, 가입이 불가피하도록 하는 조치가 내려지기도 하였다. 업계 단체에 따라서는 정부의 위임 사업을 맡도록 하는 등 공공 기관으로서의 지위가 인정되기도 하였다.

발전국가 하에서 정부가 개입하여 결성된 경제 단체들에 대해서는 정부와의 독점적 접근권이 보장되었고, 경제 단체들 간의 경쟁과 담합은 철저히 금지되었다. 독점적 대표권을 갖는 단체를 만들어 단일 접촉 창구를 유지하는 것이 재계 관리에 효율적일 수 있었기 때문이다. 국가에 따라서는 재계를 총망라하는 정상조직을 만들어 이들 산별 단체들이 정상조직의 기관회원으로 참가하도록 하기도 하였다. 조합주의 국가들에서처럼 재계 단체의 대표가 정부의 정책결정과정에 제도적으로 참여할 수 있는 기회는 주어지지 않았다. 통치엘리트와 국가 관료들은 필요에 따라 이들을 불러들여 정부의 결정을 설명하고 이에 순응하도록 요구하였다. 정부의 정책 결정과정에서 이들 재계 단체의 의견을 묻는 절차가 주어 있기는 했으나, 재계의 의견을 정책형성 과정에 투입하는 기능은 경제 관료들의 통제 하에 있었다.

80년대 신자유주의 이데올로기의 물결이 불어 닥치면서 시장 개혁과 공공부문 개혁의 거센 흐름이 세계적인 현상으로 나타나기 시작했다. 금융시장 자유화, 자유무역 확대 등 글로벌화 흐름이 정부-기업 간의 역학관계 변화에 큰 영향을 미치게 되었다. 대기업들 스스로 외국 금융기관이나 투자자들을 통해 사업 확장에 필요한 재원을 확보해 나갈 수 있게 되었다. 특히 대기업들은 세계 금융시장에서 신용도를 높여 갈 수 있었기 때문에 정부의 보증자 역할을 필요로 하지 않았다. 국내 금융기관들도 수익성 제고 차원에서 기업들과 거래를 늘려 나갔다. 정치엘리트들이나 관료집단의 개입 없이도 은행과 기업들 간의 거래가 활성화될 수 있었던 것이다. 그런가 하면 대기업들은 글로벌 경영을 통해 전략적 경영 역량을 축적해 올 수 있었기 때문에 한국 정부의 정책적 지원을 필요로 하지 않았다. 국책 연구 기관을 통해 배포되는 시장과 산업에 대한 정보에 의존하지 않아도 될 만큼 산업의 변화와 세계 시장의 동향에 대한 자체 정보 역량을 구축할 수 있었다. 대기업 연구소들은 세계 곳곳에 진출해 있는 현지 법인이나 지사망을 통해 국책 연구기관들보다 더욱 내밀하고 정확한 시장 정보를 가질 수 있게 된 것이었다.

1980년대 이후 발전국가들에서 정부-기업 간 역학관계의 변화는 재계에 대한 이러한 관료주의적 통제가 한계점에 도달해 가고 있음을 보여주는 것이었다. 기업들은 자생적 성장의 기반을 갖추어 나갈 수 있었고, 시장에 대한 국가의 정책적 관리는 뚜렷한 한계를 나타나게 되었다. 기업과 경제단체는 국가의 필요성에 따른 동원 요구를 거부해 나갈 수 있을 만큼 독자적인 판단을 해나가기 시작하였다. 정책적 제도적 후견자이자 앞서서 끌어가는 교사로서, 애로를 타개해 주는 문제해결사로서의 정부 역할의 한계를 인식하기 시작하였다. 특히 이미 몸집을 불린 대기업을 중심으로 정부와 정치에 대해 이제 자체적인 목소리를 낼 수 있을 만큼 스스로의 역량에 대한 확신을 가질 수 있게 되었다. 정부의 정책에 관한 한 기업들 간의 연합된 노력의 성과에 얼마간 자신감을 가질 수 있었다. 이전 시대와 같은 관료 집단의 압박이나 회유가 유효하게 작용하기 힘들어져 가기 시작한 것이었다. 기업과 재계 단체는 정부의 정책적 동원의 대상이 더 이상 아니게 되었음을 보여 주었다.

1980년대 들어오면서 한국에서는 정부개입을 통한 시장 및 기업의 성장지속이라는 정부-기업 간 공유된 경제아이디어가 급격히 변화하지 않을 수 없었다. 발전국가들에서 국가 경제 관료와 기업들 사이에 이루어진 국가의 경제적 역할 확충에 대한 암묵적 합의는 기업들에 대한 물질적 혜택이 지속되고, 기업성장을 위한 경제적 환경 조성이 원활히 이루어지는 한 유지될 수 있는 것이었다. 하지만 1970년대 후반 이후의 경제적 위기 상황은 암묵적 합의의 전제 조건들을 크게 변화시키는 것이었다. 국가의 정책적 배려를 통한 물질적 혜택의 지속적 공급이 어려웠을 뿐 아니라, 성장 지속에 필요한 경제적 여건을 정부 정책으로 유지해 가는 것이 쉽지 않았기 때문이었다. 더욱 경제적 위기 상황의 타개책으로 등장한 시장개혁 및 부실기업 정리를 위한 구조조정 정책은 기업들에게 직접적 위협이 되기도 했다. 국가의 개입주의적 역할의 효과가 갈수록 고갈되어 가는 상황 하에서 기업들은 국가정책에 대한 저항의 수준을 높여 갔고, 국가 관료 집단의 국가 경제에 대한 관리 능력은 현저히 축소되지 않을 수 없었다.

3. 전경련과 한국발전국가 모델의 변화

전경련은 한국 정부 경제정책 형성과정에서 재계 — 주로 대기업 — 이익을 집약 표출하는 대표 경제단체 역할을 맡아 왔다. 이러한 투입 역할은 정치권의 요구와 기대를 충족시켜야 하는 반대급부의 제공과 맞교환되는 것이기도 했다. 한국 정부와 재계 사이에는 서로의 필요와 기대를 상호 충족시켜주는 보이지 않는 거래가 이루어졌다고 볼 수 있다. 전경련은 한국 정부의 정책결정 과정에서 정책 투입 요구와 정책 산출물이 교차 거래되는 매개 창구로 기능하였다. 한국 정부는 전경련을 통해 정책적 요구를 전달하고 재계 집단행동의 조직화를 도모함으로써 정부 정책에 대한 재계의 집단 순응을 유도하고자 하였다. 재벌급 대기업이 대표하는 한국의 재계는 전경련을 통해 정부정책 결정과정에 자신들의 집단적 요구를 반영함으로써 재계 이익을 관철시키고자 하였다.

그러나 이러한 정부-기업 간 맞교환이 재계의 자율적 집단행동의 산물인 것만은 아니었다. 박정희로부터 노태우 정부에 이르기까지 한국에서 정부와 기업관계는 '수직적인 갑을관계'의 성격을 가진 것으로 평가할 수 있다. 경제정책을 집행하는 과정에서는 기업들에 대해 지원과 혜택 제공을 대가로 하는 사실상의 권력 행사로 억지 순응을 이끌어 내기도 했다. 특히 대기업들을 상대로 정치자금을 모으는 과정에서는 권력기관을 통해 적나라한 회유와 협박이 동원되기도 하였다. 불이익에 대한 두려움에서 헌납한 정치자금을 순수하게 자발적인 것으로 보기는 어렵다. 많은 경우 기업별로 배당된 정치자금액이 갹출되기도 하였고, 이 과정에서는 정부 기구의 공식적인 라인이 개입하기도 하였다.

"당시에는 큰 기업들이 여당의 재정위원장에게 접근해 현금차관, 정부공사, 특별융자와 같은 특혜를 얻기 위해 정치자금을 헌납하면, 재정위원장은 관계 당국에 부탁해 기업들의 요구를 들어주도록 하는 것이 예사였다. 경제 당국은 민원사업의 타당성을 심사하지만 여당의 입장을 고려해 법적 혹은 행정적으로 무리하는 경우가 종종 있었고, 그것이 정치적으로 말썽이 되곤 했다."(남덕우 2009, p. 78)

김영삼 대통령의 '정치자금 수수 거부' 선언이라는 사건이 있기 전까지 전경련을 통한 재계 집단행동의 가장 미묘한 사안은 정치자금 조성 문제였다. 90년 중반 문민정부가 출범하기 전까지 전경련 회장단 회의에서 뜨거운 이슈는 정치자금 갹출에 관한 사안이었다. 그때그때의 필요와 상황에 따라 전경련 회장의 리더십 아래 정치권에 전달되는 정치자금의 총액과 분담금 수준이 결정되었다.

(1) 문민정부 정부-기업관계의 변화와 전경련의 변화

문민정부는 한국에서 정부-기업관계 역사에서 가장 의미 있는 변곡점이었다고 평가할 수 있다. IMF 사태로 치닫던 문민정부 임기 말이었던 1997년 전경련으로 대표되던 한국 재계와 한국 정부 사이에는 확실한 역학 관계의 전환점임을 알리는 변화가 이루어지기 시작했음을 보여준다. 전경련은 세계화의 흐름 속에서 국가경쟁력 제고를 명분으로 차기 정부는 '작고 효율적인 정부'가 되어야 한다고 공개적으로 요구하였다. 전경련의 요구는 '새정부의 정책과제'라는 문건으로 제작 발표되었는데 여기서 전경련은 그동안 정부의 시장개입을 주도해왔던 재경원과 통상 산업부의 기능의 축소, 환경부와 건설교통부 등 주요 중앙 부처 업무의 지방 및 민간 이양, 정책입안 기능과 집행기능의 분리 등을 주장하였다. 전경련은 한국 경제가 그동안의 정부주도형으로부터 탈피하여 민간주도형의 시장자율경제로 전환되어야 한다는 점을 분명히 하였다. 전경련의 이러한 변화는 1980년대 전두환 정부가 '안정화 시책'을 통해 민간자율 기조의 경제정책 전환을 추진했을 때 여기에 저항하며 정부의 지속적인 시장개입 필요성을 요구하였던 것과 비교하면 확실히 대대적인 입장 전환을 의미하는 것이었다.[20]

전경련의 이러한 정부-기업관계 변화 요구는 대대적인 규제개혁 요구로 이어졌다. 전경련은 회원 기업들과 30대 기업집단 기획조정실장 회의, 전문종사자들을 대상으로 광범위한 의견수렴, 선진경제국가들의 사례와 비교 검토하여 개선 방안을 제시하는 700페이지 분량의 '100대 핵심규제 완화과제'를 발표함으로써 한국 정부를 압박하였다.[21] 전경련은 '기업자율조정위원회' 설치(전경련 회장이 위원회 위원장)하여 전경련 스스로가 대기업 간 자율조정, 대기업과 중소기업 협력, 소비자보호에 관한 사항을 자율적으로 다루어나가겠다는 점을 밝히기도 하였다. 전경련은 1993년 정통부(당시 체신부)로부터 이동통신사업 신규허가 신청을 위한 단일 컨소시움 구성을 요청받았고, 전경련 '기업자율조정위원회'는 1994년 2월-4월 포철, 코오롱 그룹, 금호그룹 등 3개 컨소시움 대표사와의 합의를 토대로 민간자율조정을 성공적으로 마무리 짓는 성과를 나타내기도 하였다.[22]

---

20 윤홍근 2013, pp. 181-182.
21 전경련 50년사 vol. II. pp. 523-524.
22 전경련 50년사 vol. II. pp. 519-520.

(2) 국민의 정부 하에서의 전경련의 집단행동의 한계

전경련의 위상저하와 영향력 감축은 97-98년 외환위기 이후라는 점에 대해서는 이론의 여지가 없어 보인다. 한국을 대표하는 경제단체의 정상조직으로서 전경련의 위상이 흔들리기 시작한 것은 IMF 외환위기 이후이다. 전경련 위상 저하를 상징적으로 보여주는 사건은 김우중 대우그룹 회장이 1999년 2월 전경련 정기총회에 회장(25대)으로 취임했지만, 대우그룹이 위기에 빠지면서 1년 만에 전경련 회장 자리에서 물러나 해외로 도피한 일이었다. 전경련은 이때부터 지속적으로 리더십 및 리더십 승계의 위기를 경험하였다. 2000년 이후 전경련은 후임 회장직을 승계를 둘러싼 내부분열과 산고가 이어지게 되었다. 김우중 전임회장을 승계한 경방의 김각중 회장은 대형 재벌 그룹의 총수가 아니었다. 10대 재벌 총수 어느 누구도 회장을 맡으려 하지 않는 상태에서 최연장자란 이유로 회장을 맡은 것이었다. 전경련은 이후 이른바 '빅 4'나 혹은 '빅 10' 등 재계의 영향력 있는 오너 총수의 리더십 영향력과는 거리가 멀어지게 되었다. 김각중 회장의 후임으로 선출된 손길승 전 SK그룹 회장은 비자금 사건에 연루되어 중도 퇴진함으로써 이러한 리더십 위기가 일회적인 것이 아닐 수 있음을 보여 주었다. 그 이후에는 연장자로서 강신호 동아제약 회장이 선출돼 회장직을 이어받았지만, 회장직 수행과 연임 여부를 둘러싸고 논란이 일기도 하였다. 국민의 정부 하에서, 그리고 그 이후에도 전경련은 회장직 선출 과정에서 난산을 거듭했으며, 회장단이 사분오열되기 일쑤였다. 회장직 만장일치 추대 — 적어도 외양적으로는 — 라는 전경련의 오랜 전통의 가장 기본적인 집단행동의 미덕이 소멸되다시피 했음을 보여주었던 것이다.

전경련이 집단행동의 딜레마는 국민 정부 하에서 추진된 대기업 간 사업교환, 이른바 '빅딜'에 전경련이 직접 깊숙이 관여하면서 더욱 두드러지게 확대되었다. 국민의 정부 하에서 추진되었던 대기업 간 업종 사업교환, 이른바 '빅딜'은 전경련을 이끌어 온 재벌 그룹 내기업간의 집단행동의 한계를 뚜렷하게 보여주는 것이었다. 빅딜 이슈는 재계 내 대기업 간의 이해관계가 첨예하게 맞부딪힐 수밖에 없는 사안이었다. 모든 대기업들이 60년대에는 동시에 수출산업을 육성하고, 70년대에는 동시에 중화학 공업부문과 제조업에 투자하며, 그리고 80년대 초에는 똑같이 재정위기를 경험하게 되었다. '이런 동일한 조건과 환경 아래 대기업들은 금융과 세제상 특혜나 탈규제가 필요할 때 전경련을 통해 이를 성취하기 위한 집단행동을 효과적으로 조직화해낼 수 있었다. 개발경제 시대엔 대기업들이 거의 대부분 제조업 위주의 동일 업종에 뛰어들면서 수출 증진을 위한 정책지원과 금융 지원, 계열사 확장용인 등에서 한목소리를 낼 수 있었다. 90년대 후반 외환 위기기 닥치면서 사업영역 제한과 업종 전문화의 구조조정 이슈가 제기되었을 때 업종 간 이해관계를 달리하는 대기업 사이에 사활을 걸다시피 하는 대립은 불가피한 것이었다. 1990년대 경제위기 이전까지 한국 정부는 전경련을 정상 조직으로 하는 재계와 유착관계를 형성하면서 정경 간의 호혜적 거래가 가능할 수 있었고, 그 과정에서 재벌 그룹들은 똘똘 뭉쳐 단일 행위자로서 집단행동을 조직화할 수 있었다. 하지만 기업들이 공통의 목소리를 내기가 어려워지면서 집단행동 조직화의 매개체로서 전경련의 존재 의의도 차츰 빛을 잃어가게 되었다.

　　당시 자동차 업계는 극심한 내수침체로 설비의 절반을 놀리는 상황이었고, 현대전자와 LG반도체는 당시 거의 매해 큰 폭의 적자를 내고 있었다. 이 밖에 석유화학, 철강, 정보통신 등 5대 재벌의 주요 업종이 모두 심각한 과잉투자 후유증을 앓고 있었다. 대기업들은 부족한 자금을 조달하기 위해 회사채나 기업어음(CP) 발행 및 계열금융기관을 통해 시중자금을 마구 끌어 쓰고 있었다. 이러한 문제 해결을 위해 정부 경제부처 장관들과 5대 재벌 총수의 회합이 있었다.[23] 8시간 가까이 계속된 마라톤 회의에서 정부와 재계는 "경쟁력이 낮은 사업 분야에 대해 사업교환을 포함한 과감한 구조조정 방안을 재계가 자율적으로 마련해 추진하고 정부가 적극 뒷받침하기로" 합의했다. 그동안 빅딜의 필요성 자체에 대해 부정적이었던 재계는 그 필요성을 공식적으로 인정하는 대신, 전경련을 중심으로 시장경제 원리와 기업자율 원칙 아래 구체적인 방안을 마련해서 추진한다는 입장을 고수하였다. 전경련의 빅딜 안은 각 그룹에서 파견된 실무 대표자 회의에서의 팽팽한 줄다리기 끝에 마련되었다.

1999년 12월로 시한을 정해 놓은 빅딜 과정 가장 큰 논란의 대상이 되었던 것은 반도체 부문의 구조조정 방안이었다. 빅딜추진 방안에 대해 LG 그룹은 저항하였지만 끝내 LG반도체를 현대전자(현 하이닉스반도체)에 넘겨주어야 했다. LG 그룹은 정보통신 부문에서 새로운 기회를 확보했지만, 전경련 주도의 빅딜 추진에 저항적인 입장이었다. 통합회사의 경영권을 두고 LG와 현대가 치열한 줄다리기를 벌였고, 전경련이 추

---

23 이 자리에 참석한 경제부처 장관들은 이규성 재경부 장관, 강봉균 청와대경제수석, 전윤철 공정거래위원장, 이헌재 금융감독위원장 등이었고, 재벌 총수로는 김우중 전경련회장대행, 이건희 삼성회장, 정몽구 현대회장, 구본무 LG회장, SK 손길승 회장이 참석하였다.

천한 미국 ADL사의 컨설팅 보고서를 토대로 전경련은 현대전자의 손을 들어 주었다.

LG 그룹은 산업의 인위적인 구조조정보다는 시장원리에 맡겨두어야 한다고 주장하였으며, 빅딜이 전경련 중심으로 추진되었기 때문에 편향된 결과가 나타난 것이라고 반발하였다. LG 반도체를 정상 궤도에 올려놓기 위해 미국 인텔사와 협상하고 있던 LG 그룹은 인위적인 빅딜 없이도 시장경제 원리에 따라 머지않아 각 분야에서 동종 기업 간 M&A가 이루어질 것이고, 그럴 때면 형편이 나은 LG 반도체가 현대반도체를 인수 합병할 수 있을 것이라고 믿었었다. 그렇지만 한국 정부는 만기대출금 회수 등 금융제재 위협으로써 전경련 주도의 빅딜 추진을 뒷받침해 주었다.

LG 그룹은 전경련이 반도체 빅딜에 촉매 역할을 했다고 보고 '불공정과 편파'를 이유로 즉각 전경련과의 결별을 선언하였다.[24] 이후 LG 그룹 계열사들은 전경련에 대하여 이전 수준의 특별 분담금 기여를 거부하고 있고, 그룹 회장은 아주 최근까지 전경련 회장단 회의에 불참하는 등 전경련과 거리를 두고 있다. LG 그룹은 2003년에 전경련이 삼성전자의 수도권 규제 문제에 대해 해외 기업과의 역차별 보도 자료를 내면서 해외 기업으로 LG필립스 LCD를 지목하자 여기에 크게 반발하기도 했다. 당시 구본무 회장이 "전경련 회비를 낼 필요가 있느냐"며 격앙된 모

---

24 LG 그룹. 2007. '고객에 대한 열정, 미래를 향한 도전-LG 60년사': 여기서 "보고서 공개 직후 현대전자 중심의 빅딜을 받아들일 수 없음을 분명히 했지만 불응할 경우 채권은행을 통한 만기대출금 회수 등 금융제재를 피할 수 없었다"며 "정부는 대국민 약속사항이라며 엘지의 결단을 촉구했다"고 빅딜에 아쉬움을 표시했다.

습을 보인 것으로 알려져 있다. 2003년 이후 삼성그룹 출신인 현명관이 전경련 상근 부회장으로 있을 때에는 전경련이 삼성에 지나치게 편향되었다는 비판을 가하기도 했는데, 현대차 그룹 등 다른 재벌 그룹들도 이에 대한 경계와 우려를 공유하고 있었다. 전경련에 대해 '삼경련'이라는 비아냥조의 비판이 가해진 것도 이러한 배경 하에서였다.

5장 스웨덴 SN의 조직체계 및 활동양식의 변화

1. 통합 재계 단체 SN 출범의 배경

스웨덴 재계단체의 활동과정에서 가장 획기적인 전환점은 2002년 '스웨덴 사용자 연합' SAF와 '스웨덴 제조업 협회' SI가 통합하여 '스웨덴 경제인 연합' SN(Svenskt Näringsliv)으로 출범한 일이다. SAF는 1930년대 37개의 단체회원사, 1960년대 45개의 단체 회원사로 정점에 이르다가 1990년대 다시 34개의 단체회원사로 구성되어 있었다. 2002년 SAF가 '스웨덴 제조업연합'(SI: Swedish Industrial Association)과 통합하여 출범한 '스웨덴 경제인연합'에는 2015년 현재 49개의 단체회원과 6만여 개의 개별 기업이 회원사로 있다. SN에 속해 있는 전체 기업에 고용되어 있는 근로자 총수는 150만여 명이다. 최근 SN 회원사 구성의 두드러진 특징

가운데 하나는 중소기업 회원사들의 참여가 늘어가고 있고, 회의체에서 중소기업들의 목소리와 영향력이 커져 가고 있다는 점이다.

SN의 정관은 재정기여금 규모가 큰 기업들에게 각종 회의체 구성에 더 큰 대표권을 인정하고 있다. 회원사들로부터 갹출되는 연회비 등 재정 기여금은 기업이 고용하고 있는 근로자 인력규모와 급여총액 등 재정규모에 비례하여 분담하도록 되어 있으며, 상임위원회 등 회의체 구성 과정에서 위원 선임은 재정기여 규모에 비례하여 그 수를 정하도록 되어 있다.

"회원 기업은 협회와 제7조 문단 2에 언급되는 법인에 연회비를 납부해야 한다. 본 회비는 해당 기업의 급여 총액, 부가가치 혹은 다른 산출 근거와 연관되어 산출된다."(SN 정관 제 21조: 회비)

"회원 기업이 전 역년 동안 협회 회비를 물가기준 할당액(Price base amount)[1]의 최소 125배를 납부했다면 회원 기업은 위원을 1명 지명할 수 있으며, 회비가 물가기준 할당액의 250배에 달한다면 위원을 2명, 물가기준할당액의 500배에 달한다면 위원을 3명, 최소 1천배에 달한다면 위원을 4명 지명할 수 있다. 회비가 물가기준 할당액의 125배 이하이지만 최소 25배 이상에 달하면 회원은 대리인을 1명 지명할 수 있다"(제 8

---

1 물가기준 할당액(Price base amount)은 스웨덴 정부가 1년에 한 차례 발표하는 소비자 물가지수를 고려한 회비산정 기준액을 의미한다. 즉 인플레이션이나 물가상승에 따른 가치하락이 반영되지 않도록 하는 계산법을 적용하다는 취지를 반영한 것이다.

조: 상임위원회 구성)

SN 집행부는 공식적으로는 SN의 대정부 활동 과정에서 제시하는 구체적인 정책 지향은 대기업에 유리하거나, 중소기업들에게 불리하게 작용하지 않도록 중립성을 유지하는 것이라고 천명하고 있다.

"SN 집행부는 대기업이나 중소기업을 특별히 구분하지 않는다. 정부에 요구하는 정책들은 스웨덴 모든 기업들에게 혜택이 돌아가도록 한다. SN은 기업의 규모에 차등을 두지 않으며, 중립적인 역할을 하고 있다. 하지만 스웨덴 법 자체가 대기업에 유리하게 되어 있고, 대기업 총수와 정치인 간의 인적 네트워크가 대기업에 유리하게 작용한다고 볼 수 있다. SN은 소규모 기업을 위해서 오히려 더 많은 역할을 해주는 측면도 있다. 왜냐하면 대기업들은 SN의 단체 힘에 전적으로 의존하지 않고, 자체적인 로비 역량이 있기 때문이다. 배경이 없는 중소기업들이 SN의 활동에 더 크게 의존한다고도 볼 수 있다"[2]

SAF를 움직인 것은 대기업들이었다. 하지만 재계 단체 통합으로 출범한 SN에는 중소기업 회원사들이 신규참여가 크게 늘어나게 되었다. 통합에 참여한 스웨덴 제조업 연합(SI)에 중소 제조업 회사들이 참여하고 있었기 때문이다. SI 운영 과정에서도 대기업의 영향력이 크게 작용하기는 했지만, 수적으로 압도하고 있는 중소기업들의 영향력과 균형을

---

2   SN 산하 싱크탱크 Timbro 소속 경제정책전문가 Malin Sahlen과의 인터뷰(일시 2014. 4. 1/장소 Timbro).

이루고 있었다. 두 대형 재계 단체의 통합에서는 두 단체에 이중적인 멤버십을 유지해 왔던 회원사들의 강력한 요청에 따른 것이었다.[3]

통합 이전 SAF에 참여하는 신규 회원 단체는 대개의 경우 동일 업종에 속해 있거나 동일 품목을 생산하는 기업들이 모여 새로운 단체를 결성한 다음, SAF에 회원단체로 등록하는 경우가 대부분 이었다. 소속 업계 단체의 배경을 갖지 못한 개별 기업회원사들은 SAF 운영과정에서 공동의 목소리를 내기 위해 집단행동을 하기도 하였다. SAF 내 '일반그룹'(Almega)은 그 결과로 나타난 SAF 내의 소규모의 별동 조직처럼 활동하였다(Geer 1992, p. 108). '일반그룹'은 SAF에 참여하고 있는 개별 기업 회원들의 집합체로 1921년부터 SAF 내 독립결사체의 지위를 누리며 활동해 오고 있다. Almega는 SAF가 대규모 회원 단체와 대기업 중심으로 움직이는 것에 저항하는 일에 활동의 초점을 맞추고 있다. 그럼에도 불구하고 SAF는 의사결정 과정에서 대기업의 영향력이 절대적이었다.

이에 비하여 SI에는 출범 초기부터 업계 단체를 결성하거나 기존 업계 단체에 참여할만한 여력이 없는 중소기업들이 개별 회원사 자격으로 등록되어 있었다. 다시 말하자면 SAF와 SI에는 출범 초기부터 단체회원과 개별 기업 회원들로 구성되어 있었다는 점에서는 마찬가지이지만, SAF 운영과정에서 지배적인 영향력을 행사한 것은 규모가 큰 단체회원들이었고, SI는 SAF보다 중소기업들의 목소리가 컸던 것이었다. 스웨덴 재계 정상조직으로서 SN은 출범한 후에도 여전히 SAF 작동체계의 근간을 유지하고 있다. 하지만 SN의 조직편제는 SAF와는 사뭇

---

3 SAF 부회장 Janerik Larsson과의 인터뷰(일시 2014. 4. 1/장소 Timbro).

달라져 있다.

SN의 주요 활동재원은 회원사들이 내는 회비와 연금 기여금 등 이다. SN는 LO와 50대 50의 지분으로 3개의 보험 및 연금 회사를 운영하고 있다. 여기에는 블루칼라 피고용자를 위한 보험사(AMF), 화이트칼라 피고용자를 위한 보험사(ALECTA), 사고보험용 보험사(AFA) 등이 포함되어 있다. 정상 이익조직으로서 극성스럽게 정치 투쟁을 일삼는 스웨덴 노조와 직접 대결해야 했던 1970년대 중후반부터 1990년까지 SAF는 회원사로부터 거두어들이는 회비를 2배 수준으로 확충하였다. 하지만 SAF는 1991년 회원사 회비를 크게 감축시켜 나간다는 계획을 실행에 옮겨 나가기 시작하였다. 그 결과로서 1991년 전체 총 수입의 55%에 이르던 회원사 회비 총액은 2000년에 이르면 17% 이하 수준으로 크게 줄어들게 되었다.[4] SN은 회원들의 회비의존도를 크게 낮추었음을 알 수 있다. 이러한 조치는 회원사들로부터의 압박이 크게 작용한 것이었다.[5]

〈표 6〉 스웨덴 재계단체(SAF/ SN)의 재정수입 구조

년도	회원사회비*	전체수입 중 회비수입	보험기금*
1991	0.38(SEK)	54.7%	4,011(SEK)
1994	0.10 + 0.12+	38.4%	4,758
1997	0.03 + 0.09	20.3%	5,653
2000	0.054 + 0.066	16.6%	5,896

출처: SAF의 Annual General Report(Pestoff 2006, 83, Table 4.3에서 재인용 발췌).

---

4   Pestoff 2006, pp. 83–84.
5   위 Janerik Larsson과의 인터뷰(일시 2014. 4. 1/장소 Timbro).

*회원사 회비와 보험기금은 근로자 1인당 회원사가 SAF/SN에 납부하는 회비
  (Swedish Krona).
+ 1993년부터 회원사 회비를 더욱 감축하는 대신, 근로자 1인당 service fee를 납부함.

SN의 회원사로 등록되어 있는 개별 회사들은 이들 보험사에 대해
피고용자 수를 따져 연금부담금(pension due)를 내야 한다. SAF가 SI와
통합을 추진한 것은 회원사들의 압력에 의한 것이었는데, 회원사들의
가장 주요한 통합 동기는 결국은 '돈' 문제였다.[6] SN의 회원사로 등록된
개별 기업들은 산별 소속 단체(member organization)에 멤버십 피를 내야하
며, 또한 SN에도 멤버십 피를 내도록 되어 있다.

"SAF/ SN의 변천사를 좌우한 것은 결국은 '돈'의 힘이다. 또한
SAF/ SN의 작동체계를 좌우하는 것도 '돈'의 힘이다. 그리고 SN의 가
용 재원은 단체회원사와 개별 기업들이 기여하는 이러한 '돈'이다"(SAF
부회장, 현 SN 고문 Janerik Larsson과의 인터뷰)

Janerik Larsson은 1991년 SAF의 정부위원회로부터의 철수, 2001년
3월 SAF와 SI의 통합을 결정하게 된 가장 주요한 동인은 결국 '돈' 때
문이었던 것으로 설명하고 있다.

"1991년 SAF의 철수 결정은 회비를 납부하는 회원사들의 압박 때
문이었다. 회비를 내는 만큼, SAF가 정부위원회 참여함으로써 얻어내
는 것이 없다는 비판에 직면해서이다. 당시 사민당 정부가 LO에 친화적

---

6   위 Janerik Larsson과의 인터뷰.

일 수밖에 없었고, 결과적으로 SAF는 정부위원회 참여로 이익을 반영하기보다는 LO와 사민당 정부가 주도하는 회의체에서 '정치적 들러리' 역할밖에 못한다는 비판이 회원사들로부터 가해졌다"

"SAF와 SI의 통합은 이들 두 단체에 소속되어 있던 기업들이 첫째, 두 단체에 회비를 내는 것을 부담스러워 했고, 둘째, 더 크고 강력한 통합 단체의 출현으로 더 큰 영향력 행사를 기대했기 때문이다"

재계 단체의 활동 재원을 부담하는 회원사들로부터 가해지는 압박이 재계 단체의 조직편제와 작동체계의 변화를 가져 온 가장 주요한 이유라는 것이다. Larsson은 2001년 통합 결정 역시 양 단체에 멤버십 피를 내어야 하는 회원사들이 회비부담을 줄여야 한다는 동기가 크게 작용한 것이며, 통합으로 단체의 파워가 커질 것으로 기대했기 때문으로 설명하고 있다. 회원사들은 LO에 버금가는 크고 강력한 재계 조직의 출범을 원했다는 것이었다. 또한 두 단체의 회의체에 참여하는 회원사들 대표들이 거의 비슷한 사안을 다루는 두 기관의 의사결정 과정에 이중으로 참여하는 불편을 겪어 오던 차였기 때문에 통합해 놓으면 한 번의 참여로 부담이 줄어들 수 있다는 기대감을 가졌다고 설명하고 있다.

2. SN의 조직편제 및 작동체계

회의체: SN 최고의 공식적인 의사결정 기구는 1년에 한번 개최되

는 정기총회이다. 정치총회에는 현재 350여 명의 단체회원 대표들이 참석하고 있다. 각 단체회원사 별로 SN에 납부하는 회비의 크기에 따라 최대 10명까지의 대표들을 선출해서 정기총회에 참석하도록 한다. 이 연례 정기총회에서 이사회를 구성하는 이사 선출을 공식화한다. 현재 SN 이사회(Board of Director)는 82명의 이사들로 구성되어 있다. 이중 60명은 회원조직의 공식 대표들로 구성되는 이사들이고, 22명은 비상임 이사(그때그때의 사안별 이사회에 한시적으로 참여하여 활동할 수 있는 권한을 갖고 있는 주요 단체의 '비상임 한시 이사')이다. 이사진 구성과정에서의 단체회원사들이 선출하는 이사의 수자는 단체회원사 소속 회원기업들이 내는 회비의 크기에 따라 차등 분배된다. 정기총회에서의 투표권의 크기도 회원사들이 납부하는 회비의 크기에 따라 차등 배분된다. 이사회를 구성하는 이사 가운데 48명의 이사들과 22명의 비상임 한시 이사 선출권은 단체회원사들이 직접 행사한다. 연례 정치총회에서는 12명의 이사를 추가 선출하고, 이사회를 이끌어갈 이사장(Board Chair)을 선출한다. 이사회에서는 3명의 부회장(Vice Chair)를 선출한다. 이사회에서는 SN을 공식 대표하는 대표이사(Director General)를 선출한다. 대표이사 회장은 비상임으로 회원사의 총수가 맡는 경우가 대부분이고, 부회장은 기관회원사로부터 경력을 쌓은 단체 활동 전문가가 상임으로 활동한다. 이사회는 또한 현안별 실무위원회(working committee) 구성하는 실무위원 선출권을 행사한다.

산하 조직편제: SN 산하 조직으로는 크게 커뮤니케이션 담당부서와 정책사안별 전문가 그룹(Policies & Experts) 부서, 사용자로서 노동시장 담당부서 등 3개의 주요 부서로 구성되어 있고, 전체 인력규모는 150명 정도로 알려져 있다. SN의 조직편제 구성에서 눈에 띄는 것은 다음과

같은 점들이다.

첫째, 커뮤니케이션 담당부서에는 발간물 편집 전문가, 미디어 홍보 전문가, 지역담당 홍보전문가 그룹 등의 하부조직을 갖는데, 150여 SN 스탭 가운데 60명 정도가 이 부서에 배치되어 있다. 정책사안별 전문가 그룹 부서는 그때그때 SN이 중요한 정책사안으로 다루는 이슈를 중심으로 구성되는데, 현재에는 환경, 교통, 고등교육 등의 전문가 그룹으로 구성되어 있다. 커뮤니케이션 담당 스태프들은 SN 내 정책전문가 그룹들의 조사연구 성과물을 언론 미디어나 일반 대중을 상대로 하는 홍보 매체를 통해 널리 확산시키는 역할에 주력하기도 한다. 커뮤니케이션 담당부서가 압도적으로 큰 규모의 스태프 사이즈를 가지고 있는 것은 SN이 통합 과정에서 SI의 중점 역할을 그대로 승계하였다는 점을 말해 준다. SI는 수출지향적인 제조업과 IT 분야의 대기업들이 단체 활동을 주도하였는데, 이들 기업들은 기업 활동의 자유, 시장원리의 확산, 수출 확대를 위한 정부정책을 촉구하면서, 이러한 정책지향에 대해 대민홍보 활동과 대정부 정책변화 추구 활동에 치중해 오고 있었다. 조직편제 상으로 SN은 언론 미디어를 통한 여론 형성과 대정부 로비활동에 치중하고 있음을 알 수 있다.

둘째, 노동시장 담당 부서에서는 연금, 세금, 보험 이슈를 다루는 전문가들로 구성되어 있다. 이는 SN이 사용자 단체로서 SAF의 기능을 계승하고 있다는 점을 말해 준다. SN이 사용자 조직으로서의 정상 조직임을 확인할 수 있게 하는 내부조직 편제이다. 이 부서는 SN 내부에서는 일반적으로 단체협상 부서(collective bargaining) 부서로 불리어지고 있다. 이 부서의 핵심적 의사 결정 기구는 '임단협 심의위원회'가 있다. 이 위원회는 개별 단체회원사의 단체협상을 최종 심의해서 승인하는 권위를 가진다. 위원회는 49개의 단체회원사들의 유력 업종(소매업, 제조업, 교통, 건설업 등)의 대표 단체들을 대표하는 인사들로 구성되는데 통상 업종별 업계 단체의 대표 5-6명이 이 위원회 구성 멤버이다.

SAF는 1991년 중앙 임단협 폐지를 주장하면서 스스로 조직 내부에서 임단협 부서를 폐지한 바 있지만 스웨덴 제조업 협회와의 통합 과정에서 임단협 부서를 공식적인 조직 편제로 다시 신설했음을 알 수 있다. 그러나 SN의 신설 임단협 부서는 LO와 직접적으로 단체 협상에 나서지는 않으며, 단체회원사나 개별 회원사 기업들에게 협상을 위한 가이드라인을 제시하고, 산별 임단협 결과를 승인하는 역할을 맡는다. SN 임단협 부서는 산별 단체의 임단협이 원만하게 진행되지 못하고 큰 사회적 문제를 야기하는 사안에 대해서만 관여하는 것으로 알려져 있다. 그렇다고 노조와 직접 협상에 나서는 것은 아니고, 산별 사용자 단체의 대표들과 협의를 해 나가며 협상 타결을 유도한다.[7] 스웨덴은 최저임금제 법이 없다. 노사 간의 자율합의에 의해 임금 수준이 결정되면 그것이 어떠한 수준의 것이라도 법적으로 전혀 문제가 되지 않는다. SN 협상부서는 노사 간 임단협의 자율 타결을 유도할 뿐이다.

SN의 사용자 조직으로서 역할은 매우 제한적으로만 이루어지고 있다. SN은 개별 회사의 노사협상에는 어떠한 경우에도 전혀 관여하지 않는다. 단체 간 협상의 결과가 크게 차이가 나지 않도록 조정하는 역할을 하는데 주로 막후에서 자율타결을 중재하는 조정자 역할을 할 뿐이다. 하지만 SN 임단협 부서가 관여해서 이끌어 내는 조정안은 파급

---

[7] Janerik Larsson과의 위 인터뷰.

효과가 매우 크다. 예컨대 2014년에는 SN은 단체협상총괄부서를 통하여 건설업 분야의 노사협상 타결에 직접 관여하기도 했다.[8]

스웨덴 전체 근로자의 90% 정도가 SN이 관여하는 단체협상의 영향권이 있는 것으로 알려지고 있다. SN의 멤버가 아닌 기업들도 SN의 영향권 아래 있는 단체협상의 영향을 직접적으로 받기 마련이다. SN이 주관하는 협상과 합의안은 비회원사 기업들의 협상에 실질적 가이드라인이 되며, 비회원사들의 노사협상 과정에서 결정적인 기준을 제공하기도 한다. 비회원사 노사양측이 SN 중재안에 의해 크게 영향을 받는다. 노조는 노조대로, 사용자는 사용자대로 서로에 대해 단체에 가입하겠다는 위협 카드를 행사하는데, 단체가입으로 노동자들의 멤버십 피 부담이 늘어나는 것이기 때문에 SN의 협상 중재안을 거의 그대로 수용한다는 것이다.

"SN은 단체협상에 직접 당사자로 참여하는 것은 아니다. 하지만 단체회원사 간의 협상 결과가 균형을 이루도록 강력한 조정활동을 행한다. 법적 구속력을 갖는 결정을 내리는 것은 아니지만, 매우 실질적으로 강력한 권한을 여전히 행사하고 있다. 단체회원사들도 SN의 권위를 존중하며, 조정안을 무시하지 못한다."[9]

---

8 위 인터뷰.
9 Anders Edholm(전 Elrectolux, 현재 SN 정치전략 전문가, 대외 커뮤니케이션 실무총괄책임자)와의 인터뷰(일시 2014. 4. 3/장소: SN).

3. 스웨덴 모델에 대한 SN의 기본 입장

스웨덴 모델에 대한 SN의 기본 입장은 다소 모호하다. 스웨덴 재계는 스웨덴 모델에 대하여 '정치 협상을 통한 시장 법칙의 인위적 제어'라는 교과서적 관점을 채택하고 있다. 그럼에도 불구하고 스웨덴 모델이 재계의 이익에도 부합된다는 판단에서 이 모델 형성의 공동 주도자로 참여했다. 스웨덴 재계 단체는 중앙 임단협과 정책협의제라는 두 제도적 요소를 근간으로 작동하는 스웨덴 모델의 공동 기획자였다. 재계는 두 제도적 요소가 임금억제의 경제적 성과를 지속적으로 창출함으로써 스웨덴 기업들의 국제경쟁력 강화에 기여할 수 있을 것으로 기대하였다. 스웨덴 모델에 대한 재계의 기대는 이러한 제도적 장치를 통해 임금인상 억제와 산업 평화를 이룰 수 있다는 기대감에서였다. 하지만 스웨덴 재계의 정상조직의 위상을 지켜 왔던 SAF는 스웨덴 모델의 두 핵심적인 제도적 요소를 일방적으로 폐지하는 데 앞장섰다. 1991년 SAF가 정부조직의 각종 조합주의 회의체로부터 대표들을 일방적으로 철수시키는 조치를 단행할 때 SAF가 공식적으로 채택한 문건에는 '조합주의여 안녕'('Farewell to Corporatism')이라는 문구를 전면에 채택하였다.

재계의 통합 정상조직으로서 SN은 스웨덴 모델의 폐해에 대한 비판과 제도개혁을 주창했던 SAF의 기본 입장을 그대로 승계하고 있다. 공식적으로 SN의 인사들은 스웨덴 모델 그 자체를 배격하지는 않는다는 입장을 나타내고 있다.

"스웨덴 재계와 그 이익을 대표하는 SN이 스웨덴 모델 그 자체를 거부하는 것은 아니다. 스웨덴 모델이 노사 협상을 통한 산업평화와 노동시장의 안정화에 기여한다는 점을 충분히 인정하고 있다. 다만 SN이 거부하는 것은 노사자율 협상이 아니라, 연대투쟁 등의 정치적 투쟁이다. SN은 스웨덴 노조가 사민당 정부와의 유착하여 정치투쟁으로서 노동운동을 지속하는 것을 단호하게 거부하는 것이다."[10]

SN을 대표하는 대외 커뮤니케이션 담당자에 의하면 스웨덴 재계 단체가 스웨덴 모델의 공동 기획자로 나선 것은 스웨덴 모델이 자유 기업, 자유시장을 지향한다는 전제 하에서였다. 1990년대 이후 최정상 사용자 조직으로서 SAF가 중앙 임단협 및 정책협의제 폐지를 서둘러 주도한 것은 스웨덴 노조가 정치투쟁을 통해 스웨덴 모델의 중요한 한 축을 이루고 있어 오던 경영자율권과 사적 소유권 제도의 근간을 흔들기 시작했다는 판단 때문이었다. SN의 공식적 입장은 여전히 SN이 스웨덴 모델을 구성하고 있는 하나의 요소이고, 스웨덴 모델의 한 부분으로 작동하고 있다는 것이다. 다만 스웨덴 모델의 부정적 유산에 대해서는 우려감을 갖고 있으며, 이에 대해서만은 단호하게 비판적인 입장을 견지하고 있다. 예컨대 연대파업, 연대임금, 경영자율권 및 사적 소유권 제한을 도모했던 입법 추진 등을 스웨덴 모델의 적폐로 지적하고 있는 것이다.

---

[10] 위 Janerik Larsson과의 인터뷰.

6장 전경련 조직체계 및 정치활동 양식의 변화

1. 한국 정부-기업관계의 특수성과 전경련

오늘날 한국 재계의 이익을 대표하는 주요 경제단체로는 전경련과 경총, 대한상공회의소, 무역협회, 중소기업협동조합 중앙회 등이 있다. 이들 경제 단체 가운데 가장 영향력이 큰 경제단체가 전경련이라는 데에는 이론의 여지가 없다. 그러나 〈표 7〉에 나타나고 있는 바와 같이 전경련의 영향력이 회원사 수의 규모나 보유하고 있는 자산 규모에서 오는 것이 아님을 알 수 있다. 전경련은 연간 예산 규모 면에서 최대도 아니며, 역사적으로 가장 오래된 조직도 아니다. 전경련의 높은 위상은 그것이 한국 재벌 그룹의 강력한 영향력 아래서 한국 재계의 이익을 대표하는 재계단체라는 데에서 기인한다. 전경련의 가장 큰 본질적 특징은 그것이 대기업 총수들의 회의기구라는 데 있다. 전경련에 대해서 '오너클럽'이니 '재벌총수 사교클럽'이라는 식의 다소 냉소적인 성격 규정이 나오는 것도 바로 이 때문일 것이다.

<표 7> 경제 5단체 현황

명칭	전국경제인연합회	대한상공회의소	한국무역협회	한국경영자총협회	중소기업협동조합중앙회
설립연도	1961년	1884년	1946년	1970년	1962년
설립목적	대기업의 정보교환, 업무협력, 친기업 환경 조성	상공업에 관한 종합조정, 지자체 건의, 상공업의 경쟁력강화, 진흥에 기여	무역진흥 및 민간 통상협력, 무역인프라 구축, 조사 연구, 정보제공 및 자료간행, 해외시장개척	노사 간 협력체계 확립, 기업경영 합리화, 합리적 노사관계와 산업평화정착, 경제발전 도모	중소기업의 경제적 지위향상, 중소기업 권익 대변
주요활동	·국내외 각종 경제문제 조사연구 ·주요경제현안 및 정책 사안에 대한 대정부 정책건의 ·외국 경제단체, 국제기구와의 교류 및 협력 ·자유시장 경제이념 전파, 사회공헌	·정책대안 제시 국제통상 진흥, 민간 경제활동 ·정책, 경영정보 제공·교육연수 ·중소기업의 정보화·전자상거래 지원 ·기업사랑운동 전개, 정부위탁 업무, 공동사업, 공익사업 수행	·무역정책 건의, 해외 시장 무역정보 제공 ·민간통상외교, 경제 협력 ·무역센터 발전무역 인프라 구축, 인력양성 ·글로벌 바이어-셀러 매칭	·노동법 제, 개정대책사업 (노사정위원회) ·입법건의와 회원사 의정활동지원, ·고용규제 등에 대한 대책활동, ·건강보험, 국민연금등 사회복지 제도에 대한 정책활동등	·중소기업조사 연구·정책 건의 ·협동조합 조직화 공동사업 추진지원 ·중소기업사업 영역 보호, 대중소기업 협력 등
회원	·업종별 단체 67개, ·일반기업 437개사	·서울상의 등 전국지방상의 71개 ·회원사 13.5만여 개, 특별회원 94개 단체	·회원사 65,000개	·전국 회원사 약 4,000여 개 (중앙 경총 소속은 400여 사)	—
임직원수	98명	250명	255명	75명	295명

연간 예산	370억 원	230억 원	2295억 원	59억 원	164억 원
자산	390억 원	1604억 원	1조 2608억 원	150억 원	5516억 원

전경련은 단순한 재벌 대기업의 회의체인 것만은 아니다. 전경련의 높은 위상과 강력한 영향력은 1961년 출범 이후 한국 경제의 성장을 정책적으로 뒷받침해준 한국 정부의 경제계 파트너였고, 한국에서 정부-기업 간 교호작용 접면(interface)의 가장 주요한 행위자였다는 점에서 기인하는 것이라고 할 수 있다. 60년대 이후 한국의 압축적 경제 성장은 박 대통령의 리더십이나 한국 경제 관료들의 우수함, 경제부처 간 효과적인 정책조율의 산물로서만 설명될 수 없으며, 한국 기업들의 탁월한 시장 전략에 그 탓을 돌릴 수도 없다. 한국의 경제성장은 한국 정부와 기업 간, 특히 한국 정부와 재벌 기업 간의 복합적이면서도 교묘한 정경유착적 교호작용의 산물이었다. 한국 정부는 자원과 기회의 선별적 제공자로서 대기업의 성장과정을 정책적, 제도적으로 뒷받침해주는 선별적 유인제공자였다. 그런가 하면 한국의 대기업들은 정부 정책의 시장 구현자이면서 동시에 공공부문 행위자―정치인과 관료―의 필요와 기대를 충족시켜주는 유착 파트너였다.

60년대 한국 기업들은 자력으로 기업을 일으킬 수 있을 만큼 축적된 자원과 경험을 갖지 못하였다. 부정부패 스캔들로 얼룩진 상태에서 쿠데타로 정권을 차지한 박정희 정부의 압도적인 정치권력에 무력하기도 했던 한국 기업들은 한국 정부의 고분고분한 순응자일 수밖에 없었다. 개별 기업들로서는 한국 정부가 맞상대하기 벅찬 상대였기 때문에 비슷한 처지에 있던 기업들 간의 집합적 대응이 최선이었다. 짧은 기간

내의 성공적인 경제 개발을 목말라했던 한국 정부로서도 개별 기업을 일일이 맞상대하기보다는 일사불란하게 지시를 내리고 협조를 구할 수 있는 집단 대화의 창구를 마련하는 것이 최선이었을 것이다. 61년 전경련 출범은 한국 정부와 기업 간 이러한 이해관계가 맞아 떨어진 산물이었다.

전경련은 태생적으로 대기업 이익의 대변기구로서 만들어지긴 했지만 60−70년대 경제개발 초기에 외자 도입, 수출 공단 조성, 국책 공사의 업체 간 교통정리 등 경제계 최고의 '정상조직'(peak organization)의 위상을 지켜올 수 있다. 전경련은 60년대 이후 줄곧 한국 정부의 경제 개발정책의 시장구현자로서 기능하면서 국가 경제성장에 기여함으로써 스스로의 막강한 정치적, 정책적 영향력을 실증해올 수 있었다. 전경련은 이 과정에서 한국 기업들의 집단행동 조직화의 매개체로 기능하였다.

전경련의 가장 중요한 회의체는 재벌급 대기업 총수들의 모임인 회장단 회의이다. 회장단 회의는 공식적으로 1년에 다섯 차례의 정기회의가 있었고, 내부 필요나 정부의 요청에 따라 수시로 회의가 소집되기도 하였다. 전경련 회장단은 대통령과의 면담, 총리와 경제부처 장관들과의 경제 간담회, 국회 상임위원회 소속 의원들과의 간담회 등을 통해 정부 여당의 정책형성과정에 영향력을 행사할 수 있었다. 또한 다른 경제단체 대표들과의 경제단체 대표자 회의를 주도함으로써 재계의 입장 조율에도 앞장설 수 있었다. 회장단의 활동이 아니라 하더라도 전경련은 정부의 정책형성 및 결정과정에 영향력을 광범위하게 침투시킬 수 있었다. 전경련 실무진들은 경제부처 관료들과의 간담회 개최, 정부여당이 주최하는 공청회 참여, 국회 경제관련 상임위원회 소속 의원 면담, 상임위 전문위원들과의 회합 등을 통해서 거의 일상적으로 정부 정책에 관여해 나갈 수 있었다.

회장단 회의를 주도하는 것은 전경련 회장을 맡은 대기업 총수의 몫이었다. 전경련 회장직은 가장 영향력 있는 그룹의 총수가 돌아가며 맡는 것이 전경련의 오랜 관례였다. 초창기 전경련 회장직 선출은 정부―경제부총리나 총리, 경우에 따라서는 대통령―의 선호가 적지 않게 작용한 것으로 알려졌다. 그렇기 때문에 초창기 전경련 회장 가운데에는 재임 기간이 매우 긴 경우가 있었다.[1] 전경련 회장은 '재계 대통령'이라는 별칭이 부여될 정도로 특별한 예우를 받았고, 경제부처 장관이나 총리, 때로는 대통령과도 독대의 기회가 주어졌다. 1999년 김우중 회장 퇴임 이후, 회장직 선출과정에서 큰 분열상이 외부에 표출되기 전까지 전경련 회장직은 주요 그룹 회장들 사이의 사전 교감과 물밑작업에 의해 적어도 표면적으로는 만장일치로 결정되었다. 전경련 정관에 따르면 회장은 총회에서 회원사들이 선거로 뽑게 되어 있지만, 이는 형식적인 절차일 뿐이다. 전경련 회장은 전임회장단과 원로들이 사전 의견 조정을 통해 연임을 결정하거나 후임 회장을 추대해 왔다.

전경련의 가장 중요한 의사결정 기구는 20명의 대기업 총수들로 구성된 회장단 회의이다.[2] 전경련의 중요한 안건은 회장단 회의에서 최종

---

1 김용완 경방회장은 제4-5대(1964-66년), 제9-12대(1969-77년) 총 12년 동안 전경련 회장직을 역임하였고, 정주영 현대회장은 제13-17대(1977-1986) 회장으로 총 10년 동안 역임하였다. 90년대 이후에는 예외적으로 최종현 SK 그룹회장이 1993년부터 98년까지 제21-23대 회장직을 역임하였다. 이들의 공통점은 대통령의 최측근 경제인이었다는 점이다.

2 전경련은 매년 1·3·5·9·11월 등 다섯 차례에 걸쳐 정례 회장단 회의를 연다. 현재 전경련 회장단은 허창수 회장과 정병철 상근부회장을 포함해 총 21

확정된다. 전경련 회장단 회의는 한국 재계의 집단행동을 실질적으로 좌우하는 최고 수준의 의사결정체였다. 회장단 회의는 재계 집단행동 조직화를 위한 회의체로서 전원 합의제의 오랜 전통을 이어올 수 있었다. 회장단 회의에서는 주요 안건에 대하여 표결까지 가는 경우는 거의 없었다. 회장단 회의에서는 회장직을 맡은 재벌 총수의 리더십 발휘와 권위 표출이 관건이었다. 각 그룹 간 이해관계의 차이는 사전협의를 통해 조율될 수 있었다. 사전협의 과정에서는 회장의 리더십과 사무국 전문 스태프진의 실무적 관리 역량(governing capacities)이 중요했다. 회장단 회의의 전원 합의제 전통이 이어질 수 있었던 것은 각 그룹들을 대표하는 각급의 인사들—예컨대 유관 기업 사장단 회의나 기획실장단 회의 등—사이에 사전 협의를 통해 조율이 이루어진 최종안이 회장단 회의에 올랐기 때문에 가능한 것이었다.

2000년 전문경영인이 주축이 된 상임이사회 제도가 도입되기 전까지 전경련의 주요 현안에 대한 의사결정은 사무국이 발의하고, 오너 출신 대기업 총수들이 주류를 이루는 회장단 회의를 통해 최종 결정되었다.[3] 2000년 이후의 상임이사회 제도는 그룹 소속 대기업의 전문경영인이 주축이 된 상임이사회가 주요 사업계획 등을 사전에 심의한 뒤 회장단 회의를 거쳐 최종 확정하도록 한다는 것이었다. 회장단 회의의 권위는 회장단 멤버 총수들이 전경련 필요 예산의 가장 주요한 기여자라는

명으로 구성돼 있다. 재계에서는 이건희 회장, 정몽구 회장, 구본무 회장, 최태원 회장, 신동빈 회장, 정준양 포스코 회장, 박삼구 금호아시아나 회장, 김승연 한화 회장, 조양호 한진 회장 등 19명의 그룹 총수들이 부회장 지위를 가진 채, 전경련 회장단을 구성하고 있다.

3   조선일보, 2000년 1월 6일.

점으로부터 나온다. 이들 회장단 회의에 참여하고 있는 대기업들은 전경련의 운영을 뒷받침하는 데 필요한 재원의 주공급원이었으며, 따라서 전경련 예산은 재계의 집단행동을 조직화하는 데 소요되는 가장 주요한 재원이었다고 할 수 있다.

전경련의 활동 재원은 회원사의 회비와 주요 그룹 대기업의 특별 분담금으로 조달된다. 전경련 회원사 가입조건은 까다로운 것으로 알려져 있다. 연간 매출이나 재정 수입 규모, 회사의 연한 등을 고려하여 일정 기준을 충족하는 기업들만이 신규 회원사가 될 수 있다. 그러나 최근 전경련이 국내 재벌그룹과 대기업, 제조업의 중심의 보수적 운영 방침으로부터의 탈피를 선언하고 회원 가입의 문턱을 낮추자 유통업체와 외자기업, 일부 중견기업들이 새롭게 문을 두드리고 있다. MB 정부 이후 전경련은 IT 업체나 외자기업, 유통업체, 일부 연예기획사 등 문화산업 기업에까지 그 문호를 확대함으로써 매년 20-50개 정도의 신규 회원사가 늘어가기도 했다.

전경련 회원사 가입을 위해서는 입회비 100만 원, 매월 회비 40만 원을 납부해야 한다. 500여 회원사의 입회비와 월 회비를 합한 평균 회비 납부액은 연간 500만 원 규모이고, 전체로는 연간 25억 정도가 순수 회원사 회비로 확보된다는 계산이다. 전경련의 연간 예산 규모가 최근 몇 년간 평균 400억 원 정도에 이르렀다는 점을 감안한다면, 회원사의 공식적인 연회비와 월회비로 확보되는 재원은 아주 미미한 수준임을 알수 있다. 연간 70억-100억 여의 여의도 사옥 임대수입을 제외한 나머지 250-260억 여의 재정 수요를 충당하는 것은 바로 회장단에 소속되어 있는 재벌그룹들의 분담금이다.[4] 그 대부분은 4대 그룹의 기여분으로 충당되는 것으로 알려져 있다. 예컨대 2010년 전체 전경련 예산 가운데 4대 그룹의 분담금 규모는 전체 230억 정도인 것으로 파악된 바 있다. 일반적으로 전경련 재정수요의 60% 정도를 '빅 4'가 분담하는 것으로 전해지고 있다.[5] 1990년대 후반 외환위기 그리고 최근 경제위기를 배경으로 유력 대기업들의 분담금 기여가 줄어들고, 전경련 운영에 대한 관여가 크게 줄면서 전경련의 예산 규모는 차츰 축소되는 변화를 보여 주고 있다.

〈표 8〉 연도별 전경련 예산 및 결산금액

구분	2012 예산액	2011 예산액	2011 결산	2010 예산액	2009 예산액
일반 회계	212억 9600만 원	202억 8200만 원	209억 9100만 원	4대그룹 231억 원(삼성 91억/현대 49억/LG 44억/SK 49억)	193억 원
사회 협력회계	160억 원	160억 원	242억 1300만 원	–	130억 원
특별 회계	9억 900만 원	8억 8300만 원	14억 1400만 원	–	26억 원
합계	382억 500만 원	371억 6500만 원	466억 1800만 원	453억 원	395억 원

---

4   전경련은 2013년 여의도에 총 4000억 규모의 새로운 사옥 FKI 타워를 준공하고 입주하였다. 전경련의 연간 250–300억 내외의 규모의 임대수입을 기대한 것으로 알려졌지만 지하 6층, 지상 50층 가운데 반 이상의 층이 공실로 있어서 예상 수익을 확보하지 못한 것으로 알려져 있다.

5   전경련, "빛바랜 '존재의 이유'", 주간경향(경향신문사, 2007. 3. 27.)

2. 전경련의 집단행동 딜레마

2000년 이후 최근에 이르기까지 전경련은 '위기론'과 '무용론', 그리고 '해체론'에 이르기까지 우려와 비판적 여론에 직면해 있다. 전경련에 대한 비판적 여론은 학계나 언론, 시민단체 등으로부터뿐 아니라, 정치권이나 일부 정부 기관으로부터도 제기되고 있다. 2011년 국회 지식경제상임위원회에서 주최한 공청회에서는 야당 의원들뿐 아니라, 일부 여당 의원들도 전경련이 차라리 해체되는 것이 낫다는 의견을 제시하기도 하였다.

2000년 이후 전경련에 대한 비판적 여론은 다음과 같은 몇 가지 사실 관계와 연계되어 있는 것이다.

첫째, 전경련 회장직 선출을 둘러싸고 전경련 내부의 갈등이 계속되고 있다. 재벌 총수들은 회장직에 추대되어도 한사코 고사하고 있다.

둘째, 전경련 회장단 회의가 제대로 가동되고 있지 않다. 전경련 회장단 회의에 재벌 총수들이 거의 참석하지 않고 있다.

셋째, 4대 혹은 5대 재벌 총수들이 한 자리에 만나 의견을 나누고, 입장의 차이를 조율하는 것은 빅딜 이후 단 한 번도 없었다(대통령이 직접 참석하는 의례적인 행사 모임 제외).

넷째, 전경련 사무국이 추진하는 일부 사업계획이나 사업구상, 전문 스태프진의 발언을 둘러싸고 많은 비판이 제기되고 있다.

다섯째, 전경련 총회 과정에서 중견 대기업들이 나서서 전경련의 무대응과 전경련 전문 스태프진의 무사안일주의 비판하고 있다.

여섯째, 일부 대기업 총수들은 전경련 상근부회장과 정부관료 출신

상근 간부들이 전경련을 좌지우지하고 있다고 비판하기도 했다.

전경련에 대한 비판적 여론에는 다음 몇 가지의 관점이 자리하고 있다.

첫째, 재계, 특히 재벌 대기업들의 집단행동이 더 이상 필요하지도, 가능하지도 않게 되었다는 관점이다. 이러한 관점은 정부와 기업 간 역학 관계가 뒤바뀐 상황 하에서 대기업들이 정부에 맞서기 위해 더 이상 힘을 모아서 대응할 필요가 없게 되었다는 점에 주목한다. 재벌급 대기업들은 굳이 전경련을 통하지 않고서도 개별적으로 얼마든지 정부 정책 형성과정에 대한 접근이 가능하게 되어있다는 것이다.

둘째, 전경련이 지나치게 대기업의 이익을 대변하는 단체로서만 역할을 해옴으로써 여론과 정부 당국으로부터 활동의 공감대 확보하는 데 뚜렷한 한계를 보이고 있으며, '존재 이유'까지 의문시되고 있다는 것이다. 전경련이 지나치게 재계의 입장, 그 중에서도 특히 재벌 대기업의 이익만을 대변함으로서 사회적 통합을 해치고 있다는 비판이다. 정치자금 공여 및 로비활동을 통한 정책 과정에의 영향력 침투 등 정경유착에 대한 강한 의구심이 이러한 비판적 관점의 배후에 있다. 특히 금융특혜에 의존, 기업 확장을 추구해온 재벌체제가 IMF 환란의 주범이라는 인식이 확산됨으로써 전경련의 위상은 더욱 흔들려왔다.[6] MB 정부 후반, 정부가 나서서 동반성장을 주창하고 여권 대선 후보마저 경제민주화를

---

6 2012년 정운찬 동반성장위원장은 전경련은 다시 태어나야 하고 필요에 따라 발전적 해체 수순도 생각해야 한다고 주장한 바 있다. 2012년 대선 당시 김종인 박근혜 캠프 공동선거대책위원장도 전경련이 '쓸데없이 자꾸 사회통합을 저해하는 소리를 계속하면 존재할 필요가 있느냐'고 대 놓고 꾸짖은 적이 있다.

부르짖는 등 한국사회 정치지형의 축이 변화하고 있는 듯한 상황에서 전경련이 여전히 구태의연하게 재벌이익만을 대변하고 있다는 비판에 휩싸인 적이 있기도 했다.

셋째, 전경련 내부의 회원사 간 이해관계의 상충이 효과적인 집단 행동의 조직화를 어렵게 만들고 있다는 점이다. 우선 2000년 이후 대기업 구조조정으로 대기업의 주력 업종 간 이해관계의 상충이 나타나고 있다. 대기업 회원사와 중견 대기업 회원사, 그리고 중견 기업 간의 전경련 운영을 둘러싼 이해관계 상충도 있다. 60년대 80년대까지 빅4 혹은 빅5의 재벌 그룹이 전경련을 이끌어 왔기 때문에 전경련에 대해서는 '재벌 오너 클럽'이라는 명칭이 부쳐진 바 있다. 그러나 90년대 이후 재벌 총수와 재벌 대기업 회원사들은 전경련 활동에 미온적인 반면, 최근에는 비재벌급 대기업이나 중견 대기업들이 전경련 활동에 적극적이고, 전경련의 의사결정과정에서 두드러진 활약상을 보여 주고 있다.[7] 경제단체로서 전경련 조직의 힘을 여전히 필요로 하는 중견기업들은 '전경련이 정부를 향해 제 목소리를 내지 못하는 허수아비가 되어가고 있다.'고 성토하고 있다. 일부 재벌 대기업들은 중견기업들이 내부 의사결정과정에서 목소리를 키워 가는 현상에 대해 전경련의 '중견 대기업 사교 클럽화'를 지적하기도 한다.

넷째, 전경련 내부의 의사결정 장치가 재계의 다양한 이익을 조정하기에는 무력하다는 관점이다. 초창기 이후 전경련은 최정상급 재벌

---

7 중견기업 재계순위 20권 밖, 특히 24-29위 동양, 대림, 효성, 동국제강, 코오롱 등의 총수와 일부 중견 기업 회장이 전경련 회의를 주도하는 것으로 알려지고 있다.

총수들이 주도하는 비공식적인 '간담회'나 회장단 회의 등에서 회원사 간 이해상충을 조율해 올 수 있었다. 대기업 간의 이해관계 조율을 맡는 상근부회장 역할도 효과적으로 이루어질 수 있었다. 하지만 1999년 빅딜사태 이후 전경련 회장단 회의는 제대로 가동하지 못하고 있다. IMF 외환위기 이후 재계의 '빅4'인 삼성·현대차·LG·SK의 수장이 회장단 회의에 모두 모인 적인 한 번도 없다. 재벌 총수들은 전경련 활동에 적극 관여하려 하지 않으려 하며, 추천된 회장직을 극구 고사하고 있다. 전경련에 비판적 여론이 고스란히 회장에 쏟아질 것이라는 우려 때문이다. 회장단 회의를 확대 제도화한 상임이사회에 대해서는 회원사들 간의 이해상충을 효과적으로 조율해 나가기에는 사이즈가 너무 크다는 지적이 있다.

다섯째, 경제단체로서 전경련이 한국의 사회경제적, 정치적 지형의 변화에 적절하게 대응하지 못한 채, 관료조직화 되고 있다는 관점이다. 전경련이 본연의 활동 목표인 재계의 입장 대변보다는 전경련 사무국의 조직이익을 우선시하고 있다는 비판에 직면해 있기도 하다. 전경련 사무국과 소속 전문 스태프진이 한국 사회의 변화에 적극 대응해서 전향적 조직으로 변모해 나가는 대신 회장을 감싸고돌면서 조직으로서 전경련 자체의 이익을 추구한다는 비판인 것이다. 이러한 관점의 비판은 초창기 이후 오랫동안 전경련 활동을 주도해 왔던 재벌 그룹의 대기업들이 주로 제기하고 있다.

전경련에 대한 비판적 여론은 두 경우에 집중적으로 형성되고 있음을 알 수 있다. 하나는 전경련의 내부 갈등, 특히 회장단 기업들 사이의 갈등이 표출되는 경우이다. 다른 하나는 시민단체나 혹은 정부 여당이 정치적 필요에 따라 동반성장이나 경제민주화 이슈와 같은 재벌에 대해 비판적 입장을 취하는 경우이다. 전자는 특히 전경련 회장의 선임 문제를 둘러싸고 집중적으로 표출되고 있으며, 후자는 이념지향을 달리하는 정부 교체시기에 집중적으로 제기되고 있다.

일부 재벌 대기업을 타깃으로 하는 비난이 대기업의 이익을 대변하는 전경련을 향해서 쏟아져 왔다. 이제 전경련을 향해 퍼부어지는 비난이 전경련 수장을 맡은 회장과 그 소속 대기업을 향해 되돌아올 수 있다는 점을 대기업 총수들은 크게 염려하고 있다. 회장으로 추대된 대기업 총수가 회장직을 고사하는 가장 큰 이유일 것이다. 재벌 대기업 총수들이 회장직에 대해 갖는 우려는 또한 매우 현실 경제적인 것일 수도 있다. 전경련 회장의 가장 비중 있는 활동은 여전히 연 400억 정도의 전경련 예산 충당을 지휘하는 일이다. 많은 경우, 회장직을 맡은 재벌 대기업 총수가 자진해서 큰 규모의 분담금을 내어 놓고, 회장단을 구성하고 있는 회원사들이 뒤따르도록 설득한다. 하지만 재벌 오너가 아니면 수십억 이상의 분담금을 선뜻 내어 놓기 어렵다. 전반적으로 경제가 어려운 상황에서 재벌급 대기업 총수가 아니면 회원사들의 요구와 기대를 충족시킬 수 있을 만큼 재정적으로 충분히 기여할 수 없다. 전경련이 겪고 있는 가장 두드러진 표면적 문제는 이와 같은 회장직 승계를 둘러싼 리더십의 위기이다. 그러나 이러한 리더십 위기 근저에는 보다 근본적인 정치·사회경제적 변화에 기인하고 있는 한국 시장제도의 변환이 근저에 자리하고 있다고 할 수 있다. 전경련의 집단행동의 한계를 불러일으키고 있는 시장제도의 변환 요인들로는 다음을 들 수 있다.

첫째, 정부-기업관계의 변화:

60-70년대 한국 경제의 성장은 한국형 발전국가모델의 성공적 작동의 결과로서 이루어진 것이라는 점을 부인하기 어렵다. 국가주도형

경제성장의 대표적 성공 모델로 칭송이 되어 왔던 한국형 발전국가 모델은 70년대 중반 이후 그 효과성 지속의 한계를 뚜렷하게 보이면서, 80년대 이후 시장에 대한 정부의 개입을 축소시켜 나가는 시장제도의 변환이 이루어지게 되었다. 이와 같은 변화는 정부와 기업 간의 역학관계의 변화를 반영하는 것이라 할 수 있다. 발전국가의 성공적 작동은 시장규모의 확충을 가져 올 수 있었고, 대기업을 중심으로 한국 기업들은 정부의 정책적 지원 없이도 세계 시장에서 자력으로 성장해 나갈 수 있는 기반을 가질 수 있게 되었다. 정부로부터의 자원 및 기회의 선별적 제공에 의존해 오던 한국기업들로서는 이제 자본조달과 인력, 기술과 시장정보 측면에서 독자적인 역량을 확충할 수 있게 되었다. 전경련을 중심으로 집단행동의 조직화를 통해서 한국 정부를 상대할 획득할 수 있는 자원과 기회는 크게 줄어들게 되었다.

둘째, 글로벌 외압과 한국정부의 경제적 역할 축소:

90년대 후반 외환위기 이후 한국 정부의 경제적 역할은 IMF 등 국제경제기구 등으로부터 가해지는 글로벌 외압에 의해 크게 축소되지 않을 수 없게 되었다. WTO 출범 이후 한국 정부는 회원국으로서의 협정 이행을 위한 제도 개선 과정에서 기업 활동 '촉진자'로서의 역할을 제한해 나가지 않을 수 없게 되었다. 이러한 과정에 불가역성의 쐐기를 박은 것은 외환위기를 극복해 나가는 과정에서 수용하지 않을 수 없었던 IMF 등 국제경제기구로부터의 '협상조건'(conditionality)이었다. 1997년 경제위기의 해법으로 선택된 구제금융의 이행조건에 의해 한국 정부는 신자유주의적 개혁을 추진할 수밖에 없었고, 그 결과로 발전국가를 지탱해 주던 정책적, 제도적 장치들이 해체되거나 크게 축소되면서 중앙 정부의 경제적 역할을 크게 줄여나가는 규제국가(regulatory state)로

전환이 이루어진 것이었다.[8]

셋째, 전경련 조직 내부의 이질성 증대:

전경련은 조직 규모가 확대되는 과정에서 회원사 간, 업종별 업계 단체 간의 갈등이 차츰 본격화되기 시작하였다. 대기업 간, 업계 단체 간의 이해상충이 두드러지게 나타나기 시작했기 때문이다. 발전국가 체제 아래서 한국의 대기업들은 한국 정부의 경제 정책적 필요성에 적극 부응하여 획일적으로 동종의 산업에 뛰어 들었다. 대기업 회원사들 간에는 업종의 차이에서 오는 이해관계 상충이 크지 않았기 때문에 한국 정부를 상대로 한 목소리를 낼 수 있었다. 하지만 90년대 후반 외환위기 이후, 기업별 업종 전문화의 구조조정이 이루어지면서 상황이 급격히 바뀌기 시작하였다. 90년대 중반까지 특권적 지위를 유지하던 대기업 중심의 회장단 회의가 원만하게 작동할 때는 대기업들 간의 이해관계 차이가 표면화되지는 않을 수 있었다. 하지만 구조조정 이후 기업집단의 규모 및 경쟁력에 큰 격차가 있는 현실 하에서 전경련이 이해관계가 크게 다른 주요 기업의 입장을 조율하는 집단행동의 매개체로 작동한다는 것이 갈수록 어렵게 되었다. 더욱 집단행동 조직화에 소요되는 비용의 대부분을 4대 재벌 그룹이 전담하는 체제 아래에서 모든 회원사의 이익을 대표하는 조직으로서 뚜렷한 한계를 가질 수밖에 없게 되었다. 전경련이 존립 기반 확충을 위해 받아들이기 시작한 중견기업 회

---

8 Shin & Change 2003: 규제국가는 중앙정부의 경제적 역할이 산업 육성 및 기업 활동의 진작에 치중하는 '촉진자'로서 역할보다는 기업들이 시장규칙에 따라 제대로 경쟁하는지를 감시하고, 위반 행위에 대해 제재를 가하는 '심판관'으로서의 역할에 초점이 맞추어진 유형을 의미한다(Majone 1994, 1997; Moran 2000; Jayasuriya 2001; 윤홍근 2009)

원사들은 전경련 내부에서 회원사들 간의 갈등조정을 더욱 어렵게 만들어가고 있다.

3. 전경련 대표활동의 한계

경제 단체는 회원사들에게 지속적으로 선별적 유인(selective incentives)을 제공해 줄 수 있어야 한다. 이러한 선별적 유인은 단체 스스로 생산할 수도 있고, 외부의 지원으로 제공될 수도 있다. 경제단체에 제공되는 외부 자원 가운데 가장 위력적인 것은 국가에 의해 제도적으로 뒷받침되는 것들이다. 경제단체는 국가에 의해 여러 형태의 공적 지위(public status)가 제공될 수 있다.[9] 우선 경제 단체에 대한 가입 강제의 법조항 유지는 단체의 조직률 확충에 결정적 요인이 된다. 그런가 하면 북유럽 국가의 '정책협의제' 모델에서 찾아볼 수 있는 것처럼 공공정책 결정과정에 제도화된 참여의 보장이 관건이 될 수도 있다. 공공정책 결정과정에의 제도화된 참여는 단체의 가입률 제고에 크게 기여한다. 국가는 또한 경제단체의 운영과정에 세제상의 혜택을 주거나 다양한 형태의 보조금을 제공할 수도 있다. 경제단체가 회원들에게 제공할 수 있는 선별적 유인은 '국가와 결사체 간의 특정화된 관계' 유형이 관건이다. 북유럽 국가들로 대표되는 조합주의 국가 모델에서 경제 단체들은 국

---

[9] Schmitter 1979.

가가 제공하는 선별적 유인의 큰 편익을 향유하면서 성공적으로 집단 행동을 조직화해 올 수 있었다. 하지만 최근에 들어와 스웨덴 등 일부 국가에서 찾아볼 수 있는 것처럼 최정상의 지위를 유지해오던 경제단체 —스웨덴의 경우 '스웨덴 사용자 총연합'(SAF: 현재 SN의 전신) — 스스로가 공공정책 참여로부터 이탈을 선택하는 등 큰 변화가 있어 왔음을 알 수 있다.[10]

그동안 전경련 활동의 주된 파트너는 한국 정부였다. 경제단체로서 전경련의 성과는 지금까지 주로 한국 정부를 상대로 획득한 것이었다. 전경련이 회원사들에게 제공할 수 있는 가장 주요한 '선별적 유인'은 정부의 정책결정과정에 대한 성공적인 영향력 행사를 통해 얻을 수 있는 것들이었다. 하지만 전경련이 한국 정부로부터 제공받을 수 있는 자원과 기회는 갈수록 크게 제한되어 가고 있다.

가장 큰 제약은 경제 글로벌화를 주도하고 있는 WTO 등 국제경제 기구의 룰이다. WTO 등 국제경제 기구들은 회원국 정부의 시장 개입을 축소하기 위한 다양한 제도적 장치들을 두고 있다. 회원국 정부가 자국 기업들을 위해 정책적으로 지원하는 활동을 큰 폭으로 제약하고 있다. 오늘날 국제경제 기구들은 '기업'이라는 '선수'가 '시장'이라는 '시합장'에서 서로 대등한 조건 하에 공정한 게임의 룰에 따라 활발하게 경쟁하도록 유도하고 있다. 초국가 기구들은 각국에서의 시합장 여건, 즉 기업들 간 시장 경쟁의 조건이 균등해질 수 있도록(leveling the playground) 변화를 유도하고 있다. 국가별로 서로 다른 고유의 정책이나 제도를 유

---

10 윤홍근 2006.

지하면서, 해외 경쟁 기업들에 대해서 자국 기업들에게 차별적으로 혜택을 주는 활동을 하지 못하도록 하고 있다. 예컨대 산업정책을 통해 시장에서의 정치적으로 '승자를 골라내는'(picking winner) 일을 하지 못하도록 원칙적으로 금지하고 있다. 특정 산업 부문에 금융·세제상의 혜택을 차별적으로 지원하는 '선별적 정부프로그램'(discriminatory government program) 운용도 크게 제약받고 있다. 또한 대기업 간, 주력 업종 간 이해관계의 상충이 두드러진 상황에서 전경련이 집단행동 조직화를 통해서 한국 정부를 상대로 얻어낼 수 있는 성과는 크게 제한되어 있다.

4. 전경련과 조직관리 역량문제

글로벌화로 경제단체가 직면하게 되는 조직 딜레마적 상황은 경제단체 자체와 이를 구성하고 있는 회원사들 간의 복합적 역학 관계에서 기인하는 것이다. 경제단체와 회원사와의 관계는 공생적일 수도 있고 경쟁적일 수도 있다. 경제단체는 회원사들의 회비 기여와 활동 참여, 회원 간 결속력에 의존하며, 회원사들은 단체의 성공적 활동에 의존되어 있다. 회원사와 단체와의 관계는 대칭적일 수도 있고, 비대칭적일 수도 있다. 단체는 공동의 목표를 추구하면서도 매우 이질적인 이해관계를 갖는 회원사들로 구성된다. 따라서 단체와 회원사들 사이에도 역학 관계가 존재하지만, 회원사들 상호 간에도 역학 관계가 존재한다. 대부분의 경제단체는 회비 기여도가 큰 대기업에 의해 활동이 주도되기 마련인데, 이러한 대기업 주도에 대해 중견 기업 회원사들은 자신들의 이해관계가 제대로 반영되고 있지 못하다고 불만을 갖기 마련이다.

올슨은 '이질적 이해관계'(heterogeneous interest)를 가진 소수의 행위자들 사이에서만 자발적인 집단행동이 가능하다고 설명한다. 전경련은 대규모 집단일 수 있지만 올슨이 말하고 있는 '이질적 이해관계' 조건을 충족하고 있는 것으로 볼 수 있다. 규모의 차별적 다양성과 업종별 분화가 높은 수준으로 이루어지고 있기 때문이다(accentuated particularism). 행위자가 소수일 때, 엄격히 말해서 소수자 조건이 충족될 때 무임승차자 문제를 해결할 수 있다. 하지만 소수의 행위자 사이에서도 무임승차자 문제가 완전히 해소될 수는 없다. 그렇기 때문에 올슨은 소수 행위자 간 집단행동이 가능할 수 있기 위해서는 결사체 내에 특권적 지위를 갖는 주도적 행위자(prime mover)가 있어야 한다고 설명한다. 특권적 지위를 갖는 주도권자는 다른 행위자의 무임승차에 크게 개의치 않으며, 집단행동에 수반되는 대부분의 비용을 기꺼이 감당하려 들기 때문이다. 올슨은 경제적 결사체 내에서 특권적 지위를 차지하는 대기업 회원사의 역할을 이로써 설명한다. 실제 전경련 운영에서 대기업 회원사는 단체 유지비용의 큰 부분을 부담하며, 대신 단체의 목표설정과 조직 운용에 가장 큰 영향력을 행사하고 있다. 또한 회장단 회의 등 주요 회의체 주도를 통해 전경련의 의사결정을 지배해 왔다. 그러나 특권적 지위를 갖는 대기업과 결사체 운영을 실무적으로 뒷받침하는 전문 조직—전경련 사무국—사이에는 두드러지게 표면화되지 않는 역학 관계가 존재한다. 그리고 이 역학 관계는 단체운영의 주도권자로서 대기업 회원사의 단체 관여 정도에 따라 변화할 수 있다.

경제 결사체에서는 대기업 회원사들의 힘이 막강할수록 단체 활동의 조직화를 뒷받침하는 전문 스태프의 실무 조직역량은 위축된다. 경제 단체의 조직 역량이 감축하는 과정은 크게 두 경로를 통해서이다. 하나는 대기업 회원사들의 행동전략 변화이고, 다른 하나는 회원사들 간의 서로 다른 이해 상충이 만들어 내는 갈등이다. 전자는 조직으로서 경제단체 그 자체와 대기업 회원사 간의 복합적 역학 관계 속에서 파생되는 문제라면, 후자는 주로 대기업 회원사와 중소기업 회원사들 간 이익과 역할기대의 차이로부터 유래하는 문제이다. 어느 쪽이든 경제 글로벌화에 따른 경제단체의 조직역량 감축 문제의 한 중심에는 대기업 회원사가 작용하고 있음을 알 수 있다.

최근 전경련 운영을 둘러싸고 이해관계를 달리하는 회원사들 간에, 그리고 그동안 단체 운영을 주도해 온 재벌 대기업들과 전경련 사무국 사이에 미묘한 역학 관계의 변화가 나타나고 있다. 재벌급 대기업들이 전경련 관여를 축소해 나가는 가운데, 대기업 회원사들 사이에 알력과 상호 견제가 나타나고 있다. 그런가 하면 대형 대기업과 중견 대기업 간의 이해상충이 나타나고 있기도 하다. 대형 대기업들은 전경련을 통한 집단행동의 조직화를 통해서보다는 개별적인 전략적 행동을 선호한다. 아직 전경련을 통해서 더 많은 정치적 편익을 획득해야 한다고 계산하는 중견 대기업이나 전경련에 신규 가입한 중견기업들은 전경련이 보다 적극적인 활동을 펼쳐 나가야 한다고 주장한다.

전경련 활동을 뒷받침하는 사무국은 이해관계를 달리하는 이들 회원사 간의 상충하는 이해관계와 요구를 실무적 차원에서 효과적으로 잘 조율해 나갈 수 있어야 한다. 지금처럼 특권적 지위를 갖는 주도권자들 간의 회의체 — 전경련 회장단 회의 등 — 가 제대로 작동하지 못하는 상황이라면 사무국의 관리역량이 매우 중대한 차이를 만들어 낼 수 있다. 경제적 결사체의 실무 관리역량은 크게 두 차원으로 나누어질 수 있다.

첫째는 회원사 간의 상충하는 이해관계 조율 능력이다. 결사체의 가장 중요한 역할은 회원사들의 이질적인 이해관계의 상충을 집합적 목표(collective goal)로 변환하는 것이다. 전경련 사무국은 회원사들 간의 상충하는 이해관계를 성공적으로 조율해 냄으로써 전경련 활동 목표의 재정립을 뒷받침할 수 있어야 한다.

둘째는 단체추구 목표에 회원사들의 순응을 이끌어 낼 수 있는 능력이다. 단체의 존재 이유는 얼마나 많은 회원사들이 집단행동에 동참할 수 있도록 여건을 조성할 수 있느냐에 따라 달려 있다. 전경련 사무국은 회원사들이 지속적으로 멤버십을 유지한 상태에서 단체 활동에 대한 기여 ― 주로 재정적 기여 ― 를 게을리 하지 않도록 '선별적 유인'을 지속적으로 제공할 수 있어야 한다.

경제적 결사체의 실무 관리역량은 근원적으로 결사체와 회원사 간의 역학 관계 여하에 달려 있는 문제이다. 경제 단체의 관리역량은 단체 전문 스태프진이 회원사들로부터 '상대적 자율성'을 확보한 상태에서 극대화될 수 있다. 하지만 재원의 대부분을 대기업 주도권자들에게 의존한 상태에서 이러한 단체 자체의 자율성 확보는 실제 가능할 수 없다. 그렇기 때문에 경제적 결사체들은 회원사들의 회비의존도를 줄이기 위한 자원공급의 다변화를 추구한다. 대표적인 것이 시장판매가 가능한 서비스 ― 주로 컨설팅이나 교육프로그램 ― 상품을 개발하는 것이다. 전경련 역시 회원사 또는 비회원사를 상대로 하는 이러한 서비스 상품 개발을 추진해 오고 있다.

전경련의 최근 신사옥 완공은 자원공급 다변화를 위한 획기적 계기가 될 전망이다. 전경련 사무국은 완공된 지하 6층 지상 50층 신사옥 임대사업을 통해 재정 자립을 도모한다는 목표를 천명하고 있다. 연간 300억 정도의 목표 임대료 수입이 확보되면 회원사들의 회비부담은 그만큼 줄어들게 된다. 하지만 이러한 재정자립 목표가 완성되면 전경련 운영을 둘러싸고 전경련 사무국과 대기업 회원사 간에는 새로운 갈등이 본격화될 가능성이 크다. 왜냐하면 재정자립으로 전경련 실무진의 관리역량이 확충되면 대기업의 눈치를 덜 보게 될 것이고, 그동안 특권적 지위를 가지고 전경련 운영에 주도권을 발휘해 온 대기업들이 그 특권적 지위를 이제 타의적으로 상실하게 될 가능성이 크기 때문이다.

전경련 운영에서 대기업은 특권적 지위를 갖는 주도권자의 역할을 해왔다. 재벌 대기업들은 집단행동 조직화의 비용을 감수하면서, 정부로부터 회원사를 유치할 수 있는 선별적 유인을 제공하는 데 앞장 서왔다. 전경련은 초창기부터 상당 기간 상근 실무진의 조력을 받은 회장단 회의를 통해 이질적 이해관계를 갖는 회원사들 간의 서로 다른 입장의 차이를 조율해 올 수 있었다. 하지만 한국 재계의 전경련을 매개로 한 집단행동은 1990년 후반 환란 위기 이후 성공적 조직화에 어려움을 겪고 있다. 전경련은 회장직 선출을 둘러싼 리더십 승계의 위기를 경험하고 있으며, 회원사 간 입장조율과 원만한 합의를 추진하는 회장단 회의도 정상적인 작동 위기를 겪고 있다. 재벌 총수들은 특권적 지위를 갖는 행위자로서의 지위를 스스로 외면하고 있다. 성공적인 집단행동의 편익보다는 특권적 지위 향유의 비용이 훨씬 크다고 계산하기 때문이다. 대기업 간 상충하는 이해관계는 단체 주도권자들 간의 입장조율을 어렵게 만들고 있으며, 회원사 간의 이해 상충도 확연하게 드러나고 있다. 전략적 개별 행동을 통해 더 나은 결과를 얻을 수 있다고 계산하는 대기업 회원사와 아직 전경련을 매개로 하는 집단행동을 통해서 더 나은 결과를 얻을 수 있을 것으로 기대하는 중견 대기업 간 갈등이 새롭게 표출되고 있다.

그동안 전경련 활동을 주도해 온 대기업 회원사와 전경련 사무국 간의 역학 관계 변화전망도 한국 재계를 대표하는 전경련의 새로운 변모를 둘러싼 최근 논란에 뜻하지 않은 새로운 변수로 작용할 가능성이 크다. 90년대 이후 한국의 정부–기업관계는 변화하고 있고, 경제 글로벌화는 이러한 변화에 불가역성을 강제하는 쐐기로 작용하고 있는 것이다. 최근 논란이 되고 있는 전경련 위상과 역할 문제는 보다 깊숙한 차원에서 새로운 해법이 모색되어야 한다.

7장 한국·스웨덴 변화 사례 비교
- 미국 재계단체의 활동과의 비교의 관점

1. 미국 재계단체의 정치적 활동양식

(1) 미국 대기업 및 재계의 정치적 활동 양식

미국은 연방 정부조직이 기업 활동에 미칠 수 있는 영향력은 크게 제한되어 있다. 하지만 기업들이 연방 정부를 상대로 하는 정치적 활동은 다른 어느 나라에 비해서도 매우 활발하게 이루어지고 있다. 1970년대 이후 미국 기업들은 업계 단체를 통한 이익표출보다는 개별 기업 단위의 직접적 로비활동에 뛰어 들기 시작했다.[1] 워싱턴에 로비활동을 전담하게 하는 전문 사무실을 차려 놓고 이익을 대변할 로비스트를 고용

하거나 로비활동을 전문으로 하는 회사에 로비를 의뢰하는 현상이 일
상적으로 이루어지고 있다. 1980년대 이후 연방정부를 상대로 하는 개
별 기업들의 정치적 활동은 폭발적으로 늘어났다.

1981년에 워싱턴에서 어떤 형태로든지 로비활동을 하는 기업의 수
가 2,500개 정도였다면 이 숫자는 2001년 40,000여 개까지 증대된 것
으로 알려졌으며, 최근에 이르기까지 이 수치는 조금씩 증대하는 경향
을 보이고 있다. 같은 기간 동안 워싱턴에서 활동하는 업계 단체의 수자
역시 900개에서 1,200개 정도로 증대되었다. 1990년대 이후, 미국 워싱
턴에 이익단체가 기하급수적으로 늘어나기 시작하여, 90년대 말 경제
위기를 거치고, 2008년 미국 발 세계적인 경기침체를 배경으로 그 숫자
는 더욱 늘어나고 있다.

Schlozman and Tierney(1986)의 조사에 따르면 워싱턴에 출현해 있
는 공사부문 조직가운데 72%는 미국 재계를 대표하는 조직들, 다시 말
해서 특수사익을 추구하는 이익단체 들이다. 1998년 발표된 한 조사에
서도 이 숫자가 여전히 유효하다는 점이 재확인 되었다.[2] 2001년 현재
워싱턴 로비활동에 투입되는 재원의 56%는 미국 기업들과 재계 단체가
투입한 것으로 조사되고 있다. 미국의 대표적인 공익 로비단체 '책임정
치 센터'(Center for Responsive Politics)의 조사발표에 따르면 2003년 한 해
미국 재계가 의회를 로비하기 위해 투입한 돈이 13억 달러에 달했는데,
이는 시민단체(single interest group)가 쓴 재원의 15배 규모이며, 노조가 쓴

---

1 Heinz et al. 1993.

2 Baumgartner and Leech 1998.

금액의 48배 규모에 해당한다.[3]

(2) 미국 재계의 정치적 활동(political representation of business)

워싱턴에서 미국 재계의 이익대표 활동은 탈집권적으로, 개별 기업이나 일부 업계 단위로 매우 분절화(fragmented)된 방식으로 이루어지고 있다. 정부와 정가에 이익을 표출하는 정치활동의 최전선에서 활약하고 있는 것은 업계 단체나 정상조직이 아니라 개별 기업들이다.[4] 미국에서 정부기관이 재계조직들과 긴밀한 관계를 형성 유지한다든지 혹은 지속적이고 안정적인 대화의 창구를 유지하는 일이 쉽지 않은 주요한 이유이기도 하다. 미국의 주요 대기업들은 사내 로비역량(In-house Lobbying Activities)을 구축해 놓고 있는 경우가 대부분이다. 이들 자체적인 로비활동을 수행하는 부서의 명칭은 '정무부서'(Governmental Affairs or Public Affairs)나 '커뮤니케이션'(Communication) 부서의 명칭을 쓰고 있는 경우가 많다. 기업에 따라서는 자체 로비 역량 외 계약직 로비스트를 고용하여 이익을 대표하는 활동을 수행하도록 의뢰하기도 한다. 로비활동을 전문으로 수행하는 로펌이나 로비전문 회사에 의뢰하여 이익대표 활동을 대행하도록 하는 것이다.

공동의 이익을 추구하는 기업들 사이에 연합로비 활동(Coalition Lobbying Activities)이 이루어지기도 한다. 이익을 공유하고 있거나, 유사한 정

---

3   Center for Responsive Politics 2003.

4   Wilson 2003, p. 44.

책 목표를 추구하는 기업들이나 이익집단들이 연합활동을 행하는 경우도 혼히 있는데, 고용된 전문로비스트가 이러한 활동을 일괄 지휘하기도 한다.[5] 미국 주요 기업들은 개별 단위의 정치적 활동의 주체로 활동한다. 하지만 단체와 전혀 무관한 개별 행동 단위는 아니다. 미국 기업들 역시 업계 단체(trade association)의 소속 회원사이기도 하고, 재계 일반을 대표하는 우산조직(umbrella organization)의 일원으로 참여하기도 한다. 미국 기업들의 정치적 활동은 소속 단체에 전적으로 의존하고 있지는 않다.

정치적으로 보다 적극적인 기업들은 PAC(Political Action Committees) 활동을 통해 정치인들의 선거캠페인을 지원하기도 한다. 미국은 개별 기업이나 업계 단체가 PAC을 조직하여 정치자금을 제공하는 것이 관행처럼 되어 있다. 미국의 대기업들은 지지하는 정치인이나 정당에 대한 선호가 다른 것으로 알려져 있다. 업계 단체와 기업들은 워싱턴의 K 스트리트에 사무실을 두고 자신의 사업에 도움이 되는 정치인이나 정당에 정치자금을 후원하고 있다. 미국 기업들은 유럽이나 아시아 등지의 국가에서와는 달리 비교적 자유롭게 선거후원이나 정치자금 제공 등의 정치적 활동을 수행해 나갈 수 있다. 다만 이러한 정치적 활동은 관련 법규 — 예컨대 로비활동공개법 — 에 따라 공개적으로 이루어지도록 제도화되어 있다.

미국에서 기업들이 내는 모든 정치자금 후원 내역은 다 공개하도록 되어 있다. 대부분의 워싱턴 로비스트들은 PAC 기부는 주요 의회 인사

---

5   윤홍근·정재영 2006.

들에게 정책결정권자로서 의회 구성원들에 대한 접근권을 획득할 수 있는 불가결한 도구로 받아들여지고 있다. PAC 기여는 정파적, 이데올로기적이라기보다는 실용적인 성격을 가진 것으로 연구되고 있다. 정당이나 정파에 따라 기부처가 고정되어 있는 경우가 있긴 하지만, 스웨덴 등 유럽 국가들에서의 경우에서와는 다르게 항구적이고, 일반적인 패턴이 나타나고 있는 것은 아니다.

대개의 경우 현직 의원들에게 많이 주어지고 있고, 친기업 성향이 강한 보수주의적 공화당 의원들에게 약간 더 많은 혜택이 돌아간 것으로 조사된 바 있다. 특히 공화당이 상하원을 장악하고 있을 때에는 공화당 의원들에게 월등히 많은 PAC 재원이 전달된 것으로 알려졌다. 하지만 일부 업종에 따라서는 민주당 의원들에 대한 기부 규모가 더 큰 것으로 나타나고 있기도 하다. 예컨대 첨단 IT산업이나 영화 오락 산업 등이 대표적인 것이다. 상하원 위원회나 소위원회 위원장을 맡고 있는 민주당 현직 의원들도 기업들의 정치후원금 혜택을 크게 누리고 있는 것으로 조사되고 있다.

(3) 이익단체와 회원사 간의 관계

미국에서는 업계단체와 회원사 간의 힘의 균형관계가 전적으로 회원사 우위로 기울어져 있다.[6] 미국 이익단체들은 업계를 대표하여 정부

---

6   Wilson 2003, p. 43.

관료들이나 의원들과 직접 접촉하여 정책 결정과정에 이익을 반영·관철시킬 수 있는 역량이 매우 제한적이다. 대신 미국의 업계단체들은 회원사에 대한 서비스 제공활동에 치중하고 있다.

1) 이익대표의 분절화 및 경쟁체제: 워싱턴에서 이익집단 활동은 분절화(fragmented)되어 있고, 집단 간 상호 경쟁적이다.[7] 미국 워싱턴에서는 재계의 일반 이익을 대변하는 '우산 조직'(umbrella organization)의 위상을 가지고 있는 재계 단체는 존재하지 않는다. 미국에도 미국 전역에 걸쳐 회원사를 두루 두고 있는 재계 단체가 있다. 재계 일반을 대표하고 있다고 표방하고 있는 4개의 재계 단체로는 '상공회의소'(The Chamber of Commerce)나 '미국제조업 협회'(NAM: National Association of Manufacturers), '독립자영업자 연합'(NFIB: National Federation of Independent Business), '비즈니스 라운드테이블'(Business Roundtable) 등이 있다.

이들 단체들의 성격과 활동지향을 서로 다르다. '상공회의소'는 비교적 소규모의 지역별 영세 상인을 대표하는 단체이고, 마찬가지로 영세 사업자의 이익을 대표하는 이익단체 'NFIB'와 회원 유치 경쟁을 벌이고 있는 단체이다. '상공회의소'는 거의 대부분 지역의 중소기업이나 상인들로 구성된 단체이며, NAM에는 서비스 업종의 기업들은 가입되어 있지 않다. 워싱턴에서 연방정부를 상대로 활동하는 가장 영향력 있는 재계 단체는 '비즈니스 라운드테이블'(BR: Business Roundtable)이다. Business Roundtable은 워싱턴에 활동 근거지를 둔 미국 100대 대기업

---

[7] Berry 1997.

총수들 회합체이다. BR의 설립자 어빙 사피로(Irving Shapiro)는 NAM 과 Chamber of Commerce가 지나치게 보수 우익이고, 노골적으로 공화당 편을 든다는 점을 비판하면서 단체 결성을 주도하였다. BR은 '정책 로비단체'를 자처하고 있으며, 정치자금을 거둬 유력 정치인들에게 제공하지 않는다는 점을 원칙으로 하고 있다.

BR은 '지속적 경제성장과 기업 경쟁력 제고에 필요한 공공 정책을 제안하는 것이 가장 큰 임무' 임을 천명하고 있다. BR은 매년 초 최고경영자들을 상대로 경제전망을 조사해 내놓거나, 적정 인플레이션 수준에 대한 전망을 발표한다. 미국 기업들의 전반적 이익을 대변한다는 취지에서 오바마 정부 하에서 한때 가스 배출량을 줄이기 위한 국제협약인 교토의정서 비준을 반대해 끝내 관철시키기도 하였다. BR은 또한 학생들과 일반 공중을 상대로 하는 비즈니스 활동 관련 교육에 역점을 두고 있기도 하다.

BR을 포함한 우산조직의 성격을 띠고 있는 이들 단체들은 미국 전역을 포괄하기는 하지만, 이들 단체들은 재계 일반의 이익을 대변하고 있지도 않고, 정상 조직으로서 위상을 가지고 있는 것도 아니다. 오히려 경제 단체들 간에는 회원 유치를 둘러싼 치열한 경쟁 관계에 놓여 있다. 이익단체 간 치열한 회원사 유치 경쟁은 업계 단체가 회원들의 목소리에 보다 귀를 기울이게 한다는 장점이 있으나, 이익집단 대표들 간 행동 조율을 위한 타협 도달을 어렵게 만든다. 더욱 단체의 집행부가 회원사들의 행동을 일사분란하게 조직해 나가는데 한계를 갖는다.

2) 이익단체 간 수평적 경쟁관계: 미국의 이익단체들 사이에 수직적 권위 구조가 형성되어 있지 않다. 앞에서 설명하고 있는 것처럼 스웨

덴의 SN이나 한국의 전경련처럼 모든 업계를 망라하여 재계의 이익을 총괄적으로 대표하는 정상조직이 존재하지 않는다. 정상 조직 내에 업계단체가 기관회원으로 참여하고 있는 경우라 하더라도 업계 단체를 대표한 단체회원사들에 대해 집단행동에의 참여를 강제하는 일은 거의 없다. NAM이나 Chamber of Commerce 등 제한된 영역 내에서 재계 일반의 이익을 대표하는 우산조직(umbrella organization)의 성격을 띠고는 있긴 하지만, 이들 단체가 소속 회원사들의 행동을 조율하거나 통제 하는 등의 권위를 행사하지 않는다. 미국에서는 이익단체들 사이에는 회원사를 서로 유치하기 위한 서비스 경쟁 관계에 놓여 있다. 회원사들에게 영향을 미칠 가능성이 큰 정책사안, 의회의 입법 동향, 행정부의 새로운 정책추진 동향 등에 대한 정보 제공 등 서비스 제공 활동에 중점을 두는 것이다. 미국 기업들의 업계 단체 가입 여부는 회원사의 전적인 재량 선택 사항이다. 잠재적 회원사들은 단체가 제공하는 서비스의 품질과 중요성을 기준으로 판단하여 가입 여부를 결정한다. 업계 단체가 모든 회원사들의 목소리를 하나로 대변해 줄 것을 기대하고 단체가입을 선택하는 것이 아닌 것이다.

3) 미국 대기업들의 자체 대정부 로비역량의 확충: 미국 기업의 정치적 활동은 이익대표를 표방하는 단체를 통해서보다는 개별 기업 단위의 정치적 활동에 더욱 치중하고 있다. Fortune 500에 속하는 거대 기업은 물론이고, 웬만한 규모의 대기업들은 정부활동을 상시적으로 수행하는 부서 단위를 본사 조직에 포함시켜 운용하고 있다. 대부분의 미국 대기업들은 워싱턴에 로비활동을 전담하는 사무소를 운영하고 있다. 특히 정부 조달 및 계약체결을 목적으로 활동하는 기업들은 그렇다.

미국 연방 정부는 기업들의 가장 중요한 고객이기 때문이다. 워싱턴 로비 사무소가 단순히 정부와의 거래를 통해 매출증대를 도모하는 활동만을 행하는 것은 아니고, 일반적인 정책 사안에 대해서도 기업의 이익을 반영하기 위한 활동을 전개한다.

(4) 미국에서의 정부-기업관계: 다원주의 이익집단 정치

미국은 지구상에서 가장 자본주의적인 국가, 즉 자본주의 시장경제 체계가 기본 원리대로 가장 잘 작동되는 나라로 알려져 있다. 미국은 자본주의 시장 질서를 근간으로 경제가 작동되는 유럽 대다수의 다른 국가들과 매우 다른 제도적 장치를 가지고 있다. 이러한 미국 특유의 시장제도는 미국의 정치, 경제, 사회적 역사의 산물로서 형성된 것이라 할 수 있다. 다른 선진 자본주의 국가들과는 달리 미국에서는 사회민주주의를 강령으로 채택하고 있는 정당이 권력을 장악한 적도 없고, 사민주의를 표방하고 있는 정당조차 존재하지 않는다. 연방정부 권력을 교대로 차지해 왔던 공화당과 민주당은 자본주의 시장질서가 가장 바람직한 시장제도라는 것에 대해 완전한 합의를 이루어 오고 있다. 주요 정당들 간의 이러한 합의는 미국의 일반 유권자들의 생각을 그대로 반영하고 있는 것이라 할 수 있다.

미국 일반 시민들은 기업 활동의 자유와 자본주의 질서에 대한 확고한 신념을 가지고 있는 것으로 조사되고 있다. 대기업에 대한 불신과 비판이 없는 것은 아니다. 1930년대에는 대기업의 횡포에 대한 비판과 저항이 있었고, 기업 활동에 대한 강력한 규제 필요성 제기와 함께 기업 활동에 대한 강력한 규제가 입법화되기도 하였다. 1960년대에는 노조와 소비자 보호를 위한 진보주의적 개혁조치가 이루어지기도 하였다. 하지만 미국 국민들의 자유 시장경제 제도에 대한 신념은 절대적이다. 1980년 초 한 여론조사에서 미국 국민의 69%는 '자유기업체제'(free enterprise system)를 지키기 위해 희생할 준비가 되어 있다고 응답하고 있다. 대기업에 대한 우호적 인식은 1980년대 이후 줄곧 55%-65%대를 유지하고 있으며, 2008년 경제위기 직후에도 대기업에 대한 우호적 인식은 여전히 40% 수준을 유지하고 있는 것으로 조사되고 있다.[8] 미국 연방정부는 유럽 등지의 다른 국가들에 비하여 기업 활동에 대한 간섭과 규제를 최소화하고 있다. 그럼에도 불구하고 미국 국민의 55%는 정부의 규제가 심하다고 답하고 있다. 2012년 한 조사에서는 공익보호를 위해 기업에 대한 규제가 바람직하다는 의견이 40%인데 비해, 정부 규제는 이득보다는 해악이 클 것이라는 의견이 52%를 차지하고 있다.[9] 요컨대 자본주의 시장체제에 대한 확고한 신념, 정부의 역할과 힘에 대한 불신, 정부지출 확대에 대한 반대는 유럽 다른 국가들과 확연히 구분된다는 점에서 '미국 예외주의'(American exceptionalism)의 또 다른 한 측면을

---

8   매우 부정적 인식은 5-10%를 유지해 오다가 2008년 이후 15-20%를 보이고 있다. 2011년 조사 미국의 앞날을 위해 가장 위협적인 존재는 무엇인가에 대해 미 국민은 큰 정부 65%, 대기업 26% 노조 8% 등으로 답하고 있다. 자본주의 시장제도에 대해 80년대 이후 70%-75%, 최근 경제위기 이후에도 70%의 응답자가 여전히 미국의 강점은 대기업의 성공에 의한 것이라는 점에 동의하고 있다. 또한 자본주의에 대한 긍정적 의견은 61%, 부정적 31%, 자유기업(free enterprise)-기업 활동의 자유에 대해서는 89%가 긍정적 의견을 나타내고 있고, 부정적 의견은 7%에 불과함을 보여 주고 있다.

9   Wilson 2010, p. 262.

나타내 준다고 할 수 있다.

정부-기업관계의 '미국 예외주의' 현상의 원인에 설명은 다양하다.

첫째, 가장 대표적인 설은 미국이 가지고 있는 인종적, 지역적 다양성을 들어 설명하는 것이다. 다민족, 다인종의 이민들로 이루어진 사회 구성상의 특징 때문에 노동자들의 연대의식이나 계급적 일체감이 결여되어 있고, 따라서 노조나 사회민주주의 정당의 기반이 취약하다는 해석이 대표적인 것이다. 이와 같은 설명은 미국의 독특한 역사적 발전 경로에서 그 연원을 찾고 있다. 미국은 18세기 말 서구에서 자본주의 질서가 태동하여 지배적 경제 질서로 자리를 잡아가는 시기에 신생국가로 탄생하였다. 봉건질서도 경험하지 않았고, 좌우 양편에서 반자본주의적 사회이념이 정치적 유산으로 승계되는 기회를 갖지도 못하였다. 귀족계급이 있어서 자본주의 질서태동과정에서 보수주의적 저항을 보인 적도 없었고, 건국과 동시에 모든 유권자―대부분 백인―들에게 시민적 자유와 권리가 주어졌기 때문에 노동자들이 시민권을 쟁취하기 위한 투쟁을 벌이지 않아도 되었다. 미국에서는 강력한 사회주의적 도전에 직면하여 업계가 단합하여 여기에 대응 저항하여야 할 필요가 없었고, 강력한 노조의 전통도 없었다. 사회주의적 도전이나 강력한 노조의 도전에 맞서 여기에 공동 대응해 나가야 하는 역사적 공유 경험이 없었기 때문이다.[10] 재계의 연합활동은 1960-70년대 소비자 운동 환경운동에 맞서 공동 대응 차원의 연합활동 일부 행한 것이 거의 유일한 것이었는데, 그 것도 모든 업계가 공고한 결속력을 유지하면서 통합적 조직체계를 갖추

---

10 Wilson 2003. p. 45.

어 나간 것은 아니었다.

둘째, 미국 예외주의의 제도적 연원 중 또 하나의 유력한 설명은 미국에서의 정부-기업관계를 오랫동안 연구해 온 보겔(David Vogel)에 의해 제시되고 있다. 보겔은 미국에서 연방 정부조직이 만들어지기 전에 대기업 조직이 먼저 형성된 역사에 주목하고 있다. 대부분 국가에서는 근대적 형태의 대규모 법인기업이 출현하기 전에 강력한 중앙정부 조직이 출현한 역사를 가지고 있는 반면, 미국에서는 19세기 내내 미국 전역을 통할하는 조직망을 갖추어 가며 활동한 것은 연방정부 조직이 아니라, 철도회사 등 미국 대규모 기업들이었다는 설명이다.[11] 미국에서는 중앙집권적 국가체계가 자리를 잡기 이전에 대기업 조직이 전국 단위의 사업영역 확장을 추진해 가며 연방 정부의 권력으로부터 자유로운 상태에서 기업 권력을 확대해 갈 수 있었다는 것이다.

셋째, 미국 연방정부 조직의 분권화된 의사결정 체계로부터 그 연원을 찾는 설명도 있다. 미국 정부가 다른 나라들에서와 달리 기업-재계에 대해 일관성 있는 통합적 접근을 통해 기업 활동에 큰 영향을 미

---

11 물론 19세기 미국 기업들의 활동 과정에서 정부가 아무런 역할을 하지 않은 것은 아니었다. 미국 연방 정부는 미국 전역에서 단일의 시장체계가 자리 잡도록 한 일을 했고(특히 미국 대법원의 판결), 대기업 활동에 대한 지원(철도 기업들에게 철도부지로 광대한 토지를 무상으로 제공한 일), 보호무역 관세 장벽을 구축하여 유치산업 보호하고 초기 산업발전의 터전을 마련해 준 일 등이다. 연방 정부의 이러한 역할은 대략 1920년대까지 지속될 수 있었다. 연방 정부의 역할은 대기업 활동을 지원하고, 노조에 비해 사용자로서 기업 활동을 촉진 지원해 주는 역할을 했다는 평가가 있다. 미국 전역에서 전국 규모의 시장 형성과 산업발전을 촉진하기 위한 연방 정부의 역할이 이루어졌다는 것이다.

칠 수 없는 이유는 미국 정치체제에 착근되어 있는 제도적 분권화 구조 때문이라는 것이다. 미국 연방 정부는 정부정책 결정과정의 분절화(fragmentation) 때문에 정부 기관들이 특정의 경제 목표 달성을 위해 일의적으로, 단일주적으로 움직이지 않는다. 정부기관 각각의 고유한 기관 사명을 가지고 있고, 모든 기관들을 한 방향으로 공동의 목표를 향해 움직이게 만들 수 있는 정치적 권위가 작동되기 어렵다.

연방 정부의 두 기관 의회와 행정부는 상호 견제와 힘의 분산 균형의 원리 하에 작동된다. 행정부의 각 기관들도 각각의 고유한 사명과 정책 목표를 가지고 작동된다. 의회 내에서도 활동 영역과 목표가 각기 다른 위원회들이 활동하고 있다. 의회도 상하의원 간 작동체계가 다르고, 구성 원리가 다르다. 상하원 각각의 활동 방식과 활동 목표에 차이가 있다. 지역구 선거구를 배경으로 선출된 의원들은 서로 경쟁적으로 자신의 지역에 유리한 결정을 만들어 내기 위해 경합한다. 미국에서는 사명이 제각각이고 분권화된 정부 기관들이 한 단위의 권위체로 조직화되어 민간 기업 활동을 특정 방향으로 이끌어 나가는 일이 제도적으로 가능하지 않게 되어 있다는 설명이다.[12]

미국의 시장제도는 스웨덴 등 북유럽의 조합주의 모델과 구분되며, 한국의 발전국가 모델과도 뚜렷하게 구분된다. 자유 시장경제(Liberal Market Economy)의 전형으로 평가되고 있는 미국 시장제도는 미국의 오랜 정치, 경제, 사회 문화적 역사의 산물이다. 미국의 정부-기업관계도 미국의 이러한 오랜 역사의 산물이다. 미국의 연방 정부와 대기업 사

---

12 Wilson 2003, pp. 45-46.

이에는 상호불신의 대립관계(adversarial relationship)를 특징으로 한다(Vogel 1996). 미국 연방정부는 '시장이 결정하도록 한다'("Let the Market Decide")는 원칙을 견지해 오고 있다. 공화당과 민주당의 시장에 대한 접근법의 차이는 시장법칙의 작동 결과에 대한 것이다. 민주당은 시장에서 자력으로 먹고 사는 문제를 해결하지 못한 사람들에게 연방 정부가 나서서 좀 더 지원을 해 주어야 한다는 입장이다. 시장에서의 기업 활동 자체에 대해서는 양당의 접근법상의 큰 차이가 발견된다고 할 수는 없다. 미국 연방 정부는 대공황이나 2008년 금융위기와 같은 극단적인 위기상황 하에서만 예외적으로 시장이나 기업 활동에 개입한다. 정부와 기업의 호혜적 유착은 찾아보기 어렵고, 정책결정과정에서 기업인과 정책결정자 사이의 접촉이 제도화되어 있지 않다. 기업의 정책결정자와의 접촉과 로비활동은 투명하게 공개하도록 법적으로 강제되고 있다. 미국의 이러한 자유 시장경제 제도와 미국의 정부-기업관계는 글로벌화의 흐름에도 불구하고, 큰 변화를 경험하지 않은 채 그대로의 균형 상태를 지속하고 있는 것으로 보인다.

2. 스웨덴 모델의 내생적, 점진적 제도변화 : '전복 기도자'로서의 스웨덴 재계단체의 역할

(1) 제도적 참여로부터 비제도적 참여로

제5장에서 살펴본 바와 같이, 스웨덴 모델의 제도변화는 내생적, 점

진적 제도변화의 한 전형을 보여 준다. 그리고 스웨덴 모델의 제도변화를 추진한 가장 주요한 행위자는 스웨덴의 재계 단체이다. 노조(LO)와 함께 스웨덴 모델의 공동 기획자이기도 했던 스웨덴 재계 단체(SAF)는 공식적으로 노조와의 정치적·정책적 파트너십 해체를 선언하면서 스웨덴 모델의 제도변화를 추진하였다.

스웨덴 모델의 변화는 글로벌화의 외생적 충격에 의한 단절적 변화에 속하지 않는다. 글로벌화의 외생적 요인이 그 배경으로 작용했다는 점은 부인할 수 없는 사실이다. 스웨덴 모델의 변화를 다루는 기존의 많은 연구들은 구조적 요인을 부각시키고 있다. 기업 활동의 글로벌화가 필연적으로 초래하는 자본이동의 구조적 변수를 강조한다.[13] 글로벌화의 구조적 변수를 중심으로 스웨덴 모델의 변화를 설명하는 이론은 임금부상(wage drift) 등과 같은 대내적 매개 변수를 들기도 한다.[14] 국내적 요인을 부각시키는 과정에서 기업과 노조를 행위자로 분석하기도 하는 것이다. 하지만 이들 연구들은 행위자 변수를 매개변수로 들기는 하지만 행위자 변수를 단순한 이해관계의 변수라는 차원에서만 설명할 뿐이다. 이해관계의 변화가 실제 이들 행위자들이 어떻게 스웨덴 모델

---

13 Paulette Kurzer, *Business and Banking in Western Europe: Political Change and Economic Integration in Western Europe* (Ithaca, N.Y.: Cornell University Press, 1993).

14 대표적인 연구는 다음과 같다. Jonas Pontusson and Peter Swenson, "Labor Markets, Production Strategies an Wage Bargaining Institutions: The Swedish Employer Offensive in Comparative Perspective," *Comparative Political Studies* 29, no. 2 (1996); Ton Notermans, "Abdication from National Policy Autonomy: Why Has the Macroeconomic Policy Regime Become So Unfavorable to Labor," *Politics and Society* 21, no. 2 (1995).

의 제도변화를 추진해 나가게 되었는지에 대해서는 설명을 건너뛰고 있다. 이해관계의 변화가 제도변화를 추동했다고 설명할 뿐 제도 변화의 메커니즘에 대한 구체적 분석을 결여하고 있는 것이다.

비교적 최근에 시장제도의 변화를 다루는 연구들 가운데에는 제도변화를 추진하는 행위자의 아이디어 전환을 설명의 중심 변수로 놓는 연구들이 있다.[15] 블리스(Mark Blyth)는 스웨덴 모델의 형성(1930-40)과 변형(80-90)과 관련하여 구조적 변인과는 뚜렷하게 구분되는 아이디어 요인(ideational factor)을 크게 부각시키고 있다. 블리스에 의하면 1930년대 후반 스웨덴 모델 형성은 완전고용 이상과 사적 소유권 보장의 경제이념을 뒷받침할 수 있는 제도적 정치에 대한 노사 간 합의에 기초한 것이었다. 이 합의는 사민당 정부와 노조, 스웨덴 재계가 공동으로 기획한 것이었다. 사민당 정부와 노조가 주도한 것이었고, 재계가 여기에 동의한 것이라는 설명도 있지만, 스웨덴 재계가 사후에 동의한 것은 아니었고, 처음부터 제도적 요소의 설계 과정에서 적극 참여하였다는 점에서 공동으로 기획한 것이었다.

그러나 1970년대 들어오면서 노조가 주도하는 강력한 정치 투쟁으로 기업의 경영자율권과 소유권이 크게 위협받는 상황이 초래되면서 상황이 급격하게 달라지기 시작하였다. 스웨덴 모델이라는 제도 안에서의 새로운 변화의 동인이 작동되기 시작한 것이었다. 1980년대 이후 SAF는 노조가 주창하는 제도에 대한 이념적 공세로 맞서며 노조가 주도하는 제도로부터의 탈퇴 및 노조의 무력화를 도모해 나가기 시작하

---

15 Blyth 2002; Campbell & Pederson 2001; Blyth 2002.

였다. 1980년대는 글로벌화의 구조적 변수, 즉 자본유동성 변수나 글로벌화가 초래한 국내 인플레이션 변수가 작동하기 이전이었다. 블리스에 의하면 1980년대 이후 진행되기 시작하여 1991년 정책협의제 공식 폐지가 있기까지 스웨덴 모델의 변화는 스웨덴 재계와 노조 사이의 경제 아이디어를 둘러싼 경합(ideational contestation)이 직접적 발단이 된 것이었다.

위 2장에서 살펴 본 바와 같이 Streek과 Thelen은 제도 변화의 유형을 강력한 비토권자의 존재 유무와 재량적 해석 및 집행의 여지 수준을 기준으로 대체(Displacement), 층화(Layering), 표류(Drift), 전환(Conversion) 등으로 구분하고 있다. 기존 제도의 폐지와 새로운 제도의 신설을 특징으로 하는 '대체'의 제도변화는 글로벌화의 외생적 충격에 의한 단절적 제도변화의 전형이다. 스웨덴 모델의 제도변화는 이를 지탱해 주던 두 개의 핵심적인 제도적 요소, 즉 중앙 임단협(central wage bargaining)과 정책협의제(policy concertation)의 공식적인 폐지를 의미하는 것이기 때문에 '대체'의 제도변화라고 할 수 있다. 하지만 스웨덴 모델의 변화를 일의적으로 '대체' 유형의 제도변화에 속한다고 단정하기는 어렵다. 스웨덴 모델의 핵심적 제도요소들이 폐지되었지만, 이로서 스웨덴 모델 자체가 새로운 유형의 시장제도로 대체된 것이라고 볼 수는 없기 때문이다.

이와 관련해서는 다음과 같은 측면을 고려할 필요가 있다.

첫째, 스웨덴 모델은 공식적으로 폐지된 것이 아니다. 스웨덴 모델의 구성하고 있던 두 개의 핵심적인 제도적 요소들은 공식적으로는 폐지되었거나 작동을 중단하고 있다. 스웨덴 재계 총괄단체로서 SN(SAF의 후신)이 협상 당사자로 참여하는 스웨덴 노조와의 중앙 임단협은 공식적으로는 이루어지지 않고 있으나, SN은 산별 수준의 분권화된 협상을 총괄 조율하는 역할은 그대로 수행하고 있다. 스웨덴 모델에 비판적 입장을 견지하고 있는 재계단체도 스웨덴 모델의 성과를 인정하면서, 그 부정적 유산과의 결별을 주장할 뿐이다.

둘째, 정책협의제가 완전 폐지된 것은 아니다. 조직의 대표로서 참여하지 않을 뿐 여전히 노조와 재계단체의 상당수의 대표들이 여전히 개인 자격으로 참여하고 있다. 정부위원회 등에 재계단체의 조직 차원의 제도화된 참여는 이루어지지 않고 있으나, 재계단체의 구성원들이 개인 자격으로 여전히 참여하고 있다. 개인 자격으로 참여하고 있는 재계단체의 인사들과 스웨덴 노조 인사들 간의 비공식적인 협의는 여전히 계속되고 있다. 위원회에 따라 개인 자격으로 참여하는 재계 단체의 인사의 수는 다소 줄어들지만, 정책 사안 협의과정에서 재계의 입장을 전달하는 역할은 여전히 계속되고 있다.

셋째, 스웨덴 재계 단체 SN은 정책결정과정에의 제도화된 직접적 참여를 거부하는 대신, 정책결정자들에 대한 접촉을 통한 로비활동의 비중을 크게 늘려가면서 간접적인 방식으로 정부 정책 결정과정에 영향력을 침투시키고 있다. SN 대표가 정책협의제에 참여하고 있지는 않지만, 단체 회원사의 유력인사(이들은 단체회원사에 소속되어 있는 기업의 대표들이기도 하다), 그리고 개별 기업의 유력인사들의 광범위한 인적 네트워크를 통한 비공식적 접촉, 또한 공식적인 공청회 참여 활동을 통해 SN의 입장을 전달하고 영향력을 행사한다. 스웨덴 정부의 관료들과 의회(Rigsdag) 의원들은 재계 단체 인사들과의 회합을 통해 해당 정책 사안에 대한 전문적인 지식을 획득하고 있다.

넷째, 스웨덴 재계 단체는 정책협의기구의 공식적 탈퇴를 통해서 재계의 이익증진을 도모하는 결정을 내렸지만, 공식적인 회의체 밖의 많은 네트워크의 가동을 통해 이해관계의 상충에서 오는 입장의 차이를 조율해 나가고 있다.[16] 공식적 회의체를 통한 정책협의 절차는 생략되어 있지만 정책 사안에 대한 비공식적 협의는 계속되고 있다. 중앙 임단협과 정책협의제를 구성하고 있던 공식적인 제도적 요소─관련 법규정─들은 폐지되었지만, 재계 단체와 노조 간의 비공식적, 인적 네트워크 가동을 통한 조율은 여전히 계속되고 있다. 재계 단체와 노조 간의 사회적 파트너십 문화가 송두리째 사라진 것은 아닌 것이다. 제도를 공식적인 규칙으로 이해한다면 스웨덴 모델은 변화하고 있다고 볼 수 있겠지만, 비공식적인 규범과 관행까지를 포함하는 것이라면 스웨덴 모델이 단절적인 변화를 겪고 있다고 볼 수는 없을 것이다.

스웨덴 모델은 작동 중지 상태에 놓여 있는 것은 아니다. 스웨덴 모델은 다른 유형의 시장제도로 '대체'된 것이라고는 볼 수 없다. 사회학적 제도주의 이론에서 말하는 제도의 개념으로 보면 스웨덴 모델은 여전히 작동하고 있는 것으로 볼 수 있다. 사회학적 제도주의 이론에서 제도는 사람들이 공유하고 있는 '인지의 틀'과 그 속에 저장되어 있는 기본 관념들이다. 제도는 성문화된 규칙 이상의 것이고, 표면에 드러나 있는 것보다 훨씬 근원적인 것들이다. 어떤 상황에서 무엇을 할 것인가를 정하는 것은 이익의 계산이 아니고, 자신도 모르게 인지의 틀 속에 저장되어 있는 기본 관념들인데, 이러한 기본 관념들은 쉽게 바꾸지 않는다. 북유럽, 특히 스웨덴 사람들은 인간관계, 네트워크 중시의 독특한 문화를 가지고 있다.

---

16 위 Janerik Larsson과의 인터뷰.

스웨덴 모델을 구성하고 있는 정책협의제는 공식적으로는 폐지되었다. 하지만 재계 단체의 인사들이 스웨덴 노조 LO와의 일체의 대화를 차단하고 있는 것은 아니다. 정부 협의체에 개인 자격으로 참여하고 있는 경제단체 인사들은 비공식적인 대화의 채널을 가동해 가며 여전히 사회적 파트너로 활동하고 있다. 임단협도 마찬가지이다. SN과 LO와의 공식적인 중앙 임단협은 진행되고 있지 않지만, SN과 LO 인사들의 비공식적인 인적 네트워크는 여전히 가동되고 있다. SN이 정상 사용자 조직으로서 중앙 임단협에 협상 당사자로서 직접 참여하고 있지는 않지만, 사회적 파트너로서 재계와 노조 간의 비공식적인 협의는 계속 유지되고 있다. 노조와의 임단협이 산별 단체 수준에서 이루어지도록 철저히 분권화되어 있지만, 산별 수준의 분권화된 협상 역시 SN 임단협 부서에 의해 총괄 조율되고 있다. 중앙 임단협과 정책협의제를 핵심 제도적 요소로 작동되는 스웨덴 모델은 공식적 차원에서 이전과는 달라진 것은 분명하지만 비공식적 차원에서는 여전히 가동되고 있는 것이다.

스웨덴 모델의 변화는 철저히 스웨덴 재계 단체의 주도로 진행되어 왔다. 스웨덴 재계 단체는 스웨덴 모델에 관한 한, '상호주의적 공생자'로부터 '전복기도자'로서의 입장 변화를 보이면서 변화를 주도하였다.

제 2장 제 4절에서 살펴 본 바와 같이 Mahoney & Thelen은 제도 변화 과정에서의 행위자의 위상을 반발자(Insurrectionaries), 공생자(Symbiont), 전복기도자(Subversives), 기회주의자(Opportunists) 등으로 유형화하고 있다. 스웨덴 재계는 스웨덴 모델의 변화 과정에서 상호주의적 공생자(mutualistic symbiont)로부터 전복기도자(subversives)로 위상을 스스로 바꾸어 나가며, 스웨덴 모델의 제도변화를 추진하였다. 스웨덴 재계 단체는 30년대 스웨덴 모델 형성기 공동기획자로서 역할을 맡았다. 스웨덴

모델의 형성은 사회적 파트너 간의 합의의 산물이었다. 70년대 중반 스웨덴 노조가 재계와 합의한 스웨덴 모델의 경제적 아이디어에 대한 이데올로기적 공세가 본격화되기 전까지 스웨덴 재계는 스웨덴 모델과의 '상호주의적 공생자'의 위상을 지켜 왔다. 스웨덴 재계는 노조와 시민당 정부가 주도한 제도형성 과정에서 무임승차자로 편승한 것은 아니었다. 스웨덴 모델에 기생하면서 제도적 혜택만을 편취한 얌체족 공생주의자도 아니었다. 스웨덴 재계는 스웨덴 모델의 기본 정신, 즉 자본주의 시장경제의 테두리 내에서 복지, 평등, 완전고용의 목표를 이루어나간다는 경제 아이디어를 공유하고 있었다. 재계의 경영 자율권 및 사유재산권 보장 그리고 노조가 지향하는 고용증대와 소득 수준의 지속적인 향상이 조화를 이루어 나가도록 한다는 것이 스웨덴 모델의 기본 정신이었고, 스웨덴 재계는 이러한 경제아이디어에 기반을 둔 스웨덴 모델 창건의 유력한 한 축이었다.

그러나 1970년대 이후 스웨덴 재계는 노조가 정치투쟁으로 성취하려 했던 연대임금과 임노동자 투자기금 입법화 등에 대해 평등 이념을 앞세운 경제의 사회주의화 추진 기도로 받아들였다. '상호주의형'(mutualistic) 공생자로서 스웨덴 재계는 스웨덴 모델의 '기본 정신'이 보존되는 한 스웨덴 모델을 지속적으로 지지한다는 입장이었다. SAF는 스웨덴 모델의 제도적 설립 취지에는 아랑곳하지 않고, 사익 편취에만 매달리는 '기생형 공생주의자'가 아니었다. 하지만 80년대 이후 스웨덴 재계단체의 정상조직인 SAF는 노조단체의 이데올로기 공세에 맞서서 스웨덴 모델의 기본 취지를 따른다는 명분을 내세우면서 스웨덴 모델의 핵심적인 제도적 요소에 대한 순응을 거부할 것임을 천명하였다. SAF의 조직 작동을 좌우하던 금속제조업협회(VF)는 이미 1980년대 중반에 중앙 임단협 체제로부터 이탈을 결정하였고, SAF의 소속 모든 재계 단체들이 이에 동조하였다. 스웨덴 모델의 전복기도자로 나섰던 SAF는 드디어 1991년 정책협의제로부터의 탈퇴를 실행에 옮기면서 스웨덴 모델의 변환을 본격적으로 추진해 나간 것이었다.

　　Mahoney & Thelen에 의하면 제도변화를 추진하는 행위자로서서 '전복기도자'에 의해 추진되는 제도변화는 '대체'나 '층화'의 제도변화이다. 위에서 살펴 본 바와 같이 스웨덴 모델의 변화는 다른 시장제도로의 전환을 의미하는 '대체'의 제도변화 유형의 전형은 아니다. 중앙 임단협 제도와 정책협의제의 공식 폐지에도 불구하고 스웨덴 모델은 여전히 작동되고 있기 때문이다. 스웨덴 모델의 제도변화는 두 제도 요소를 대체하여 각각 별개의 제도적 장치들이 덧붙여진 '층화'(layering)의 제도변화라고 할 수 있다. 정책협의제를 대체한 것은 인적 네트워크 가동을 통한 비공식적 협의와 정책결정자들에 대한 로비활동이고, 중앙 임단협 제도를 대신하는 것은 분권화된 협상의 비공식적인 총괄 조율 기제이다.

⑵ 스웨덴 재계단체 SN의 활동양식 변화

· 정치 행위자로서 '스웨덴 경제인연합'(SN) : 밖으로부터의 영향력 행사전략

　　최근 스웨덴 노동시장과 노사관계에 대한 대부분의 연구들은 스웨덴 모델의 퇴조, 즉 중앙 임금단체협상제도(central wage bargaining)과 정책

협의제의 퇴조를 스웨덴 제도변화에 관한 설명의 중심에 놓고 있다. 재계와 노조의 정상조직 간 단체 협상이 산별 단위의 단체협상으로 분권화됨에 따라 이들 정상조직의 권위와 정치적 약화—영향력 축소—현상이 초래된 것으로 분석하고 있다.[17] 단체협상의 탈중앙화, 분권화가 곧 두 정상 지위의 경제결사체 SN과 LO의 권위와 정치적 영향력의 퇴조를 의미하는가?

중앙 정상조직이 단체협상의 일선에서 물러나 있다고 하여, 이를 정치적 영향력과 권위의 쇠퇴로 해석하는 것은 성급한 것일 수 있다. 정상조직의 정치적 후퇴가 곧 조합주의 체제 하에서 조직화된 이익의 정치적 영향력의 감퇴를 의미하는 것은 아니다. 외베르그와 스벤슨은 임단협의 탈중앙화와 이익조직의 정치적 영향력 사이에 직접적 연계 고리가 있는 것은 아니라고 설명한다.[18] 임단협의 탈분권화와 정책협의제로부터의 이탈이 재계 단체의 전략적 선택의 산물로서 이루어진 것이라는 점이 그 가장 중요한 이유이다. 이와 관련해서는 다음과 같은 논거를 들 수 있다.

첫째, 단체협상의 탈중앙화가 중앙 정상조직의 전략적 선택의 산물로 이루어졌다는 점이다. SAF 내 특권적 지위를 가지고 있던 금속제조업협회 VF가 변화하는 대내외적 환경에 전략적으로 대응하기 위한 정치적 선택의 산물로 임단협 분권화가 성공적으로 추진되었다는 것이다. SAF는 공공정책 결정과정에의 제도화된 참여를 통한 영향력 행사 대신 다른 방식의 정치적 영향력 행사를 도모했고, 이와 같은 비제도화

---

17 Swenson & Pontusson 2000, p. 78.

18 Öberg & Svensson 2002.

된 참여가 자신들의 이익을 정책결정 과정에 더욱 효과적으로 침투시킬 수 있다는 전략이었다.

둘째, 정부위원회 등에서 두 정상 조직이 참여하고 있느냐의 여부, 그리고 중앙 임단협을 지속하고 있느냐의 여부와 무관하게 여전히 SN과 LO 두 정상 조직은 다른 국가 회의체에서 주로 다루어지는 정책사안—교육, 사회보장정책, 주택정책 등—에 대해서는 정책결정과정의 핵심적 행위자로 참여하여 큰 영향력을 행사하고 있다는 점이다. 예컨대 의회 의사결정 과정에서 두 조직은 여전히 지배적인 영향력을 행사하고 있다.

셋째, 중앙 조직 단위의 정책참여는 축소되었지만, 지역 혹은 지방 정부 차원의 영향력 행사메커니즘은 여전히 효과적으로 잘 작동하고 있다는 점이다. 중앙 정부위원회 등 회의체 밖에서 다양한 다른 경로와 수단을 활용하여 공공정책 과정에의 참여가 지속적으로 이루어지고 있다는 것이다.

정책협의제의 요체는 '조직화된 이익'(organized interest)의 공공정책결정과정에의 참여가 공식화, 제도화되어 있다는 것이다. 이는 곧 정책결정 기구 '안에' 참여할 수 있는 이익조직의 대표성이 국가 혹은 정부기구로부터 공식적으로 인정되고 있음을 의미한다. 정책협의제는 '조직화된 이익'의 공공정책 형성 및 집행과정에의 제도화된 참여(institutionalized participation)로 특징지어진다. 다원주의적 경쟁체제 하에서 '조직화된 이익'의 정치참여는 이와 다르다. 특정의 조직화된 이익에 대해 공공정책결정 기구 안에 들어 올 수 있는 공식적인 대표성이 선별적으로 부여되어 있지 않다는 면에서 확연히 구분된다. 또한 미국과 같은 자유 시장 경제 하의 다원주의 정치제도에서는 이익조직들이 '밖으로부터' 공공정책 결정과정에 영향력을 침투시키기 위해 서로 경쟁적으로 노력한다. 이와 달리 스웨덴에서는 이익조직들이 여전히 산별, 업종별로 독점적 영향력 행사가 인정되고 있다는 점에서 구분된다. 미국을 전형으로 하는 다원주의 경쟁체제는 조직화된 이익의 '밖으로부터'의 영향력 침투 기도라는 '비제도화된 참여'(non-institutionalized participations)를 특징으로 한다. 비제도화된 참여는 정치인이나 행정관리들에 대한 직접적 접촉이나 유리한 여론조성을 위한 미디어 전략 등 로비활동을 통해 이루어진다.

최근 스웨덴 등 북유럽 국가들에서의 공공정책결정과정에 대한 연구는 이들 국가에서 전통적인 조합주의의 제도화된 참여방식이 퇴조하는 추세에 있으며, 대신 다원주의적 비제도화된 참여의 정치적 중요성이 점차 증대되고 있음을 보여 주고 있다.[19] 이는 곧 이익조직들이 의회 의원들이나 정부 관료들을 상대로 직접적 접촉을 통한 로비활동과 같은 비제도화된 참여의 비중을 늘려가고 있고, 이러한 활동에 투입하는 인력과 자원을 증대시켜 가고 있음을 의미한다. 특히 스웨덴에서의 이러한 변화는 스웨덴 정부 조직의 작동체계가 지니고 있는 특수성에 기인한 측면도 있음을 알 수 있다.

중앙, 지방 할 것 없이 스웨덴 정부 조직은 상대적으로 매우 적은 수의 관리들만으로 구성되어 있다. 관료 집단이 스스로의 자체 역량으로 정책을 입안하고, 이를 구체화할 수 있는 세부적인 계획을 수립하며, 이의 집행까지 책임을 짊어지는 일은 물리적으로 가능한 일이 아니다. 따라서 많은 정부조직에서는 정책을 입안하고, 집행까지 도맡을 수 있

---

19 Lahusen 2002; Christiansen and Rommetvedt 1999; Binderkrantz 2003; Coen 1997.

는 위원회 조직을 두고 있다. 정부위원회는 적게는 1인으로 구성되어 있는 위원회에서부터 많게는 10명 이상으로 구성되어 있는 위원회에 이르기까지 다양한 구성을 보여 주고 있다. 1인 위원회의 경우 정부는 대개 해당 사안에 대한 전문가를 초빙하고, 복수위원회의 경우에는 전문가뿐 아니라, 정당관계자, 이익조직의 대표들로 구성된다. 노조나 재계단체 등 이익 조직의 대표를 초빙하는 경우는 가장 영향력 있는 이익조직, 대부분의 경우는 전국 단위의 중앙 정상조직을 참여하도록 하는 것이 관행으로 되어 있다. 지방정부의 경우는 그 지역 전체를 총괄하는 단체를 대표하는 인사가 참여한다.

특히 최근 스웨덴의 정부위원회 제도에는 매우 중대한 변화가 일어나고 있다. 가장 큰 변화는 정책입안을 담당하는 정부위원회의 경우, 1인 위원회수가 크게 늘고 있다는 것이다.[20] 이는 노조나 사용자 단체의 대표가 정부위원회의 구성 멤버로서 정책형성과정에 참여할 수 있는 기회가 그만큼 줄어들고 있음을 의미한다. 1991년 SAF의 정부위원회 일괄 이탈을 결정한 이후, 재계단체의 인사들은 오로지 개인의 자격으로서만 정부위원회에 참여할 수 있는데, 이 숫자마저 현저하게 감축되고 있다. 1960년 노조와 사용자 조직이 정부위원회에서 차지하고 있는 비율이 20% 수준이었던 것이 비해, 90년대 중반 이후에는 그 수가 12-13% 수준으로 감축되었다.

이와 같은 추세는 정책집행 과정을 책임지고 있는 다른 정부 기구의 경우도 마찬가지이다. 스웨덴 이익조직들은 90년대 초반까지 정책

---

20 Svensson and Öberg 2002, p. 301.

형성과정에서뿐 아니라, 정책이 집행되는 행정기구에도 참여할 수 있는 제도적 기회가 보장되어 왔다. 스웨덴에서 경제단체의 정부 집행이사회의 참여제도는 1992년 의회의 결정에 의해 공식적으로 폐지되었다. 그러나 주요 경제 단체들의 대표들은 여전히 개인 자격으로 여기에 참여해 오고 있다.[21] 이익조직의 정부 집행이사회의 구성 멤버 참여제도는 1992년 의회의 결정에 의해 공식적으로 폐지되었다. 그러나 주요 이익 단체들의 대표들은 여전히 개인 자격으로 여기에 참여하고 있다. 다만 그 비율은 2000년을 전후로 하여 13% 수준으로 떨어져 있음을 알 수 있는데, 노조의 참여비율은 그다지 줄지 않았지만, 특히 사용자 단체의 참여가 급감한 것으로 조사되었다. 노동시장 정책영역내의 집행이사회의 경우도 노조와 사용자 단체의 참여비율이 갈수록 크게 줄어들고 있는 것은 마찬가지이다. 예컨대, 1969년 노동시장 정책집행에 관여하고 있는 집행이사회의 노조 및 사용자 단체 참여비율은 69%였는데 비해, 2000년 이후에는 그 수치가 23% 수준 이하로 감축된 것으로 분석되고 있다. 그런가하면 노조나 사용자 단체나 할 것 없이 집행이사회에 참여하고 있는 대표들의 소속 이익조직과의 긴밀한 연고관계가 갈수록 약화되고 있는 것으로 드러나고 있다.

이와 같은 추세는 노동시장 정책 영역내의 집행이사회의 경우에 전형적으로 나타나고 있음을 알 수 있다. 예컨대 1969년 노동시장 정책집행에 관여하고 있는 집행이사회 구성 멤버 가운데 노조 및 사용자 단체

---

21 조합주의 국가에서의 이익집단의 정책집행 과정에 대한 참여에 대해서는 행정조합주의(administrative corporatism) 개념을 중심으로 분석되기도 한다 (Lewin 1994; Öberg 2002).

의 대표가 차지하고 있는 비율은 70% 이상이었지만, 2000년에는 그 수치가 20% 수준으로 축소되었다. 재계 단체와 노조 등 이익조직의 참여는 줄어들고 있는 대신, 대기업을 중심으로 한 개별 기업을 대표하는 인사의 참여율은 갈수록 늘어나고 있다. 예컨대 기업의 대표 혹은 기업의 이익을 대변하는 대리인을 포함시킨다면 그 수는 정부 기구에 따라서는 40%부터 50% 이상까지로 알려지고 있다. 중앙 노조 LO의 이익을 대표하는 인사의 참여 구성비율은 크게 줄지 않고 있으나, 재계의 정책 참여는 사업자 단체 중심에서 개별 기업 단위로 바뀌어 가고 있음을 보여 준다.

스벤슨과 외베르그(Svensson & Öberg)는 1999년 스웨덴의 30개 산별 사용자 단체 및 74개 산별 노조단체를 대상으로 한 연구조사에서 다음과 같이 스웨덴 경제 결사체의 정책참여 양식에 큰 변화가 이루어졌음을 밝히고 있다.[22]

첫째, 노조와 사용자 단체들은 정부위원회나 집행이사회 등에 대한 제도화된 참여 비중을 줄이는 대신, 정치인이나 행정 관료와의 직접적 접촉 등과 같은 로비활동의 비중을 높여 가고 있다. 이와 같은 변화의 영향으로 SN은 조직편제 상 정보활동과 대정부 접촉을 담당하는 단위 부서의 인력과 재원을 크게 증대하였다.

둘째, 재계는 사용자 단체를 중심으로 하는 정책 참여의 비중을 줄여가는 대신, 특히 대기업을 중심으로 개별 기업 단위의 독자적인 영향력 행사의 다양한 채널을 확대해 나가고 있다. 대기업들은 중앙정부

---

22 Svensson & Öberg 2002.

와 지방 정부의 행정 관료를 직접 접촉대상으로 삼고 있으며, 때로는 외부의 전문 회사에 용역을 주어 대정부 로비활동에 나서기도 한다. 최근 스톡홀름 등 스웨덴 대도시에 미국에서와 같은 로비전문 회사가 성업 중이다. 이들 로비 회사들은 EU 집행부를 대상으로 로비활동을 전개하기도 한다.

셋째, 직접 접촉의 로비활동의 경우에도 노조와 사용자 단체의 주접촉 대상은 조금씩 다른 것으로 알려지고 있다. 두 이익조직 모두, 의회보다는 집행부―내각―에 대해 로비활동의 역점을 두고 있다는 점에 있어서는 같으나, 노조의 경우에는 장관 등 사민당 소속 선출직 공직자들과 행정 관료들을 골고루 접촉 하고 있는 반면, 사용자 단체는 선출직 정치인보다는 행정 관료와의 직접적 접촉에 역점을 두고 있다는 점에서 미묘한 차이가 발견된다. 사민당 정부 하에서 형성된 노조와 사민당과의 오랜 전통의 정치적 제휴가 여전히 존재하고 있음을 보여 주는 것이다. 사용자 단체의 정치 활동은 전반적으로 감소 추세에 있음에도 불구하고, 노조의 정치적 활동은 여전히 왕성하게 이루어지고 있다

〈표 9〉 스웨덴 재계의 영향력 행사 패턴

구분			노 조	사용자 단체
접촉대상은 누구인가	의회	정치인	44%	44%
		행정관료	56%	42%
	집행부(내각)	정치인	66%	66%
		행정관료	62%	35%
	지방정부	정치인	43%	21%
		행정관료	46%	16%
	유럽의회	정치인	19%	33%
		행정관료	12%	22%

출처: Svenson & Oberg 2002

스웨덴 재계의 이러한 영향력 행사 패턴의 배경은 다음과 같은 대외적 여건의 변화를 반영하고 있는 것으로 설명된다.

첫째, 경제글로벌화로 정책 과정의 국제화가 이루어지고 있다. EU 출범 이후 EU 집행부 등 초국가 기구의 정책형성 과정에서의 역할 확충과 함께, 다단계의 정책결정체계 속에서 작동하는 정치-행정 구조가 수립되어 있고, 보다 많은 행위자들이 이러한 다단계의 정책형성 과정에 참여하고 있다. 정책결정과정에 영향을 미칠 수 있는 새로운 경로들이 생겨나게 되었고, 이러한 다층적인 정책결정 기제의 결정으로부터 영향을 받을 수밖에 없는 기업들로서는 전통적인 조합주의 경로를 통하지 않고, 이러한 새로운 다양한 정책결정과정에 직접적으로 영향을 행사하려는 경향이 커지고 있는 것이다.

둘째, 디지털 기술혁명의 결과로 정책결정과정에 참여할 수 있는 채널이 늘어남에 따라 여기에 상응하는 변화가 이루어지고 있다. 디지털 기술혁명은 공공정책 사안에 대한 정보 유통을 크게 증대시켰고, 낮은 비용으로 공공정책 결정과정에 대한 영향력 행사를 가능하게 만들었다. 이에 따라 여건이 불리한 조직이나 기업들이 광범위하게 정부의 정책결정과정에 대한 영향력 행사에 참여할 수 있게 되었다. 일반 시민들까지 인터넷과 멀티미디어를 활용하여 정부 정책과 정책결정자들의 동향에 대한 정보를 손쉽게 얻을 수 있게 되었고, 의원이나 관료를 겨냥하여 정치적 메시지를 손쉽게 전달 할 수 있게 되었다. 정치적 영향력의 경쟁체제에 다원주의적 변화가 초래되어, 다원주의 체제 하에서와 같은 기업단위의 로비활동의 중요성이 더해지게 되었다는 것이다.[23]

3. 한국 시장제도의 내생적, 점진적 제도변화
- '공생적 기회주의자'로서 전경련

(1) 발전국가 제도의 점진적, 내생적 변화

스웨덴에서의 사례와는 달리 한국에서의 시장제도 변화는 1980년 전두환 정부 하에서 추진된 '안정화 시책'으로부터 시작된 것이었다. 발전국가 모델이 국가주도의 경제, 즉 행위자로서 중앙 정부가 시장육성과 경제성장의 견인자로 나서는 시장제도의 유형이라면 한국 정부의 이러한 경제적 역할 변화는 80년대 '안정화 시책'이 발단이 된 것이었다. 한국에서 시장제도 변화를 설명하는 많은 연구들은 변화의 원인을 크게 두 가지로 나누어 설명한다. 하나는 발전국가 성공의 결과로 나타난 '위기론'이고, 다른 하나는 글로벌화의 외압론이다.

첫째는 '발전국가의 성공의 위기'론이다. '성공의 위기'론은 발전국가 모델이 세계에서 유례를 찾아보기 어려울 만큼의 획기적인 성공을 거둔 결과로서 한국의 시장제도가 국가주도형으로부터 민간기업 주도형으로 바뀌게 되었다는 설명이다. 80년대 이후 발전국가가 주도하는 경제성장을 통해 대기업과 대규모 기업 집단의 자율적 성장 역량이 크게 증대되면서 정부-기업 간 역학관계가 바뀌게 되었고, 이로써 재계의 압력에 의해 시장자유화가 추진되고, 그 결과 시장제도의 변화가 이

---

23 Rechtman 1998.

루어지게 되었다는 설명이다. 다른 관점에서 다시 말한다면 경제성장의 결과로서 재계의 힘이 커지고, 민주화의 요구로 국가자율성이 침해되면서 발전국가의 위기가 시작되고, 발전국가 모델의 변화가 시작되었다는 것이다.[24]

둘째, '글로벌 외압'론은 1990년대 이후 시장 규칙의 조화를 추구하는 초국가기구로부터의 글로벌 외압에 의해 발전국가 모델을 더 이상 유지하기 어렵게 되었다는 설명이다. 한국의 경우 1997년 이후 경제적 위기의 해법으로 선택된 IMF 구제금융의 '협상조건'(conditionality)에 의해 불가피하게 신자유주의적 개혁을 추진할 수밖에 없었고, 그 결과로 발전국가를 지탱해 주던 정책적, 제도적 장치들이 해체되면서 발전국가로부터 규제국가로의 이행이 이루어지게 되었다는 것이다.[25]

수십 년에 걸쳐 이루어진 장기적인 변화를 거시적인 관점으로 설명하고자 한다면 이러한 성장위기론이나 글로벌 외압론이 설득력을 가질 수도 있다. 그러나 이러한 설명들은 80년대 '안정화 시책'으로부터 발단이 된 한국 시장제도의 변화 과정을 제대로 설명하지 못한다.

80년대 안정화 시책은 한국 정부의 경제운용의 기본 패러다임이 바뀌어지는 변곡점을 의미한다. 국가주도의 성장전략을 탈피, 시장이 민간기업 주도로 움직여 나가도록 시장 제도의 변환이 시작된 것이었다. 물론 80년대 안정화 시책으로 한국 자본주의 작동체계 자체가 근본적으로 달려졌다는 것을 의미하는 것은 아니다. 80년대 초 안정화 시책을 기점으로 한국의 시장제도가 발전국가로부터 규제국가로 완전히 바

---

24 양재진 2005, pp. 4-5.

25 Shin 외 2003.

꿰어진 것도 아니다. 80년대 안정화 시책으로부터 발단된 한국에서의 시장제도의 변화는 90년대 이후 문민정부로부터의 정부-기업관계의 변화,[26] 그리고 90년대 후반에 발생한 글로벌 경제위기 이후 본격적인 제도변화에 이르기까지 비교적 오랜 시기 동안에 걸쳐 이루어진 점진적인 변화였다고 평가할 수 있다. 5공화국 정부 하에서 시작된 한국 시장제도의 변화는 문민정부를 거치면서 민간주도의 시장경제를 뒷받침하기 위한 제도적 보완이 이루어질 수 있었고, 97-98년 외환위기 이후 글로벌 외압에 따른 본격적인 제도변화를 경험하게 되었다.

지금까지 많은 연구들은 한국에서 시장제도의 근본적 변환이 이루어진 것은 97년 외환위기 이후의 글로벌 외압에 따른 것으로 설명한다. 하지만 한국에서의 시장제도의 변화는 글로벌 외압에 의한 단절적 변화가 아니다. 성장위기론이나 글로벌 외압론은 원인과 결과를 혼동하거나, 사건 발생의 순서를 뒤바꾸어 해석하는 등 인과론적 설명으로는 한계를 보여준다. 1997년 경제위기가 1979년 경제위기의 재판이라는 설명이 있는 것처럼, 90년대 후반 IMF 사태를 배경으로 이루어진 시장 개혁은 70년대 후반 경제기획원이 주도한 자율과 안정, 개방의 안정 정책과 큰 유사성을 갖는다. 하지만 70년대 후반 이후 추진된 경제 개혁은 글로벌 경제위기를 배경으로 한 것도, 재벌들의 경제개혁 요구에 의해 발단된 것이 아니었다.

1980년대 시작된 한국 시장제도의 변화는 경제기획원 내 주요 정책 행위자들의 '정책아이디어'로부터 기인하는 내생적 변화였다.[27] 시장제

---

26 Woo-Cummings 2001, p. 358.
27 윤홍근 2013.

도 변화의 추진자였던 경제기획원 관료들의 기본적인 정책아이디어는 정부의 경제적 역할을 획기적으로 축소 조정하고, 그 동안의 국가주도의 성장 패러다임을 바꾸어 시장과 경제를 민간 주도형으로 바꾸어 나간다는 것이었다. 이러한 정책 아이디어는 당시 경제기획원 관료들이 전면에 내세웠던 '안정, 자율, 개방'이라는 안정화 시책의 기본 명제에 잘 나타나 있다. '안정, 자율, 개방'은 추상적인 선전 구호에 그친 것은 아니었다. 안정화 담론을 주도했던 기획원 관료들의 정책아이디어는 세 차원 정책유형으로 구체화되었다.[28]

첫째, 구체적인 정책프로그램으로서 안정화 시책의 일환으로 집행되었던 중화학 공업축소 조정이나 공정거래 정책, 수입자유화정책 등이 이 범주에 속한다.

둘째, 구체적인 정책수단들의 근저에 전제되어 있는 정책 패러다임(policy paradigm)을 지칭하는 것으로 발전국가로부터의 민간주도 성장 모델로의 전환을 위한 시장개혁 혹은 시장자유화 정책 비전이 이 범주에 속한다.

셋째, 가장 추상성이 높은 수준에서 공공철학(public philosophy) 혹은 공공정서(public sentiments) 차원의 것을 뜻하는 것으로 국가주도냐 혹은 민간주도야 하는 경제에 대한 국가의 역할범위 혹은 정부의 경제적 역할의 적정성에 대한 인식이나 규범적 판단이 여기에 해당한다.

1980년대 시장제도의 전환을 주도했던 기획원의 관료집단의 '정책아이디어'는 시장을 민간주도에 맡길 때가 되었다는 기본 인식하에 아

---

28 윤홍근 2013, p. 179.

래, '안정, 자율, 개방'의 안정화 시책으로 집행되었으며, 중화학공업축소·공정거래 정책·수입자유화 등의 구체적인 정책 수단들을 통해 구현되었다.

1980년대 전두환 정부에 의해 추진된 '안정화 시책'이 한국 발전국가 모델의 중대 전환점이었지만 이러한 변화가 외부적 충격에 의한 것이 아니라 경제관료 조직 내부로부터 비롯된 '내생적' 변화였다. '내생적' 개념에는 안정화 시책 추진이 IMF나 WTO 등과 같은 국제기구의 압력이나 재벌 기업들의 요구에 밀려 추진된 것이 아니라는 의미가 담겨 있다. 또한 그것은 재계나 일반 공중으로부터의 합의된 요구에 밀려 추진된 것도 아니었다. '안정·자율·개방'의 안정화 시책은 한국에서 발전국가로부터의 새로운 차원의 근본적 제도 변화의 시작이었지만, 이러한 시장제도의 변화 시기가 급박한 글로벌 외압이나 재계의 강력한 요구가 있기 이전인 1980년대 초에 이루어졌다는 점에 주목할 필요가 있다.

1980년대 초, 공교롭게도 영국의 대처 정부와 미국의 레이건 행정부가 시장자유화의 신자유주의적 개혁을 추진하고 있었다. 하지만 이들의 경험이 학습되고 모방되면서 글로벌 차원으로 '정책 확산'(policy diffusion)이 이루어지기 시작한 것은 한참 후의 일이며, WTO나 IMF와 같은 국제기구들에 의한 '글로벌 외압' 속에서 신자유주의적 개혁을 강요받기 시작한 것은 그 보다 훨씬 이후의 일이다. 안정·자율·개방의 '안정화 시책'은 당시로서 해외의 모범 사례를 본뜬 '정책모방'(policy copy)이 아니었고, 외국 정부나 국제기구로부터 강압적인 '정책이전'(policy transfer)의 산물로서 추진된 것도 아니었다.

발전국가의 '성공의 위기'가 나타나지 않은 단계에서, 그리고 글로벌 외압이 아직 존재하지 않은 상황 하에서 시장제도의 변화 추진은 경제기획원 관료들의 경제운용에 대한 '정책 아이디어'(policy ideas)의 전환으로부터 발단이 된 것이었다. 국가 주도 성장전략의 '전위 기관'으로 설명되던 경제관료 조직 내부로부터의 정책아이디어 변화가 장기적으로 한국 시장 제도 변환의 추진 동력원이었던 것이다.[29]

(2) 발전국가 제도변화에 대한 한국 재계의 기본 입장

1980년대 초반 경제기획원 관료집단이 민간주도의 자율경제를 내세우면서 정책변화의 추진자로 나섰을 때 재계는 이를 못마땅하게 생각하였다. 한국 재계는 전경련을 앞세워 발전국가 모델을 정책적으로 뒷받침해 주었던 상공부와 재무부의 역할 지속을 강력하게 요청하였다. 전경련은 '촉진자'로서의 정부의 역할 지속의 필요성을 역설하면서, 금융 및 세제상의 혜택의 확충을 요구하였다. 민간주도형의 경제패러다임 전환을 '봄이 오기 전에 비닐하우스를 걷어버리는 식'의 무책임한 정부 역할의 회피라고 몰아붙였다. 재계는 전경련을 중심으로 '민간주도형 경제보다 한 단계 낮은 수준인' '민간 활력형 경제로의 이행'을 주장하기도 하였다.[30] 재계의 이러한 저항으로 안정화 시책의 구체적 정책 추진과정에서는 일부 정책 시행이 지연되기도 했고, 정책추진 과정에서 중대한 수정이 이루어지기도 하였다. 90년대 경제위기의 직접적 요인이

---

29 윤홍근 2013, pp. 169-178.
30 전국경제인연합회 2001, p. 402.

되기도 했던 금융개혁이나 업종전문화, 그리고 기업지배구조 개선 등은 이 시기 한국 재계의 반발로 중도에 포기되었다.

(3) 기생형 공생자–기회주의자로서 한국 재계와 전경련

스웨덴에서의 사례와는 확연히 다르게 한국에서 시장제도의 변화 추진은 재계가 앞장서서 추진한 것이 아니었다. 재계는 경제관료 집단이 추진하는 시장제도의 변환 노력에 오히려 저항하는 태도를 보이며 국가주도의 성장 모델의 지속을 요구하였다. 조합주의 모델의 능동적 변환 추진자로서 재계 스스로가 앞장서서 나섰던 스웨덴 사례에서와는 뚜렷하게 대비된다. 80년대 초반 '안정·자율·개방'의 민간주도의 경제 발전 모델이 형성되기 시작한 이후 90년대 후반 글로벌 외압에 의해 '자유 시장경제'(Liberal Market Economy)에로의 제도변화가 본격적으로 추진되는 과정에서 한국 재계는 '기생형 공생자'(parasites)로부터 기회주의자로서 입장 전환을 보여 주고 있다.

한국 재계를 대표하는 전경련은 1980년대 초 경제관료 집단의 제도 변화 추진에 대해 '기생형' 공생자(parasites)로서 제도의 현상 유지에 편승해 가면서 사익을 도모해 나가고자 하였다. 한국 재계와 전경련은 80년대 경제관료 주도의 제도변화 추진 과정에서 발전국가 모델의 지속에 대한 분명한 선호를 가지고 있었다. 이 변화의 단계에서 전경련으로 대표되는 한국 재계는 기생형 공생자로서 역할을 연출하였다. 기생형 공생자 집단에게 제도는 사익 극대화의 도구일 뿐이다. '기생형' 공생자(parasites)형은 제도의 기본정신이나 가치에 대해서는 무관심하고, 제도의 현상 유지에 편승해 가며 특수 사익의 극대화를 도모할 뿐이다. 경우에 따라서는 사익 편취에 지장을 초래하는 것이면 제도의 기본 정신과 상충하는 행동도 불사하기도 한다. 기생형 공생자들은 현존 제도의 현상유지 보존을 추구하지만 제도를 사익편취의 수단으로 생각하는 이들의 기생주의적 성향 때문에 '표류'의 제도변화가 나타나기도 한다.

하지만 90년대 후반 IMF 사태 이후 글로벌 외압에 의한 제도변화가 본격 추진되는 과정에서 한국 재계는 기회주의자로 입장 전환을 나타내었다. 제도변화 과정에서 행위자의 위상과 역할을 유형화하고 있는 Mahoney & Thelen에 의하면 '기생형 공생자' 유형은 기회주의자 유형과 구분된다. 기회주의자 유형은 현존 제도에 대한 선호가 모호한 행위자 유형으로 현존 제도나 다른 어떠한 대안적 제도에 대한 분명한 선호를 밝히지 않는다. 현존 제도의 존속을 위해 노력하지도 않지만, 제도적 현상 유지에 반대하는 활동에 나서지도 않는다. 기회주의형 행위자들은 제도변화에 관한 한, 무대응(inaction)으로 일관하면서 현존 제도가 보장하는 이익편취 기회를 적극 활용해 나간다. 90년대 IMF 경제위기의 절대 절명의 상황 하에서 한국 재계는 발전국가 모델을 더 이상 지속해 나가기 어렵다는 점을 인식하고, 한국정부의 제도변화 추진 노력에 협력해 나가기 시작하였다.

발전국가의 제도적 유산이 남아 있는 상태에서 글로벌 외압으로 삽입되는 새로운 제도적 요소들은 '층화'의 제도변화의 전형을 보여 주는 것이었다. 층화의 제도변화는 기존 제도 위에 새로운 제도적 요소들이 첨가되거나 기존 제도의 요소에 중대한 수정이 가해져 기존 제도의 효력이 크게 달라지는 제도변화 유형이다. 90년대 후반 글로벌 외압에 의해 발전국가의 제도적 요소들에 첨가된 새로운 제도적 요소들은 기존 발전국가 제도의 기본 작동 원리를 변화시킬 수 있을 만큼 위력적인 것이다. 1990년대 후반 이후 업종전문화 추진과 구조조정 촉진을 위한 시장개혁 입법, 특정 산업을 육성지원하기 위한 정부보조금 제도의 수정법규나 세제상의 혜택을 축소하거나 폐지한 세제개혁조치, 금융특혜를 폐지한 금융개혁 입법 등 새로운 제도적 요소의 부가는 한국 정부가 기업 등 시장행위자들의 행동에 제약을 가하는 방식이 크게 달라졌음을 보여 주기에 충분한 것이다.

8장 '글로벌화 명제' 재검토

1. 글로벌화와 시장제도의 변화 설명 담론들

　지난 30여 년 동안 사회과학 분야에서 가장 활발한 연구가 수행되어 왔고, 그 결과로서 방대한 성과물이 축적되어 올 수 있었던 연구 대상은 글로벌화에 대한 것이라 할 수 있다. 글로벌화에 대해서는 다양한 연구 접근법들이 동원되었고, 서로 다른 관점에서 서로 다른 설명과 이론적 전망을 제시해 왔다. 글로벌화 현상은 다양한 많은 것들을 포함하고 있는 만큼, 다양한 측면에서 분석 단위와 분석 수준을 달리하여 때로는 서로 상충하는 많은 설명이 제시되고 있다. 다양한 유형의 신제도주의자들 역시 글로벌화가 초래하는 많은 변화들, 예컨대 기업지배구조(Davis & Useem 2000; Davis & Marquis 2001; Doremus et al. 1998)나 생산조직

(Berger & Dore 1996; Guillen 2001a; Keohane & Milner 1996), 복지정책(Fligstein 2001a; Stephens et al. 1999), 비정부기구(Boli & Thomas 1999a) 등의 변화에 작용하는 영향을 제도주의적 관점에서 분석하고 있다.[1]

글로벌화를 설명하는 많은 연구들은 '글로벌화 명제(globalization theses)'를 입증하거나 검증하는 데 초점이 맞추어져 있다. 글로벌화 명제의 중심 내용은 크게 다음 몇 가지로 정리될 수 있다.[2]

첫째, 글로벌화는 서구 선진국 등 주요 국가들로 하여금 신자유주의 정책프로그램을 채택하도록 하는 외압요인으로 작용한다. 자본의 국제적 유동성 증대(capital mobility), 그리고 외자유치를 둘러싼 각국의 치열한 경쟁이 각국 정부로 하여금 세금을 감축하고, 기업 활동에 대한 정부의 간섭과 규제를 크게 줄이도록 압박하는 등 외압 요인으로 작용한다는 것이다.

둘째, 노동 시장을 포함한 모든 시장에서 '정치' 위축 현상과 '국가 권위'의 쇠퇴 현상이 나타난다. 시장으로부터의 정치 및 국가 권위의 퇴각은 복지프로그램과 정부재정지출의 축소, 시장개혁과 공공부문 개혁, 규제개혁 정책, 경영우위의 새로운 노사관계 관행 등의 변화를 초래하는데, 이러한 현상이 세계 곳곳에서 공통적으로 이루어진다.[3] 글로벌화 외압은 각국의 경제를 규율하는 제도적 장치들의 축소와 권한위축

---

1 Davis 등과 Fligstein, Guillen, Boli & Thomas 등은 사회학적(조직) 제도주의 이론; Doremus et al., Stephens et al, Berger & Dore 등은 역사제도주의; Keohane & Milner는 합리적 선택 제도주의 접근법을 채택하고 있다.

2 Campbell 2004, pp. 124-133.

3 Ohmae 1995, 1990; Bauman 1998; Cerny 1997; Mckenzie & Lee 1991.

을 낳고,[4] 궁극적으로 경제에 미치는 국가주권의 위축을 가져 온다.[5] 글로벌화에 따라 기업 활동을 규율하는 제도적 장치는 국민국가의 영역을 벗어나, 국가 밖 사부문에서의 자율 규제 영역으로 이동하고 있다.[6] 글로벌화 외압에 따른 각국 정부의 이러한 정책 전환에 의해 세계시장의 평준화(leveling the international playground)가 진행되는 것으로 설명되며, 더 나아가 각국의 시장과 경제에 작용하는 주요한 정부정책과 제도의 등질화가 이루어지는 수렴 현상이 진행되고 있다는 설명으로 까지 이어진다.[7]

셋째, 글로벌화는 각국의 국가경제(national economy) 양상을 근본적으로 변화시키고 있다. 이러한 변화를 주도하는 것은 초국적 거대 기업들이다. 이들은 통합된 세계 시장의 이곳저곳, 기업하기에 유리한 지역과 국가를 찾아 '정처 없이 떠돌아'('footloose') 다닌다. 이들 거대 초국적 기업들에게 국적은 무의미하며, 그들이 태생했던 국가의 주권적 관할은 기꺼이 회피하고자 하는 귀찮은 존재들이다. 이들이 주목하는 것은 어디서든지 저비용-고수익의 편익극대화 가능성이다.[8]

기업 활동의 글로벌화는 거대기업의 조직 및 작동체계에도 큰 변화를 초래하고 있다. 초국적 기업들은 출신지와 무관하게 매우 유사한 조직구조와 경영 전략을 채택하고 있다. 국경을 초월하는 분권화된 네트

---

4   Cerny 1997; Greider 1997; Giddens 2000; Guehenno 1995; Jessop 1997; McKenzie & Lee 1999; Strange 1997.

5   Sassen 1996, 1998.

6   Hall & Biersteker 2002; May et al. 2006; Sassen 1996, p. 29.

7   Tanzi, 1995.

8   Greider 1997; Ohmae 1990.

워크 조직형태, 합작투자, 외주협정, 글로벌 수요-공급체인 등을 특징으로 하는데, 이는 글로벌 시장의 점증하는 불확실성에 대처하고 유연성을 확보해 나가기 위한 전략적 대응으로 이루어지고 있다.[9] 기업구조와 경영전략의 이러한 동조화 현상은 미국 거대 기업을 모델로 하고 있는 것이다. 세계의 모든 기업들이 미국 뉴욕 증시의 상장을 추진하는 과정에서 미국 기관투자자들이 설정해 놓고 있는 제도와 관행들을 뒤따르려는 강력한 동기유인을 갖는다. 글로벌 시장에서 활동하고 있는 초국적 기업들이 미국 주요 기업들의 지배구조 및 경영전략을 모델로 변화를 추구하고 있기 때문에 기업 활동 양식의 국제적 수렴 현상도 나타나고 있다.[10]

넷째, 자본의 국제적 유동성 증대라는 글로벌화를 배경으로 노조는 자본에 비해 힘의 열위에 놓이게 된다. 노조는 경영층이 자국을 떠나 다른 국가로 생산 공장을 옮겨가지 못하도록 붙잡아 두어야 하기 때문이다.[11] 그 결과로서 중앙 집권화된 노조와 사용자 조직 간의 중앙 임단협 및 노동시장에서의 정책협의제를 기본 특징으로 하는 조합주의 제도는 크게 약화되지 않을 수 없으며, 이는 좀 더 자유주의적인 미국식의 제도로 대체된다.[12]

글로벌화 명제는 글로벌화 현상이 심화되어 감에 따라 자본주의 시장 질서를 유지하고 있는 각국에서의 정치경제제도가 큰 변화를 경험하

---

9   Harrison 1994; Gulati & Gargiulo 1999; Gereffi 1994, pp. 217-222.

10   Levine & Zervos 1998; Davis & Useem 2000.

11   Harrison 1994; Jacoby 1995.

12   Lash & Urry 1987.

고 있고, 변화의 방향은 제도 유사성 증대, 더 나아가서는 제도의 수렴 현상을 낳고 있다는 것이다. 극단적 글로벌화론자들은 각국의 정치경제 제도가 미국형의 정치경제 제도와 동조화를 이루어 나가고 있다고 주장하기도 한다. 그렇다면 글로벌화 흐름 속에서 실제 주요국의 정치경제 제도가 이러한 방향으로 변화하고 있는가? 제도변화 현상을 이론적으로 규명하고 있는 최근의 신제도주의 접근법이 글로벌화 명제의 이론적 타당성을 검증하는 데 기여할 수 있을 것이다.

첫째, 글로벌화 명제를 주장하는 학자들은 경제적 글로벌화가 주요 국가들의 정치경제제도, 즉 시장제도를 동조화 시키는(homogenized) 현상을 가져 오고 있다고 주장한다. 글로벌화가 심화될수록 각국 고유의 정치경제 제도의 경제적 성과에서 차지하는 중요성은 줄어들게 되고, 각국 정치경제 제도의 고유한 권능은 박탈당하게 된다는 것이다. 초글로벌화(hyper-globalization)론자들은 이러한 현상을 국가정치경제 제도의 '공동화'('hollowed-out') 현상으로까지 부른다. 기든스(Giddens)는 '껍질제도'(shell institutions)라는 개념으로 이러한 현상을 지칭하기도 하는데, 그가 말하는 '껍질제도'는 각국의 정치경제제도가 마땅히 수행할 것으로 기대되는 과업들을 적절하게 감당해 내지 못한다는 것을 의미한다.[13]

제도변화를 이론적으로 규명하고자 하는 많은 신제도주의론자들은 글로벌화 명제의 이론적 타당성에 대해 회의적이다. 특히 합리적 선택제도주의나 역사제도주의 접근법을 채택하고 있는 연구자들이 글로벌화 명제에 대해 더욱 회의적인 입장을 나타낸다. 이들의 설명에 의하

---

13 Giddens 2000, pp. 36–37.

면 모든 국가들이 외부로부터의 동일한 압력에 대하여 같은 방식으로 대응하지 않으며, 외생적 충격에 대하여 각국이 고유의 제도적 특성을 살려 각기 차별성을 갖는 대응법으로 대처해 나간다.[14] 대부분의 다른 사회학적 제도주의자들 역시 각국 고유의 제도적 특징이 글로벌화 외압에 대하여 서로 다르게 대처함으로써 국가별로 상이한 결과를 가지게 된다고 설명한다.[15] 다만 일부 사회학적 접근법을 취하는 학자들 가운데에는 글로벌화 명제에 대해 이론적 타당성을 부여하기도 한다.[16] 많은 조직들이 글로벌화 흐름을 배경으로 유사한 조직 형태와 조직관행을 발달시켜 나가는 '동형화' 과정을 거치게 된다고 설명하는 것이다.

글로벌화의 명제와는 전혀 다르게 일부 연구가들은 글로벌화가 국가별 고유 정치경제 제도의 공동화(空洞化) 현상을 낳기보다는 오히려 고유의 제도를 더욱 견고한 형태로 지켜나가고자 하는 동기 유발을 낳기도 한다고 설명한다.[17] 특히 자본의 글로벌 유동성이 초래하는 불확실성에 취약하게 노출된 국가일수록 위기에 처한 사회보장 서비스의 지속을 위해 관련 제도강화에 나서기도 한다는 것이다.[18]

선진자본주의 국가들에서의 다양한 시장제도의 경제적 성과를 비교분석하고 있는 자본주의 다양성 모델은 기업과 재계단체를 설명변수로 채택하고 있다.[19] 서구 유럽 국가들의 경제적 변화를 설명하는 기존

---

14 Keohane & Milner 1996; Gourevitch 1986; Hall 1986.

15 Fligstein 2001a, ch. 9; Dobbin 1994; Soysal 1994.

16 Meyer et al. 1997a 1997b.

17 Boli & Thomas 1999a.

18 Garrett 1998a; Katzenstein 1985; Rodrik 1996, 1997.

19 대표적인 연구로는 Hall & Soskice를 들 수 있다: Hall and Soskice 2001.

의 많은 연구들이 노조를 중심 설명 변수로 놓는 것과는 달리, 자본주의의 다양성 모델은 글로벌화 흐름에 대처하는 방식이 국가마다 다를 수 있고, 이러한 차이는 그 나라 시장제도의 차이에 기인하는 것으로 설명된다. 글로벌화의 영향을 노조의 변화를 중심으로 설명하는 이론들은 글로벌화의 외압에 의해 무엇보다도 노조의 위상이 큰 타격을 받는다는 점을 강조한다. 이들의 설명에 의하면 세계 경제시장통합의 글로벌화는 기업에게 이탈 옵션(exit option)을 주는 것이기 때문에 기업과 노조의 힘의 균형은 급격히 기업들에 유리한 방향으로 기울어진다. 기업은 노동 시장의 비용을 줄일 수 있고, 노동시장의 유연성(labor market flexibility)은 크게 증대된다. 글로벌화 외압에 의해 각국 정부는 신자유주의 정책노선과 탈규제 정책을 채택할 수밖에 없게 된다. 이러한 흐름을 배경으로 노조의 위상은 급격히 저하되고, 노조들은 글로벌화의 흐름에 저항할 수 있는 힘을 상실한 채 글로벌화 외압에 굴복하고 만다.[20] 또한 자본주의 시장제도를 유지하고 있는 모든 나라들이 이러한 방향으로 제도와 정책이 변화하는 수렴현상이 생길 것이라는 것이 이들 이론의 전망이었다.

이 연구는 조합주의 국가 모델을 대표하는 스웨덴, 그리고 발전국가 모델을 대표하는 한국의 사례 분석을 통해, 글로벌화 명제를 비판적으로 검증하기 위한 목표를 갖는다. 이 연구에서는 서로 다른 정치경제 제도를 유지해 오고 있는 국가들의 시장제도가 글로벌화의 외압에 직면하여 제도변화를 경험하고 있지만, 그 변화의 방향이 수렴보다는 여

---

20 Kapstein 1996; Katz and Darbishire 1999; Martin and Ross 1999.

전히 각국 고유의 특성을 유지해 나가고 있다는 설명을 지지한다.[21]

국가적 편차는 여전히 지속되고 있으며, 제도적 편차의 지속은 예외적 현상이 아니고, 기존 제도의 관성력이 낳는 규칙적 현상이다. 국가 간 기존의 서로 다른 제도적 장치가 글로벌 외압을 수용하는 대응법의 차이를 가져 온다. 기존의 정치경제제도는 주요 행위자―기업, 정부관료, 정치인, 이익조직 등―의 선택과 행동에 대하여 글로벌화 외압이 미칠 수 있는 정도를 좌우한다. 기존 정치경제제도는 글로벌화 외압을 중개하는 완충장치로 기능하며, 글로벌화 외압을 걸러내는 필터 역할을 수행하기도 한다. 기존의 정치경제 제도는 글로벌화 외압에 직면한 주요 행위자들의 선택 가능한 행동을 제한하는 제약요인으로 기능할 수도 있고 특정 행동을 유발하는 인센티브로 기능할 수 있다. 주요 행위자들이 글로벌화 흐름 속에서 기존의 제도와 정책, 관행 등을 얼마나 바꾸어 나갈 것인가를 의사 결정해 나가는 과정은 기존 제도적 장치의 지배적 영향력 하에서 이루어진다.

---

21 Berger 1996; Garrett 1998; Garrett & Lange 1996; Kitschelt et al. 1999; Milner & Keohane 1996; Wade 1996.

2. '탈조직' 명제(disorganization theses)의 재검토

(1) 경제글로벌화와 조직딜레마 현상

경제 글로벌화는 시장에서의 행위자의 선택과 행동 전략에 직접적으로 영향을 미친다. 글로벌화는 시장행위자로서 개별 기업의 선택과 전략에 변화의 외압으로 작용할 뿐 아니라, 시장행위자로서 경제 단체의 선택과 행동전략에도 변화의 압박을 가한다. 글로벌화의 변화 외압은 개별 기업에 가해지는 것 이상으로 경제적 결사체 활동에도 큰 타격이 되지 않을 수 없다. 왜냐하면 궁극적으로 시장경쟁 원리는 집단행동의 연대원리와 배치되는 것이기 때문이다.[22]

디지털 기술혁명과 경제 글로벌화를 배경으로 진행되고 있는 장기적인 사회경제적 변화가 경제적 결사체들의 '탈조직화' 및 위상 저하를 초래하고 있다는 설명이 최근 사회과학의 한 주류로 자리 잡아 오고 있다. 이들 설명은 대부분 노조에 초점이 맞추어져 있다. 경제 글로벌화로 각국에서 산업구조와 생산방식, 직무구조가 급속도로 변화하면서 노조의 가입률이 현격하게 감축되고 있고, 사회적 조직으로서 노조의 위상이 크게 떨어지고 있다는 것이다. 글로벌 네트워크 생산체제의 구축

---

22 그러나 기업들 간 집단행동의 유인이 경제 글로벌화로 즉각 줄어드는 것은 아니라는 주장도 있다. 경제단체들은 경제 글로벌화에도 불구하고 얼마든지 회원사들의 참여와 지지를 유지할 수 있다. 또한 집단행동의 문제를 극복할 수 있게 해주는 강력한 제도적 뒷받침이 유효하게 지속되는 한, 회원사 간의 집단행동을 유효하게 조직화할 수 있다는 것이다(Traxler et al. 2001).

은 단위 기업의 규모를 크게 축소해 나가고 있다. 모든 생산 공정이 대규모 인력을 고용한 하나의 기업조직 아래 완결되어질 필요가 없어졌기 때문이다. 전통적으로 잠재적 회원의 주요 공급원이었던 제조업 부문이 축소되면서 노조의 신규 가입 숫자가 크게 줄어들었으며, 해외 공장 이전 등으로 노조의 목소리는 크게 약화되었다는 설명이다.

그렇다면 노조가 아닌 다른 경제적 결사체의 사정은 어떠한가? 경제 글로벌화의 영향을 분석하고 있는 대부분의 논의들은 글로벌화로 기업의 힘과 위상이 크게 증대되고 있다는 점에 주목한다. 노조의 위상이 축소된 반면 사용자로서 개별 기업의 힘이 크게 증대되었다는 것이다. 실제로 경제 글로벌화 과정에서 글로벌화를 주도하고 있는 초국적 기업들은 경제적으로뿐 아니라, 사회정치적으로도 막강한 위력을 발휘해 나가고 있다. 그렇다면 재계의 이익을 대표하는 경제단체는 회원사들인 개별 기업의 힘이 강해지고 있는 만큼 보다 강력한 단체로 변모해 가고 있는가? 아니면 노조와 마찬가지로 경제적 결사체로서 업계 단체나 사용자 단체들도 가입률 저하와 정치사회적 영향력 축소를 경험하고 있는가?

경제 글로벌화에 따른 재계 단체의 정치사회적 영향력 감축 여부를 분석하고 있는 연구는 상대적으로 크게 제한되어 있다. 노조의 카운터파트인 사용자 단체들에 대해서 노조와 마찬가지의 '탈조직화' 현상이 초래되고 있는지를 분석하는 제한된 연구가 있을 뿐이다. 경제 글로벌화로 노조뿐 아니라, 사용자 단체 등 기업의 이익을 대변하는 경제단체들도 회원사 감소 등으로 영향력 감퇴 현상을 경험할 것이라는 점은 라쉬와 유리(Lash & Urry 1987)에 의해 처음 지적된 바 있다. 라쉬와 유리는 북유럽 국가들의 조합주의 정치체제를 대상으로 조합주의적 정책결정 과정의 퇴조 속에서 경제적 결사체들의 집단행동이 크게 축소되는 '탈조직화' 현상이 초래될 것이라고 예견한 바 있다. 트랙슬러(F. Traxler)는 서구 주요 국가들의 사용자 조직(employer association)을 대상으로 이러한 '탈조직화'를 검토하고 있다. 트랙슬러는 노조의 위상 저하에 상응하여 사용자 단체의 위상에도 같은 방향의 변화가 있을 것이라는 가설을 검증하고 있다. '탈조직화' 가설에 의하면 사용자 단체의 잠재적 회원사들 가운데에도 실제 신규 가입을 선택하는 기업의 숫자가 격감하고 있으며, 멤버십을 유지해 오던 회원사들 가운데 탈퇴를 선택하는 회원들이 늘어간다. 또한 잔류를 선호하는 회원들은 단체에 대한 회비부담의 감축을 원하며, 단체의 사무국에서는 자체 재정수입 확충을 위한 유료 서비스 개발(경영정보, 경영지원, 다양한 교육프로그램 등), 회원사들에게 선별적으로 혜택이 집중되는 컨설팅 서비스 확대 등으로 이러한 변화에 대응한다. 경제 글로벌화는 경제단체들에게도 직접적인 변화의 외압으로 작용하면서 경제단체의 위상 저하와 함께 조직 작동체계의 변화를 도모하지 않을 수 없도록 만들고 있다는 것이다.

트랙슬러의 '탈조직화' 가설에 대한 검증은 크게 두 가지 방향에서 이루어지고 있다. 하나는 조합주의 정책형성의 전통을 유지해 오고 있는 주요 유럽 국가들에서 경제 글로벌화를 배경으로 실제 조합주의 전통의 퇴조 현상이 생겼느냐를 조사하는 것이고, 다른 하나는 조합주의 퇴조 속에서 실제로 경제단체, 특히 노조의 카운터파트로서 사용자 단체들이 위상저하와 영향력 감소를 경험하고 있느냐는 것이다. 트랙슬러는 유럽 국가들을 대상으로 하는 경험적 데이터 분석을 통해 전자에 대해서 스웨덴과 같은 예외적인 사례를 제외하면 조합주의적 정책결정의 광범위한 퇴조 현상이 나타나고 있지 않다는 점을 주장하고 있다.[23]

또한 서구 유럽 국가들에서 경제단체들은 글로벌화의 장기적인 사회경제적 변화에 의해 조직해체 현상이 일어날 정도의 직접적인 영향을 받고 있지는 않다는 설명도 내놓고 있다.[24] 여기서는 한국을 대표하는 최고의 경제단체라 할 수 있는 전경련을 대상으로 이러한 '탈조직화' 가설을 검증해 보기로 한다.

경제 글로벌화는 시장경쟁 법칙의 글로벌 확산을 의미하며, 개별 기업 입장에서 보았을 때 시장 경쟁의 심화를 뜻하는 것이다. 시장경쟁의 심화는 개별 기업 단위의 시장 전략뿐 아니라, 기업들 간 집단행동의 선택에도 영향을 미친다. 시장경쟁의 심화는 우선 시장행위자들에게 협동보다는 개별 전략의 선택을 부추긴다. 시장경쟁이 심화될수록 시장행위자들은 협력하고 연대하면서 이익을 지키려는 유인을 덜 가지게 된다. 시장행위자로서 기업 간 집단행동 조직화에 활동의 초점이 맞추어진 경제 단체들은, 따라서, 경제 글로벌화가 초래하는 조직 딜레마(organizational dilemma) 상황에 빠질 수 있게 된다.[25] 트랙슬러는 경제적 결사체가 직면하는 탈조직화에 따른 조직딜레마 문제를 단체 조직률(membership density) 감축, 대표활동(representative activities)의 한계, 조직관리 역량(governing capacity)의 제약 등 세 이슈를 중심으로 설명하고 있다. 이 세 가지 변수 가운데 트랙슬러가 설명의 중심에 놓고 있는 변수는 단체 조직률이다. 단체 조직률은 가입대상이 되는 기업들 가운데 얼마나 많은 기업들이 실제 단체의 회원사로 등록하느냐 하는 것이다. 트랙슬러

---

23 Traxler 2004.

24 Traxler et al. 2001.

25 Traxler 2005, p. 93.

는 기업의 사업자 단체 가입은 집단행동의 조직화를 통해 노조에 대응하기 위한 것이라는 관점에서 근로자의 노조 가입률이 감축되면서 기업들의 사업자 단체 가입률도 떨어질 것으로 보고 있다.

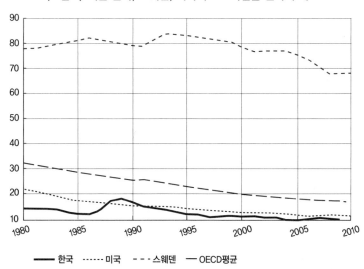

〈그림 2〉 최근 한국, 스웨덴, 미국의 노조가입률 변화 추세

▬▬ 한국 ······ 미국 - - - 스웨덴 ── OECD평균

〈표 10〉 최근 20년간의 한국, 미국, 스웨덴의 노조가입률 　　　　[단위: 명, %]

국가	구분	연도			
		1980	1990	2000	2010
한국	노동자 수	6,464	10,950	13,360	16,971
	노조회원 수	948	1,803	1,527	1,643
	노조가입률	14.67%	17.23%	11.43%	9.68%
미국	노동자 수	89,950	108,338	126,535	129,267
	노조회원 수	19,843	16,740	16,258	14,715
	노조가입률	22.06%	15.45%	12.85%	11.38%

스웨덴	노동자 수	3,895	4,074	3,731	4,028
	노조회원 수	3,039	3,322	2,989	2,748
	노조가입률	78.02%	81.53%	80.11%	68.22%

출처: OECD Stat Extracts(1980-2010)

위 표에 나타나 있는 바와 같이, 이 연구의 분석 대상 기간으로 삼고 있는 지난 30여 년 동안 한국과 스웨덴, 미국의 노조 가입률은 감축을 보이고 있다. 스웨덴 사례가 가장 두드러진 감축을 보이고 있음을 알수 있다. 한국과 미국의 사례 역시 매우 완만하지만 노조의 가입률이 줄어들었음을 보이고 있다. 그렇다면 이러한 노조가입률 추세에 맞추어 한국의 대표적인 경제단체인 전경련의 단체가입률도 줄어드는 추세를 보이고 있는가?

(2) 전경련의 단체 가입률 변화: 경제 글로벌화의 영향인가?

경제 단체의 형성 및 존립 목표는 회원사들 간의 성공적인 집단행동에 있다. 경제단체의 집단행동이 효과적으로 이루어지기 위해서는 경제단체를 구성하고 있는 회원사들이 적극적인 집단행동 유인을 가질 수 있어야 한다. 잠재적 회원사로서 개별 기업들의 적극적인 집단행동 유인은 경제단체가 회원사들의 기대를 충족시킬 수 있는 활동의 산물을 지속적으로 공급할 수 있느냐에 따라 달려 있다. 단체가 내세우는 대표 활동의 산물이—예컨대 사용자 단체의 경우 노조와의 단체교섭의 성과—만족스러운 것이든지, 혹은 단체가 주도하는 대정부 활동을 통해 회원사들이 추구하는 이익이 정부 정책결정과정에 성공적으로 반영될 수 있어야 한다. 그런가 하면 회원사들이 필요로 하는 전문적인 지식이나 정보, 교육프로그램 등을 원활하게 제공할 수 있어야 한다. 경제단체는 회원사들에 편익이 한정되는 선택적 유인(selective incentive)을 제공할 수 있어야 한다.[26]

기업과 경제단체는 이익계산에 철저한 가장 합리적인 시장행위자이다. 경제 글로벌화는 기업들이 이익증진의 수단으로써 경제단체의 중요성을 갈수록 덜 인식하도록 만든다. 경제단체의 가입과 활동 참여로 얻을 수 있는 편익에 비해, 멤버십을 유지하는 데 드는 비용이 크다고 계산하는 것이다. 따라서 기존 멤버들은 이탈을 선택하든지 회비 부담을 줄이려 하며, 신생 기업들은 단체 가입을 꺼린다. 특히 대기업은 기업들 간 집단행동보다는 개별적 행동을 통해 더 좋은 결과를 얻을 수 있다고 계산할 수 있으며, 산별노조나 전국 단위의 단체교섭을 통해서가 아니고, 회사 노조와 개별 교섭을 통해 더 나은 성과를 유지해 나갈 수 있다고 계산한다. 정부 정책에 대한 영향력 행사도 경제단체를 통한 간접적인 방식보다는 회사의 이익을 직접 대표하는 인사들을 전면에 내세우는 것이 더욱 효과적이라고 계산한다. 해외직접 투자의 기회를 보장하는 경제 글로벌화는 대기업들에게 이탈옵션(exit option)을 행사할 수 있는 유리한 조건을 제공해 준다. 기업의 이익에 반하는 정부 정책이나 노조활동에 대해서 해외투자를 늘려나간다는 전략적 선택을 실행에 옮길 수 있다. 글로벌 유동 역량을 확충한 대기업들은 내수 시장과 자국

---

26 Olson 1965.

정부에 활동의 초점을 맞추고 있는 경제단체를 통해서 별로 이득을 볼 수 없다고 계산한다.

회원사 간 규모의 차이나 업종별 이해관계의 이질성을 고려할 때 경제단체가 대표해 줄 수 있는 경제적 편익의 범위는 제한될 수밖에 없는 것으로 판단한다. 그런가 하면 단체가 대표하는 대정부 활동을 통해 얻을 수 있는 정치적 편익 역시 회원사들에게만 한정적으로만 주어지는 선별적 유인의 성격을 갖기보다는 비회원사들도 쉽게 무임승차할 수 있는 집합재로서의 성격을 갖는 것으로 간주한다. 따라서 경제 글로벌화의 산물로 개별 기업, 특히 대기업의 집단행동 참여 유인은 줄고 이탈을 선택하게 된다는 논리이다.

경제 글로벌화를 배경으로 '탈조직화'를 설명하는 논자들은 우선 단체 가입률(membership density)이 감축할 것으로 설명한다. 시장경쟁의 심화를 낳는 경제 글로벌화는 경제단체의 선별적 유인 제공에 필요한 조직 역량을 감축시키는 방향으로 작용하며, 이로써 회원사들 간의 집단행동 유인은 갈수록 줄어들게 된다는 것이다.

〈표 11〉 전경련 회원사 변화 - 1970년부터 약 5년 단위로 현재(2013)까지

기준년도	개별 기업회원 수	단체 회원 수	전체(기타 포함)
1970	–	–	178
1975	–	–	247
1980	–	–	415
1985(84)	–	–	421
1990	232	73	463
1995(97)	205	65	418
2000	231	63	441
2005	229	63	437

| 2010 | 274 | 66 | 485 |
| 2013 | 437 | 67 | 508 |

※ – 1970~84년도(한상진 외 1명, 현대사회연구소, 1985)
   – 1990~1995년도(전경련 연별사업보고, 한국노동연구원(2008)에서 재발췌)
   – 2000~2013년도(전경련 홈페이지, 전경련 연별사업보고에서 도출)

위 표에 나타나 있는 바와 같이 전경련의 회원사는 점차 늘어나고 있는 추세임을 알 수 있다. 개별 기업회원사뿐 아니고, 단체회원사도 증대되어 왔음을 알 수 있다. 전경련 회원사의 가입률 증가는 중견 기업까지 그 문호를 개방한 데 따른 것으로 보인다. 전경련은 '대기업의 이익만을 대변한다', '대기업이 아닌 기업들에게는 회원사로서 문호를 개방하지 않고 있다'는 비판에 직면해 왔었다. 2005년 이후 두드러지게 나타나고 있는 전경련 회원사 증가추세는 이러한 비판에 맞서 전경련이 문호를 대기업이 아닌 중견 기업들도 회원사로 받아들인 결과이다. 2000년 이후 재벌 대기업의 전경련 외면, 또한 전경련에 대한 사회적 비판에 맞서 전경련은 스스로의 변모를 시도하기 시작하였다. 가장 큰 변화는 매출이나 자본규모의 회원 요건을 크게 완화한 것이다.

90년대 초중반으로부터 시작된 한국 경제단체의 변화가 경제 글로벌화의 직접적인 영향 아래 이루어진 것이었다고 단정할 수는 없다. 경제 글로벌화가 기업들의 집단행동 유인의 감축을 초래함으로써 경제적 결사체들이 어려움을 겪기 시작한다는 '탈조직' 명제(disorganization theses)가 한국 전경련 사례에도 직접적으로 적용된다고 볼 수 없다. 90년대 초중반 전경련의 회원사 탈퇴의 증가는 일시적인 현상이었을 뿐, 트랙슬러가 제시하고 있는 글로벌화에 따른 '탈조직화' 현상의 반영은 아닌 것으로 보인다. 이와 관련해서는 두 가지 측면을 고려할 필요가 있다.

첫째, 90년대 초중반 한국 경제단체의 가입률 감소가 집단행동 유인감축을 경험한 잠재적 회원사들의 자발적 선택의 산물이라고 볼 수는 없다는 점이다. 90년대 중반 한국 경제단체의 회원사 축소 경험은 회원사들이 직면하게 된 재정적 압박이 주요 원인으로 작용한 것으로 보인다.

둘째, 한국 경제단체들의 회원사 수는 2000년대 이후 다시 완만하게 증대되고 있다는 점을 주목해 볼 필요가 있다.

(3) 변화된 제도적 환경 속의 한국 재계와 전경련

세계화는 각국의 정부-기업관계에도 많은 변화를 가져오고 있다. 1980년대 이후, 적어도 2008년 새로운 글로벌 경제 위기 전까지 정부의 경제적 역할변화가 전 지구적 차원에서 새롭게 변화되고 있다. '세계화' (globalization)로 통칭되고 있는 이러한 흐름은 그동안 서로 다른 시장제도를 유지해 오던 많은 국가들에게서 동시에 진행되어 오고 있다. 한국도 예외는 아니다. 환란 위기 이후, 한국 경제는 본격적으로 글로벌 경제에 편입되었다. IMF 등 국제경제기구의 주문대로 시장과 경제에 대한 정부의 개입을 축소하거나 폐지하는 제도개혁이 이루어졌다. 스웨덴 등 다른 시장제도를 유지해 온 국가들에서도 유사한 변화의 흐름이 발견된다. 하지만 동시적 진행이 반드시 동일한 경로로 이루어지고 있음을 의미하는 것은 아니다. 세계화의 흐름을 수용하고, 시장제도를 변경하는 방식과 경로는 국가마다 차이가 있음을 알 수 있다. 세계화가 시장에 작용하는 각국의 공공정책 및 정부-기업관계에 미치는 영향의 대체적인 방향은 두 가지로 정리될 수 있다.

첫째, 정부의 경제적 역할을 축소·조정하려는 움직임이 활발해져 가고 있는 과정에서 시장이나 기업 활동에 대한 정부의 정책적 영향력이 줄어들고 있다는 점이다. 정부가 공공정책 수단으로 자국의 시장이나 경제에 영향을 미칠 수 있는 여지는 갈수록 축소되고 있다. 각국 고유의 시장규칙을 대체하며 WTO나 OECD, IMF 등의 국제 경제기구와의 협정이 오히려 더 큰 영향을 미치고 있다.

둘째, 정부의 정책결정과정에 영향을 미치고자 하는 기업의 정치적 영향력 행사방식이 달라지고 있다는 점이다. 기업의 정치적 활동 양식의 변화는 그 나라 경제 발전사나 민주주의 발전의 역사, 정부제도 등에 따라 다소 차이가 있지만, 대체로 미국식의 정치적 활동양식이 널리 확산되어 가고 있는 추세라 할 수 있다. 국제기구의 영향 하에 각국 정책 결정과정의 투명화, 공개화 촉진은 정부와 기업이 교호작용하는 방식에 변화를 초래하고 있다.

한국에서는 특히 1990년대 이후 선거정치의 활성화 및 제도적 측면에서의 정치발전이 이루어지면서 정부-기업관계에도 새로운 변화의 차원을 더 하고 있다. 민주화 진전과 함께 탈권위주의화가 이루어지면서 유권자와 이해관계자집단, 시민단체의 영향력이 크게 증대되어 온 반면, 상대적으로 함께 정치 및 정부의 권위가 축소되는 현상을 보이고 있다. 공공정책결정과정에 참여하는 참여집단이 크게 늘어나고 있으며, 공공정책 결정과정 그 자체는 차츰 공개적이고 투명한 방식으로 이루어지고 있다. 정부의 정책과정에서 관료나 정치인들의 판단과 결정보다는 유권자 및 이해관계 집단의 선호, 그리고 여론 향배에 따라 정책과 제도의 변화가 이루어진다. 정책결정자들은 빈번하게 여론조사를 실시하여, 이를 기초로 정책 사안을 판단하고 제도변화를 도모하기도 한다.

1990년 중후반 이후 지속적으로 추진된 정치·행정제도의 개혁적 변화 역시 전래의 정부-기업관계에 변화를 압박하고 있다. 정부-기업 간의 호혜적 교호작용이 기능했던 정책 환경은 여러 가지 정치·행정제도의 개혁으로 공개화·탈기밀주의화 되어 가고 있다. 공직자윤리법규 강화, 선거법 및 정치자금법 개혁, 정당제도 혁신 등이 지속적으로 추진되면서 정경유착으로 특징지어지는 한국정치의 오랜 유산이 갈수록 희석되어 가고 있다. 정보공개법, 행정절차법, 정부기록물관리법, 행정 서비스헌장제 등 개혁적 행정제도 도입으로 공공정책결정방식에 많은 변화가 초래되고 있다. 정부결정의 정보공개와 함께 정책결정과정에서 유력인사의 영향력 행사 여지가 줄어들고 있다. 정보의 독점 및 은닉을 통해 정치적 이득을 향유할 수 있는 기회가 차츰 축소되고 있음을 알 수 있다.

시민 사회 성장과 함께 우리나라 시장 및 경제규모가 공공정책 수단을 통해 정부가 좌우할 수 없을 만큼 이미 커져 있다. 1960-1970년대 경제기획원을 중심으로 정부부문에 월등히 우월한 인적 자원과 정보가 보유되어 있었으나, 이제는 민간 기업부문에 보다 우수한 인력과 시장정보가 보유되어 있다. 한국의 주요 대기업들은 자체적으로 업계의 기술동향이나 시장의 동향, 세계 경제의 흐름을 분석·예측하고, 국내외 정치상황을 분석하는 싱크탱크를 유지하고 있다. 기업의 자율경영 역량이 커졌고, 정부·기업 간 힘의 관계의 변화로 시장에 대한 정부간섭의 비효율성을 우려하는 목소리가 커져 오고 있다. 기업의 현금보유와 투자 역량이 커졌고, 자체 역량으로 해외 금융시장에서 자본을 유치할 수 있을 만큼 신용이 확보되어 있기 때문에 정부의 금융특혜에 의존하지 않아도 된다. 정부가 아무리 기업의 투자증대를 요청해도 기업은 수지 타산이 맞지 않은 부분에 끌려들어가지 않을 수 있게 되었다.

전경련 등 한국의 재계 단체는 이러한 변화된 제도적 환경에 적응해 나가지 않으면 안 된다. 시장에서의 승자가 정치적으로 골라지는 (picking winner) 시대는 지나갔다. 재계의 시장 활동뿐 아니라, 정치적 활동을 규율하는 제도적 정치가 크게 변화해 나가는 환경 속에서 호혜적 유착관계 형성을 통해 정부로부터 자원과 기회를 선별적으로 제공받으려는 기도는 더 이상 성공적일 수 없게 되어 있다. 한국 재계의 집단행동의 조직화 매개체로서 전경련의 활동 양식도 달라져야 한다. 한국 정부와의 대화창구로서 전경련의 위상은 더 이상 지속되기 어려울 것이다. 이해관계를 달리하는 한국 재계가 전경련을 통해 한국 정부에 전달할 수 있는 정책대안은 크게 제한될 수밖에 없기 때문이다. 전경련은 한국 시장제도 변화의 주체로 나서지는 않았지만, 대내외적 환경 변수의 작용으로 크게 달라진 새로운 제도적 환경에 직면해 있다.

9장 한국 경제단체를 위한 제언

1. 경제단체와 제도변화 게임

시장에 직접적으로 영향을 미치는 정책과 제도는 각국 고유의 '역사적 경로의존성'(historical path)을 갖는 것으로 오랫동안 인식되어 왔다. 각국별로 산업화 및 경제발전에 기여한 정부 정책은 다를 수밖에 없고, 각국에서의 기업 활동은 그 나라 고유의 시장 제도의 틀 속에서 이루어진다. 이러한 각국 고유의 정책과 제도는 행위자의 인위적 변화 기도에 의해 쉽게 바뀌지 않으며, 변화를 압박하는 어떤 외부 힘의 작용이 가해지더라도 스스로를 유지하려는 관성력을 가진다는 것이다.

같은 논리의 연장선상에서 경제적 글로벌화 흐름에 대응하는 각국의 대응 방식의 차이가 각국이 역사적으로 유지해 오고 있는 시장제도의 차이에서 기인하는 것으로 설명된다. 글로벌화 흐름은 각국의 국경선을 넘어 와 그 나라의 시장과 경제에 직접적으로, 획일적으로 충격파를 미치는 것이 아니라는 설명이다. 글로벌화 충격파는 그것이 선택이든, 외압이든 역사적으로 형성되고 발전한 기존의 정치경제 제도에 의해 걸러지고 흡수되면서, 또는 굴절되면서 영향을 미치는 것이고, 그러한 영향력의 파급 효과로 기존 정책과 제도의 변화를 초래한다는 것이다. 각국에서 글로벌화 충격파를 걸러주는 제도적 장치는 공사부문에서 행위자들의 행동을 규율하는 '규제 메커니즘'(regulative mechanism)을 통해 제도 변화의 동인으로 작용한다. 제도는 공사부문의 행위자들의 결정과 이와 같은 결정을 집행해 나가는 '행동의 장'에서 행위자들의 행동을 직접적으로 규율하는 행동 규칙의 성격을 가질 수 있다.

시장 제도는 정치적, 사회경제적 행위자들이 조직화되고, 정치적으로 활동하는 방식에 영향을 미친다. 국가에 따라서는 노조나 이익단체들의 집단행동 조직화를 촉진하는 규칙체계를 유지할 수도 있고, 오히려 경제적 행위자들의 집단행동 조직화에 불리한 규칙제계를 제도화해 놓고 있는 국가도 있을 수 있다. 중앙집권화된 이익조직들이 공공정책 결정과정에 직접 참여하여 이익을 관철시킬 수 있는 근거 법규가 마련되어 있는 국가가 있는가 하면, 정책결정 과정에의 직접적 개입보다는 외부로부터의 간접적인 영향력 행사만이 가능도록 되어 있는 경우가 있다. 정치사회적 행위자의 행동을 규율하는 이러한 규제제도는 행위자들의 특정 정책에 대한 이해관계와 선호를 좌우하기도 한다. 이러한 규제제도의 범주에는 개인이나 이익조직들이 선거과정에 참여하는 과정에 적용되는 선거제도까지를 포함한다. 선거제도는 시장 행위자들 간 특정 정책을 둘러싼 타협 가능성에도 영향을 미칠 수 있다.

시장에서의 결사체 활동은 공공부문을 겨냥하여 이루어기도 한다. 이익집단은 자신들이 추구하는 공동의 특수사익이 국가의 공공정책 결정에서 관철될 수 있도록 노력한다. 그런가하면 정부의 정책결정자들은 정책결정과정에 필요한 지식과 정보를 이들 이익집단들로부터 얻을 수 있다. 이익집단과 정부가 교호작용하는 방식은 국가별로 적지 않은 차이가 있다. 그것은 국가의 정치사적 전통이나 산업화의 역사가 각기 다르기 때문이다. 이익집단의 형성과정과 활동 방식은 민주화와 산업화의 함수에 의해 달리 결정된다. 산업화가 시장에서의 사익 간의 치열한 경쟁의 산물로 이루어진 국가가 있는가 하면, 국가 주도의 공공정책의 산물로서 이루어진 국가가 있다. 국가주도의 산업화 역사를 가진 국가들에서는 이익집단의 결성과정에서 국가가 주요한 역할을 하지만, 민간주도의 산업발전의 역사를 가진 국가에서는 이익집단 결성 역시 민간주도로 이루어진다. 집단 형성과정으로부터 활동 방식에 이르기까지 국가와 이익집단 간의 교호작용 방식과 그 강도는 국가별로 큰 편차가 있다.

1980년대 이후 본격화되기 시작한 세계화 흐름과 주요국의 시장 및 공공부문개혁 흐름은 시장 제도를 유지해 오고 있는 각국에서 정부와 기업, 국가와 시민사회 관계에 새로운 변화의 동인으로 작용하고 있다. 세계화와 경제자유화가 가져온 가장 두드러진 변화에 대해서는 경제로부터 '국가의 퇴각'이라는 개념으로 분석되기도 한다. 극단적인 논자들은 이를 '경제적 주권의 축소'라고까지 주장한다. 이는 공공정책 수단을 동원하여 그 나라 시장과 기업 활동에 영향을 미칠 수 있는 정부의 능력이 더욱 줄어들게 되는 '정부의 경제적 역할 축소'를 의미하는 것이며, 또한 '정책 자율성'의 감축을 의미하는 것이기도 하다. 세계화에 대한 전략적 대응으로 각국 정부는 공공부문의 효율성 증대를 위한 정부 개혁과 함께, 시장이나 경제에 대하여 차츰 정부가 '손을 떼는'(hand-off) 방향으로 자국의 정부 제도와 공공정책을 재조정해 나간다는 것이다.

세계화의 영향에 대한 이러한 관점의 분석은 대처리즘이나 레이거노믹스로 상징되고 있듯이 영국이나 미국 등과 같은 다원주의 정치모델 위에서 작동하고 있는 국가들에서 그 전형을 찾아 볼 수 있다. 스웨덴 등 북유럽국가들이나 한국 등 발전국가들에서 글로벌화가 국가의 축소나 정부의 경제적 역할 감소를 초래하고 있는가에 대해서는 좀 더 다른 차원을 분석을 필요로 한다. 스칸디나비아 국가들에서의 세계화 경험은 세계화가 국가의 축소나 정부의 역할감소를 가져오기도 하지만, 다른 한편으로는 역할 축소 없이 시장제도 차제의 성격 변화를 가져오기도 한다는 점을 보여 주고 있다.

스웨덴은 재계를 대표하는 사용자 단체가 제도화된 정책결정의 장에서 스스로 퇴각을 선택함으로써 변화의 단초를 열었다. 제도화된 참여를 통한 영향력 행사보다는 '밖으로부터의 영향력 침투'가 효과적이라는 계산 때문이었다. 스웨덴 재계는 또한 단체의 통합을 통해서 '규모의 경제' 효과를 도모해 나가고자 하였다. 재계 단체는 사회적인 파트너와의 직접적인 협상, 그리고 정책결정 과정에의 제도화된 참여를 통해 얻을 수 있는 결과가 실익이 크지 않다고 판단하였다. 스웨덴 재계는 단체 통합을 통해 몸집은 키웠지만 지금까지의 정치적 전선에서 벗어나 전혀 다른 정치 전략으로 보다 유리한 결과를 얻으려 하고 있다. 스웨덴 재계단체의 새로운 전선은 두 군데로 집중되고 있다.

하나는 관료와 정치인들에 대한 직접적인 영향력 행사이고, 다른 하나는 일반 공중을 상대로 하는 시장경제 창달의 여론 형성이다. 스웨덴 재계의 집단행동의 목표는 더욱 고차원적인 것으로 조정되었다. 노조와의 임금단체 협상이 아니라, 일반 대중을 상대로 하는 시장 이데올로기 전파에 역점을 두고 있다. 스웨덴에서의 변화 경험은 두 가지 연속성을 갖는 특징으로 이어지고 있다. 첫째, 이익 조직이 공공정책결정의 제도화된 장에서의 직접적인 참여를 줄여 나간 반면, 그 자리에 전문 관료와 정치인—의회—의 역할이 증대되고 있다는 것이다. 둘째, 이익 조직들은 역할이 커진 국가기구나 정부기관에 대하여 밖으로부터 영향력을 침투시키기 위한 로비 활동의 비중을 점차적으로 증대해 가고 있다는 것이다.

한국 재계 단체는 스웨덴 재계단체들처럼 제도 변화의 주도권을 행사하지는 못해 오고 있는 것으로 보인다. 재계단체의 성격과 태생적 한계의 관성이 스스로의 필요한 변화에 족쇄로 작용하고 있다. 한국 재계는 아주 오랫동안 압도적인 국가권위에 눌려 지내왔다. 재계 스스로가 임금단체협상의 주체로 나서서 주도적인 역할을 수행한 적도 거의 없다. 전경련이 경총을 만들었지만 정부의 노동정책 결정과정에서 재계의 의견을 모아 전달하는 정도의 역할을 할 뿐이었다. 재계 정상 조직 위상을 가진 전경련도 수렴된 재계의 의견을 정책결정 과정에 반영하기 위해 공식, 비공식적 채널을 통해 정부에 전달하는 역할에 치중하고 있을 뿐이다. 그것도 1990년대 후반 이후 재벌 기업 간의 이해관계 상충이 두드러지면서 재계 정상조직으로서 집단행동 조직화의 뚜렷한 한계를 보이고 있다.

스웨덴과 한국 등 서로 다른 제도적 장치 위에 작동된 자본주의 시장경제 제도의 변화 과정에서 찾아 볼 수 있듯이 변화의 필요성을 수용하고 여기에 대응해 나가는 방식은 국가별로 현격한 차이가 있을 수 있다. 이는 국가별로 글로벌화의 충격을 수용하는 과정에 작용하는 구조적, 상황적 요인이 다르고, 또한 변화와 개혁을 주도하는 정치적 행위자의 전략적 대응이 각기 다르기 때문이다. 개혁추진세력이 선택할 수 있는 전략은 효율성 증대나 공공부분 축소 등과 같이 바람직한 결과를 직접적으로 얻어내기 위한 기도로 나타날 수 있지만, 이와 다른 차원에서 게임의 룰을 변화시키는 전략을 선택할 수도 있다. 고준위 정치(high politics)는 반대자들에게 혜택을 주었던 게임의 룰─제도─를 무력화시키고, 이를 자신의 이해관계에 충실한 새로운 제도로 대치하는 것이다. 자신의 이익을 직접적으로 특정의 결과로 나타나도록 노력하기보다는, 자신의 선호와 이익을 제도적 장치들에 심어 놓기 위해 기도하는 것이다. 제도는 개개인들을 집단으로 묶어 집단행동의 장애물을 뛰어 넘을 수 있게 만들기고 하고, 역으로 집단을 파편화하여 집단행동의 장애를 더욱 높게 만들 수도 있다. 스웨덴과 한국 등지에서의 글로벌화 경험은 주요 시장 행위자들 간 '제도 변화의 게임' 이라는 관점에서 보다 깊이 있는 분석의 필요성을 남겨 두고 있다.

2. 글로벌화 이후 정부-기업관계 변화에 대응하는 제도변화 추진

1990년대 이후 세계화를 배경으로 진행되어 온 글로벌 시장통합은 기업과 노조, 경제단체 등 시장행위자들에게 변화의 외압으로 작용하고 있다. 유럽의 많은 국가들에서 이러한 변화가 이루어져 왔던 것과 마찬가지로 한국의 경제단체들도 유사한 방향의 변화가 진행되고 있다. 한국의 경우 특히 재계를 대표하는 정상조직의 지위를 차지해 오던 전경련을 중심으로 90년대 초중반 이후 단체의 활동양식이나 조직 작동 체계상에 적지 않은 변화를 경험하고 있다. 전경련과 경총 등 한국 경제단체들이 회원사들의 신규 가입률이 처음 본격적으로 줄어들기 시작한 것은 90년대 중후반의 시기였다.

전경련으로 대표되는 한국의 경제단체들은 90년대 후반 외환위기 이후, 회원사들로부터 회비 갹출에 어려움을 겪으면서 예산 운용상에 압박을 경험하기도 하는 가운데 후임 회장 선임을 둘러싼 리더십 승계 위기, 대기업 회원사의 조직 참여 회피, 회원사들 간의 갈등 증대 및 표면화, 회원들 간 의사 결집의 어려움 등을 경험하고 있다. 경제단체들이 겪어 오고 있는 이러한 변화는 글로벌화를 배경으로 각국에서 정부-기업관계가 크게 변화하고 있는 과정에서 불가피하게 나타나고 있는 현상이라 할 수 있다. 한국의 산업화와 경제성장은 정부와 기업 혹은 재계단체 간 서로의 필요 충족을 주고받는 거래와 교환체계가 비교적 안정적으로 작동할 수 있었기 때문에 가능할 수 있었던 것이라고 할 수 있다. 기업과 경제단체는 정부로부터 정치적, 정책적 특혜로 주어지는 자원과 기회를 필요로 했고, 정부는 재계로부터의 정치자금과 정책에 대한 호응을 얻고자 했다. 한국 기업들은 자신의 이익을 대표한다고 믿어지는 소속 경제단체를 단일의 창구로 한국 정부와 안정적으로 접촉하면서 한국 정부로부터 주어지는 특혜성 자원과 기회를 집중 지원받을 수 있었다.

한국 정부는 직접 개별 기업을 상대로 하기보다는 산별, 업종별 이익 집약과 표출의 대표성을 부여받은 경제단체를 통해서 정부정책에 대한 지지와 참여를 유도할 수 있었고, 필요한 정치자금의 갹출도 효과적으로 이루어질 수 있었다. 경제단체들은 정상조직의 위상을 가진 전경련을 통하여 비교적 성공적으로 집합행동을 조직화할 수 있었다. 90년대 IMF 사태로 표출된 글로벌 경제위기 상황이 도래하기 이전까지 한국정부와 재계 사이에 형성되었던 이러한 상호 필요충족의 교환모델은 잘 작동하는 것처럼 보였다. 하지만 90년대 본격화되기 시작했던 글로벌 시장통합, 그리고 이를 주도하는 초국가 경제기구의 활동은 한국정부-한국재계 사이의 이러한 상호필요 충족 교환모델 작동에 뚜렷한 제약을 가하기 시작하였다.

한국 전경련을 중심으로 하는 한국 경제단체들이 경험하고 있는 변화는 글로벌화에 의해 발단되어, 한국 정부-기업관계의 변화를 매개로 진행되어 온 구조적 변환의 일환으로 이루어지고 있는 것이라고 할 수 있다. 그것은 일시적으로 나타났다가 머지않아 원상으로 복원이 이루어지는 과도기적 현상이 아니다. 글로벌화 외압에 의해 시장과 경제에 영향을 미치는 한국 정부의 정책 기조는 달라질 수밖에 없다. 한국 정부는 시장에서의 문제해결사로 나설 수도 없고, 시장에서의 승자를 정치적으로 골라내는 역할을 할 수도 없다. 정부가 나서서 특정 산업을 선별적으로 집중 육성한다든지, 특정 업종이나 기업군에 대하여 선택적으로 혜택을 몰아주는 일은 제도적으로 가능하지 않도록 바뀌어 가고 있다.

WTO나 OECD, IMF 등 한국이 회원국으로 가입하고 있는 초국가 국제경제 기구의 규약은 회원국 정부가 특정 업종이나 업계, 특정 기업집단이나 어느 한 기업에 대해서 차별적으로 정부보조금을 제공한다든지, 혹은 금융특혜나 세제상의 혜택을 집중해서 지원하는 등의 선별적 정책(discriminatory policy)의 채택을 원칙적으로 금지하고 있다. 시장에서의 승자가 정치적으로 골라내어 지든지, 혹은 정책적 결정에 의해 선별되어지는 등의 시장에 대한 정부의 개입이 금지되고 있다. 초국가 기구의 회원국으로서 한국 정부는 이러한 국제경제 규약을 국내법에 옮겨 심어야 한다. 국제경제기구의 규약과 여기에 기초하고 있는 국제법은 국내법에 우선하여 적용된다.

글로벌 시대 글로벌 경제 규범은 특정 산업이나 업종, 특정 기업들을 선별적으로 골라내어 특혜를 몰아줄 수 있는 일체의 법규와 제도, 관행 등을 폐지하도록 하도록 하는 것이다. 한국의 경우, 1997-1998년 경제위기 상황 하에서 환란으로부터 벗어나기 위해 받아들이지 않을 수 없었던 IMF 구제 금융 지원의 조건은 특정 산업이나 정치적 정책적으로 선정된 특정 기업군에 대하여 선별적 정책지원을 가능하게 만들었던 제도를 개혁하는 것이었다. 글로벌 경제위기 상황 하에서 수용하지 않으면 안 되었던 글로벌 경제규범의 제도적 정착 이후, 대한민국 국회도 아무리 국민의 의사를 받들어 추진하려든다고 하더라도 국제경제 규약에 위배되는 입법을 쉽게 추진할 수 없도록 되게 되어 있다.

글로벌화를 배경으로 시장이나 경제에 영향을 미치는 정부의 정책은 크게 달라지고 있다. 마찬가지로 글로벌화가 진행될수록 정부의 공공정책 결정과정에 영향을 미치기 위한 기업이나 재계 단체, 노조 등 이익집단의 정치적 활동 방식에 적지 않은 변화가 초래되어 오고 있다. 이러한 변화는 한국과 같은 경제성장 과정에서 국가·중앙 정부의 역할이 매우 컸던 개입주의 국가(interventionist state)에서 두드러지게 나타나고 있다. 개입주의 국가는 한국을 전형으로 하는 발전국가(developmental state)들에서 그 전형을 찾아볼 수 있다. 스웨덴 등 북유럽 국가들에서는 전형을 찾아 볼 수 있는 신조합주의 국가(neo-corporatist state)에서는 중앙 정부가 시장이나 경제에 대해 적극적인 개입 역할을 하고 있는 것은 아니다. 이들 국가유형에서는 노조와 재계단체의 협상에 의해 시장법칙의 작동을 제어하는 공공정책들이 입안되고 집행된다는 점에서 국가-중앙 정부의 직접적 개입을 특징으로 하는 발전국가 모델과는 차이가 있다.

지난 30여 년 간 진행되어 온 글로벌화의 가장 큰 특징은 시장과 경제 문제와 관한 한 '정치'와 '국가'의 개입 역할을 최소화하는 방향으로의 제도개혁이다. 시장과 경제 문제는 시장원리에 따라 시장에서 해결되어야 한다는 것이다. 중앙정부-국가의 선제적 개입 역할이든, 노사 정간 협상에 의한 개입 역할이든 시장법칙의 작동을 인위적으로 제어해 온 제도적 장치와 관행을 혁파하는 제도 개혁을 강요받고 있다. 이른바 '시장으로 하여금 결정하도록 하자'('let the market decide')는 것이 각국에서 글로벌화를 배경으로 이루어져 온 시장개혁과 공공부문 개혁의 기본 방향이다. 발전국가 모델에서는 시장에 대한 '국가 부문'의 개입 축소가 진행되고 있고, 조합주의 국가모델에서는 사회적 파트너 간 '협상 정치'의 영향력 축소가 진행되고 있다.

글로벌화를 배경으로 진행되어 온 '국가'와 '정치'의 위력을 감축하려는 제도개혁 추진 과정에서는 정치·사회경제적 행위자로서 기업과 경제단체들의 정치적 활동 양식도 달라지지 않을 수 없다. 시장행위자로서 기업과 경제단체는 글로벌 외압이 초래한 제도변화의 수용자가 될 수도 있고, 주어진 제도변화에 적극적으로 적응해 가며 스스로 제도변화를 추진해 나가는데 앞장서는 변화주도자로서의 역할을 맡을 수도 있다. 제도는 광범위한 개념 정의를 갖는다. 제도는 시장제도나 민주정부 제도 등에서와 같이 한 사회의 기본적인 구성원리을 뜻하는 차원의 광의의 것일 수도 있고, 특정 조직이나 단체, 기관 등에서 구성원들의 행동을 규율하는 행동규칙체계를 뜻하는 차원의 협의의 것일 수도 있다. 제도는 사회를 구성하고 있는 집단이나 구성단위 간의 관계를 규율하는 예측 가능한 법규범을 뜻하는 것일 수도 있고, 단위 집단이나 조직 내에서 구성원들 간 행동을 규율하는 행동규범이나 관행을 뜻하는 것일 수도 있다.

제도는 인간 사회에 적용되는 게임의 규칙이며, 인간이 고안한 제약으로 사람들 간의 상호작용을 규율한다. 제도는 사회적 행위자들 사이의 이익 추구 경쟁의 균형 상태를 반영하고 있는 것이기도 하다. 자원배분의 균형 상태에 있거나 자원배분의 불균형 상태가 사회적으로 용인될 수 있는 범위 내에 있다면 현행 제도의 변경을 추진하려는 동기가 낮은 수준을 유지할 수 있다. 기존 제도에 대한 변화 추진 동기의 발현은 제도 작동의 기대편익이 행위자들 간에 심각한 불균형 상태에 빠져들게 되면서 나타난다. 제도변화는 현존 제도의 작동으로 초래되는 자원 배분의 결과로 불이익이 초래되고, 이러한 불이익이 구조적으로 지속될 수밖에 없을 것이라고 믿는 행위자들에 의해서 추진되기 마련이다. 현존 제도에 의해 주어지는 편익이 비대칭적으로 특정 부류의 사회 집단에게 집중되는 경우, 또한 현존 제도의 수혜자 집단이 편익 추가 증대를 목표로 현존 제도의 고착화를 추진하는 경우 이에 대한 반발로 상반된 이해관계를 가진 행위자 집단에 의해 제도변화가 발단되기도 한다. 기존 제도의 유지냐, 아니면 새로운 제도의 신설이나 기존 제도의 변화 추진이냐를 둘러싼 역학 관계가 관건인 것이다.

정치·사회적 행동 단위로서 경제단체는 두 차원의 제도적 관계에 놓여 있다. 하나의 차원은 대외적으로 단체의 주된 교섭상대(interlocutor)인 정부 기관이나 노조 등 다른 단체와의 교호작용 방식을 규율하는 규범체계이고, 다른 하나의 차원은 대내적으로 단체 내부 구성원들 간의 활동양식 및 역할 교류를 규율하고 있는 조직 행동규칙 체계로서의 제도이다. 정치사회적 행동단위로서 경제단체가 직면하게 되는 대외적 차원의 제도적 제약과 대내적 차원의 제도적 제약은 서로 별개의 것일 수 없다. 글로벌화는 경제단체로 하여금 정부기관이나 다른 경제단체 등 교섭상대와의 교호작용 방식을 새롭게 재조정하도록 하는 변화의 외압으로 작용하고 있다. 경제단체가 이러한 대외적 변화의 필요성에 잘 직면하기 위해서는 조직 내부적으로 역할 분담체계의 변경을 추진해 나가야 하며, 집행부와 회원사들과의 교호작용 방식에도 적정한 수준의 변화가 뒤따라 추진되어야 한다. 사회 전체적 관점에서 제도는 주요 정치·사회적 행위자들 간의 역학관계가 균형점에 도달해 있는 조정기제(coordinating mechanism)로서 성격을 갖는다. 글로벌화라는 외생적 요인의 작용에 의해 이러한 균형점이 변화된 만큼, 단체를 작동시키는 조정기제의 변환이 추진되어야 하는 것이다.

제도의 형성과 변화는 편익극대화를 도모하는 합리적 행위자들의 이익 극대화 동기의 산물로 추진될 수 있다. 이익 극대화 동기를 가진 개인이나 집단은 제도 신설이나 기존 제도를 변화를 도모하여 편익 극대화를 추진하기도 한다. 제도신설 및 기존 제도의 변경추진으로 획득할 수 있을 것으로 기대되는 편익이 이 과정에서 소요될 것으로 기대되는 비용보다 크다고 계산한다면 그렇게 한다는 것이다. 제도는 인간 사회에 적용되는 게임의 규칙이며, 사람들이 안정적 교호작용을 위해 고안해 낸 행위 제약으로 사람들 간의 상호작용을 규율한다. 제도는 정치·사회적, 경제적 교환 및 경쟁 과정에서 이익추구 동기의 발현을 돕는 인센티브를 구조화해 놓은 행동규칙체계이기도 하다. 사람들은 필요에 따라 교호작용을 해나가는 다른 행위자들 간의 집합행동의 문제를 해결하고, 거래과정에서 편익을 얻을 수 있다는 기대감에서 제도를 만들거나 제도변화를 추진한다. 제도는 사람들 상호간의 거래와 교류 활동을 규율한다. 사람들이 제도를 만드는 것은 불확실성을 감소시킴으로써 제도형성을 위해 투입하는 비용보다는 제도 작동에 의해 기대되는 편익이 클 것이라는 계산 때문이다. 사람들은 제도를 만들어 얻을 수 있는 편익이 여기에 소요되는 비용보다도 클 것이라고 계산할 때 제도를 만들거나 제도변화를 추진한다는 것이다. 문제는 제도신설 및 제도변화의 동기가 왜, 무엇을 배경으로, 누구에 의해 자극되느냐 하는 것이다.

　개별 경제단체들이 변화의 외압에 피동적으로 대응하기만 하는 한, 이러한 새로운 편익창출을 위한 스스로의 변화 추진 가능성을 마개도 따보지 않은 채 그냥 닫아두는 것이 된다. 제도 신설 및 제도 변화를 자극하는 것은 외재적 요인의 작용에 의해 의한 것일 수도 있고, 내생적 요인의 작용에 의한 것일 수도 있다. 대부분의 경우, 그리고 제도 변화를 경험하고 있는 사례들을 보면 내생적 요인과 외생적 요인을 엄격히 구분하기는 어렵다. 외생적 요인의 자극 없이, 즉 대외적인 여건이나 상황 변화 없이 순수하게 행위자의 내적 동기만으로 변화가 발단된다고 보기는 어렵다. 제도변화는 변화를 추진하는 행위자 집단이 주어져 있는 여건이나 상황을 어떻게 인식하느냐 하는 점에 따라 변화의 추진 동력이 생길 수도 있고, 그렇지 않을 수도 있다. 제도변화 추진의 내생적 요인은 선행하는 외생적 요인의 자극에 의해 작동하기 시작하는 것으로 이해할 수 있다. 변화를 추진하는 행위자의 선택과 전략이 형성되는 사회경제적 상황의 특성이나 현존 제도의 특성이 반영되어 변화추진자의 이해관계 계산식이 달라지기 마련인 것이다.

글로벌화를 배경으로 강요되고 있는 외생적 제도변화 요인은 경제단체들로 하여금 내생적 제도변화의 필요성과 동기를 자극하고 있다. 글로벌화의 외압으로 발단된 변화의 와중에 놓여 있는 경제단체가 존립의 필요성과 그 명분을 지속적으로 살려갈 수 있으려면 우선 경제단체 내부의 행동규칙 체계로서의 제도변화를 추진해 나갈 수 있어야 한다. 재계 내부의 집합행동의 견인자로서 경제단체가 내부 행동규칙 체계의 변경을 추진해 나가기 위해서는 다시 다음 세 차원의 행동규율 체계의 변화를 스스로 도모해 나갈 수 있어야 한다.

첫째, 회원사들 간의 교호작용 방식을 규율하는 조직 내부의 행동규칙체계로서 제도변화이다.

둘째, 단체 집행부와 회원사들 간의 교호작용 방식을 새롭게 규정하는 제도변화이다.

셋째, 정부 기관, 노조나 다른 경제단체 등 단체의 주요 교섭 대상(interlocutor)과의 관계를 규율하는 제도변화이다.

EU 통합이라는 글로벌화 현상을 이미 앞서 경험했던 유럽 국가들의 선행하는 사례들을 통해 우리는 경제단체들이 경험하고 있는 오늘날의 변화의 실체를 보다 큰 맥락에서 적실성 있게 파악할 수 있다. 또한 이를 토대로 변화를 선제적으로 관리해 나가기 위한 '생존전략'을 효과적으로 모색할 수 있을 것이다.

⑴ 경제단체의 재구조화(organizational restructuring) 및 조직 합리화

글로벌화를 선행 경험했던 유럽 국가들에서 경제단체들은 글로벌화에 직면하여 무엇보다도 회원사들의 요구와 기대에 보다 선제적으로 대처해 나가지 않을 수 없었다. 회원사들의 요구와 기대는 궁극적으로는 경제단체들의 재구조화와 조직합리화를 통해서만 충족될 수 있는 것이었다. 대부분 유럽 국가들에서 경제단체들은 정부기관에 대하여 산별, 업종별 이익 독점 대표권이 주어져 있었고, 재계 일반의 이익을 포괄적으로 대표하는 총괄 정상조직(encompassing peak organization)의 단체 회원으로 가입되어 있었다. 그런가하면 사용자로서 전국 단위의 총괄조직인 노조 총연맹이나 산별 노조와의 단체협상에 나서기도 했다. 따라서 개별 기업 단위의 회원사들은 산별 업계 단체와 사용자 단체, 그리고 총괄 정상 지위의 전국 경제단체에 이중 삼중의 멤버십을 유지하고 있었다. 개별 기업 회원사들은 우선 여러 경제 단체의 멤버십을 유지하는데 드는 비용과 회원사로서 얻게 되는 편익 계산에 예민해지지 않을 수 없었다. 글로벌화는 회원기업들이 소속 경제단체를 통한 집합행동의 향유 가능한 편익의 규모를 축소시켜 나가는 변화를 재촉하는 것이었다. 기업 활동을 규율하는 제도와 정책이 자국 정부의 결정보다는 유럽 의회나 EU 집행부의 결정에 의해 더 큰 영향을 받는 상황 하에서 주로 국내 정부를 상대로 활동하는 경제단체들이 대정부 활동을 통해서 획득하여 회원사들에게 돌려줄 수 있는 편익은 그리 만족스러운 것일 수 없었다.

글로벌화가 가져 온 가장 두드러진 변화 가운데 하나는 경제단체 내부 회원사 간 이해관계 상충의 확대 현상이었다. 경기 변동에 따른 산별, 업종별 이해상충에다가 대기업과 중소기업 간, 내수산업과 수출 주력 산업 간 등 업계 내부의 이해 상충이 보태지어진 상황 하에서 단체가 일의적으로 회원사들의 이익을 대변하는 것은 갈수록 어렵게 되었다. 글로벌화에 의해 초래된 기업 간 경쟁 심화, 그리고 기업 성과의 양극화, 기업 활동의 글로벌화에 따른 해외 기업의 단체 가입 등으로 경제단체의 이익집약 및 이익 대표 활동은 더욱 어려움을 겪게 되었다. 단체 내 서로 다른 이해관계를 갖는 회원사들의 이질적 구성 때문에 단체가 정부 기관을 상대로 회원사들의 이익을 집약하고 대변하는 데 뚜렷한 한계를 보였으며, 이에 따라 회원사들의 단체 집행부에 대한 불만은 갈수록 커져 나갔다. 조합주의 정치경제 모델 위에서 작동하는 스웨덴과 네덜란드, 프랑스와 독일뿐 아니라, 영국에서도 유사한 현상이 나타났다. 유럽 각국의 경제단체들은 그것이 업종별 단체이든 재계 정상조직이든 회원사들과의 관계 재정립을 서두르는 한편, 회원사들의 요구와 기대를 충족시키기 위한 재계 단체의 재구조화 및 조직합리화를 추진해 나가지 않을 수 없었다.

글로벌화를 배경으로 유럽 대부분의 국가에서 경제단체가 직면하지 않을 수 없었던 가장 큰 내부 갈등은 대기업과 중소기업 간의 이해 상충에 촉발된 갈등이었다. 글로벌화 외압에 직면하여 대기업과는 달리, 중소기업들은 해외기업들의 시장진입에 따른 국내시장의 경쟁 격화 현상에 적절하게 단독으로 대처해 나갈 수 역량이 결여되어 있었다. 글로벌 경영 역량을 갖춘 대기업들과는 달리 중소기업들은 경제단체를 통한 집단 대응을 모색하고자 하는 동기가 더욱 강할 수밖에 없었다. 그렇지만 중소기업들은 단체 집행부가 중소기업의 이익을 효과적으로 대표하지 못한다는 점에 강한 불만을 표출하였다. 중소기업들은 경제

단체의 집행부 리더십이 대기업에 의해 장악되고 있는 것과 경제단체의 활동이 중소기업보다는 대기업의 이해관계에 충실하다는 점을 들어 단체 집행부의 결정들에 대해 강한 불만을 나타내게 되었다. 중소기업들은 특권적 지위를 가지고 있는 일부 대기업들이 단체의 활동을 좌지우지 한다는 강한 의혹을 가지고 있었다. 급기야 중소기업들은 단체 활동의 기대 편익이 크지 않은 만큼, 단체활동에 소요되는 투입비용 즉, 회비 부담의 큰 폭의 감축을 요구하며 나섰다.

대기업들 역시 경제단체 집행부 활동에 강한 불만을 가진다는 점에 대해서는 마찬가지였다. 경제단체 운영재원의 대부분을 사실상 분담해 오고 있는 대기업들로서는 단체 활동의 결과물이 투입하고 있는 재원의 규모에 비해 보잘것없다는 불만을 가지고 있었다. 특히 대기업들은 단체의 조직 팽창과 관료주의적 조직 운영에 대해 강한 불만을 나타내었다. 단체 운영에 관여하고 있는 대기업들은 경제단체의 조직합리화를 강력하게 주문하고 나섰다. 극심한 경쟁 상황 하에서 민간 기업들이 살아남기 위해서 그러 해온 것처럼 재계 단체들로도 획기적인 비용절감에 나서야 하며, 이를 위해서는 불요불급한 활동과 단위 조직을 대대적으로 축소하거나 폐쇄하는 등 재계 단체의 조직 구조를 슬림화(stream-lining of organizational structures)하는 조직 재구조화 및 경영 혁신의 단행을 추진할 것을 요구하였다.

중소기업 회원사들로부터의 회비감축 요구, 그리고 대기업들로부터의 조직재편 및 경영혁신 요구에 직면하여 유럽 주요 국가들에서의 경제단체들이 채택한 해법은 경제단체의 통합이었다. 경제 단체의 통합 요구는 한편으로 이중 삼중의 회원 가입으로 회비부담의 압박을 직접적으로 느끼고 있는 중소기업들로부터, 다른 한편으로 단체 재정 운영비의 대부분의 몫을 부담하고 있는 대기업들로부터 한결 같은 목소리로 요구된 것이었다. 단체의 통합이 회원사의 이질적 구성을 더욱 촉진하는 것이기 때문에 회원사 간 이해상충을 증대할 것이고, 여기에서 기인하는 대표 활동의 효과성 저하가 초래될 것이라는 비판과 우려가 있었음에도 불구하고, 회비 부담 경감이라는 현실적인 경제 논리를 덮을 수는 없었다. 오히려 경제단체의 회원들은 단체통합으로 조직운영 상의 '규모의 경제' 효과가 유발될 수 있다는 논리에 더욱 동조하면서 단체의 통합을 요구하고 나선 것이었다.

유럽 대부분의 국가들에서는 지난 20–30여 년 동안 경제단체의 통합 추세가 공통적으로 발견된다. 주요 유럽 국가들에서 나타난 단체통합의 두드러진 한 유형은 사용자 조직과 업종별 대표 단체와의 통합이다. 네덜란드와 스웨덴, 덴마크, 스위스, 핀란드, 노르웨이 등 노사협상의 분권화가 이루어지면서 전국 단위의 정상급 지위를 차치해 오던 사용자 단체의 역할 비중이 크게 감축된 국가들에서 재계 단체의 통합 현상이 두드러지게 나타났음을 알 수 있다. 중앙집권화된 단체교섭을 주도하면서 정상조직의 위상을 유지해 왔던 총괄 사용자 단체(encompassing employer organization)가 각국에서 가장 규모가 크고 경제적 비중이 압도적인 산별 단체와 통합하는 현상이 그 전형이었다. 대표적 사례로는 스웨덴에서 이루어진 '스웨덴 사용자 총연합'(SAF)와 스웨덴 제조업 협회(SI)의 통합으로 새롭게 탄생한 '스웨덴 경제인연합'(SN)을 들 수 있다.

(2) 주 교섭대상으로서 정부기관 및 노조와의 관계 재설정

글로벌화가 압박하는 변화 과정에서 유럽 경제단체들은 또 하나의 조된 교섭상대인 노조와도 새로운 관계 정립을 추진하지 않을 수 없었다. 글로벌화를 배경으로 유럽 각국 정부는 시장개혁과 함께 공공부문에 대하여 신자유주의적 개혁을 추진하였는데 노조는 이러한 개혁에 반대하며, 단체협상과 정책협의제 등 기존 정치경제 제도의 지속적 유지를 주장하였다. 대부분 유럽 국가들에서 재계를 대표하는 경제 단체들은 노조와의 관계를 새롭게 재조정해 나가기 시작하였다. 이러한 활동은 두 가지 차원으로 전개되었다.

첫째, 정부기관의 정책 결정과정에 참여하여 노조대표들을 직접 맞상대 하면서 정책형성에 기여하는 '제도화된 참여'를 회피하거나 크게 줄여 나가는 대신, 집행부 관료나 의회 구성원을 상대로 영향력을 침투시키는 대정부 로비 활동의 비중을 증대해 나가는 것이었다.

둘째, 노조 총연맹 등 전국 단위 노조들을 직접 맞상대하면서 협상을 진행하는 중앙단체 교섭 활동의 비중을 크게 줄이는 대신 산별 혹은 기업단위별 노사교섭 활동에 중점을 두는 분권화된 노사교섭 체제로 전환하였다.

(3) 시장주의 이데올로기 및 기업가 정신 주창

유럽의 경제단체들은 한편으로 노조의 정치적, 이념적 공세에 맞서 일반 시민과 공중을 대상으로 시장경제의 창달과 기업가 정신 주창을 주된 내용으로 하는 시장 이데올로기의 확산을 위한 공세적 홍보전에 나섰다. '국가부문'과 '정치'에 의해 왜곡되지 않는 순수 시장경제의 장점과 우월성, 그리고 신자유주의 이념에 기초한 시장개혁과 공공부문 개혁의 필요성을 역설하고, 그 성과를 분석하는 등 시장주의 이념의 주창을 위한 대대적인 홍보전에 나섰다. 특히 네덜란드와 스웨덴, 스위스 등에서는 재계 정상 조직이 전면에 나서서 산하에 시장주의를 주창하는 경제학 및 경제정책을 연구하고 연구 성과를 학계와 일반 공중에 확산시키기 위한 뚜렷한 목표를 가지고 싱크 탱크 조직을 가동하기 시작하였다. 대부분의 다른 유럽 국가들도 이를 뒤따르고 있음을 물론이다.

정상급 경제단체들의 활동의 주안점이 정부기관의 정책결정과정에 대한 '제도화된 참여'로부터 일반 공중을 상대로 한 시장주의 이념의 전파로 전환되어짐에 따라 단체 내부의 조직 개편이 이루어지기도 하였다. 예컨대 대표적 사례로서는 네덜란드의 VNO-NCW(Confederation of Dutch Businesses-Christian Confederation of Dutch Employers), 스웨덴의 SAF-SN, 독일의 BDI(Bundesverband der Deutschen Industri), 프랑스의 MEDEF(Mouvement des Entreprises), 이탈리아의 Confindestria(Confederation of Italian Industries) 등 유럽 주요국의 대표 경제단체들은 정부 기관에의 정책참여 및 노조와의 단체협상을 담당하는 부서를 크게 축소하거나 폐쇄하는 대신, 시장경제 원리와 기업가 정신 등 신자유주의 이념의 사회적 확산을 위한 활동에 주력하는 내부조직을 크게 확대하고, 여기에 투입되는 재원을 대폭 확대하였다.

(4) 회원사에 대한 맞춤형 서비스 확충 및 유료 상업서비스 확대

앞서 말한 대로 글로벌화는 대기업과 중소기업의 이해관계의 큰 상충을 낳고 있다. 경제적 이해관계의 상충뿐 아니라, 정치적 입장이나 소속 경제단체의 활동 방향 등에 대한 입장에서 큰 차이를 나타내고 있음을 알 수 있다. 일반적으로 대기업들은 단체의 힘을 빌리지 않더라도 단독으로 정치적, 정책적 영향력을 행사할 수 있는 역량을 가질 수 있게 된 반면, 중소기업들은 단체의 힘에 더욱 의존하려려는 경향을 보인다.

대부분의 이익집단의 운영이 그러한 것처럼 유럽 국가들에서도 경제 단체들의 재정운영은 소수의 대기업들이 분담하는 기여금에 의존해 왔었다. 그 나라 경제에서 대기업이 차지하는 비중이 크고, 대기업과 중소기업의 기업성과가 두드러진 차이가 나는 국가에서 일수록 경제단체는 대기업의 재정 부담 비중이 압도적일 수밖에 없다. 대부분의 유럽 국가들에서의 경제 단체 정관은 회원사 회비의 기업 규모별 계산 방식이 명문화되어 있다. 글로벌화의 변화 압박이 가해지기 전까지 유럽의 주요 경제단체들은 대기업이 운영재원의 대부분을 부담하는 특권적 지위를 가진 상태에서 지도부의 통제력 장악하는데 어려움이 없었다. 대기업의 리더십 아래 경제단체들은 정부 기관이나 노조 등 주요 교섭상대와 협상을 통해서 필요한 자원과 기회를 획득할 수 있었고, 또 권위 있는 배분권자로서의 역할을 담당하였다. 하지만 글로벌화가 진행되면서 경제단체의 리더십과 지도부 장악력은 크게 떨어지고 있다.

유럽의 주요 경제단체들에서는 최근 중소기업과 대기업 회원사들 간의 갈등을 해소하기 위해 동원해 온 전통적인 이해관계 조정법이 더 이상 먹혀들어가지 않게 되면서 단체 집행부에서는 집행부 정책에 불만을 가진 중소기업 회원사들을 붙잡아 두기 위하여 새로운 대책들을 강구해 나가고 있다. 그 중에 거의 대부분의 유럽의 경제단들이 주력하고 있는 대응책은 중소기업의 요구와 필요에 부응하는 맞춤형 서비스를 제공하는 것이다. 업종별 시장정보와 업계의 최근 동향들에 대한 정보를 체계적으로 분석 연구하여 제공하는 것은 물론이고, 경영 컨설팅, 관리 인력을 위한 재교육 프로그램, 법률 지원이나 경영혁신 지원, 회원사들을 상대로 한 설문조사 등의 서비스 정보를 제공하고 있다. 경제단체들은 일정 수준 이상의 서비스에 대해서는 회원사들뿐 아니라, 단체 밖의 비회원 수요자에 대해서 이를 유료로 판매하는 상업 서비스 활동의 비중을 늘려 나감으로써 재정 수입 효과를 도모하고 있기도 하다.

(5) 정보 전략형 로비 활동과 미디어 홍보전략

유럽 주요 국가들의 경제단체들이 최근 치중하고 있는 대정부 영향력 행사 전략은 정책결정과정에의 제도화된 직접 참여 방식이나 압력 행사형 로비활동이 아니라, 간접적이고 우회적인 방식으로 정부 결정 과정에 영향력을 침투시키려는 전략이 확충되고 있음을 알 수 있다. 그 가운데에서도 의회나 집행부의 정책결정자들이나 참모진들에게 필요로 하는 정보를 제공하면서 그 가운데에 기업이나 단체에 유리한 정보를 심어 놓는 전략에 역점을 두고 있다. 이러한 로비활동은 미국 기업이나 경제단체들이 효과적으로 활용하고 있는 대정부 영향력 행사 전략인데, 유럽 국가들의 경제단체들도 이를 따르고 있는 것이다.

정보전략형은 공공정책결정자가 필요로 하는 정보나 자료를 제공하면서 기업의 이익을 그 속에 반영하는 전략이라고 할 수 있다. 공공정책 결정자들은 정책결정과정에서 항상 현장의 생생한 정보와 자료를 필요로 한다. 유럽 국가들에서도 최근 사회적 파트너들의 정책영향력이 축소되면서 관료집단이나 전문가그룹의 영향력이 크게 증대하고 있는데, 기업이나 업계 단체가 이들을 타깃팅하여 정보 전략적 로비활동의 비중을 늘려가고 있는 추세이다. 현안에 대한 전문성을 가진 이들에 대한 로비는 관련 이슈를 연구 분석하고, 적절한 정보를 제공하는 일이 로비성패의 관건이 된다. 상대적으로 관료 집단의 규모가 작은 유럽 국가들에서는 정부기관들에서 다루어지는 사안의 기술적 복잡성이 점증함에 따라, 관료나 의원들과 이들의 활동을 뒷받침 하는 참모진들은 더욱 생생한 시장 정보를 제공받기 위해 업계 단체들에 크게 의존하고 있다.

정부 기관의 위원회나 의회의 전문 참모진, 행정부 관리들이 필요로 하는 정보는 특수이익을 정당화하는 편향된 정보가 아니기 때문에 경제단체들은 해당 사안에 대해 전문적으로 연구하는 인력 규모를 크게 확대해 나가고 있다. 정보제공은 압력의 한 표현으로서가 아니라, 기술적 의견 교환의 성격을 가질 때 보다 효과적인 로비의 수단이 될 수 있기 때문이다. 기술적 정보를 제공하는 가운데 이를 필요로 하는 사람들과 얼마나 신뢰감을 조성할 수 있느냐 하는 것과 기업의 이익을 어떻게 타당한 명분과 논리를 앞세워 설득할 수 있느냐 하는 것이 정보전략형 로비활동의 관건이 된다. 유능한 정보 전략형 로비스트는 관련 사안에 대하여 철저한 연구조사를 수행할 수 있는 능력이 있어야 하고, 그 결과를 정책결정에 관여하는 사람들이 필요로 하는 고급의 정보로 만들어 낼 수 있어야 한다. 또한 무엇보다도 집행부나 의회 정책결정자들이나 참모진들과 인적 네트워크를 구축하는 일이 중요하다. 최근 유럽 경제단체는 이러한 정보전략형 로비활동을 전담하는 내부조직과 상근 인력 규모를 크게 늘려 나가고 있음을 알 수 있다.

그런가하면 유럽 주요 국가들에서 일부 기업이나 경제단체는 신문이나 TV 광고, 인터넷 매체 등을 통해 특정 사안과 관련된 새로운 정보를 제공하거나 자신들이 주창하는 입장을 공개적으로 천명함으로써 여론에 직접 호소하는 미디어 홍보 전략의 비중을 늘려 나가고도 있다. 신문이나 TV 광고전략은 그러나 매우 큰 비용이 들기 때문에 일부의 대기업이나 큰 규모의 경제단체 등 재정적 여유가 있는 조직들이 조심스럽게 활용하기 시작한 것으로 알려지고 있다. 미디어 홍보 활동이나 홍보후원은 보다 광범위한 대중들의 여론에 영향을 미쳐 간접적이고 우회적인 방식으로 공공정책결정자들의 선택을 제약하려는 전략이기도 하다. 특히 홍보후원 활동은 기업이나 업계단체가 전면에 나서기보다는 전위단체(front group)를 통하여 특정의 정책적 관점을 신문이나 방송매체에 홍보하는 활동이다. 미디어 홍보 전략은 목적과 성격에 따라 공익 광고전략, 공세적 미디어 홍보(Offensive Media Lobbying), 방어적 미디어 홍보(Defensive Media Lobbying) 등으로 나뉘는데 미국 기업과 업계 단체들이 즐겨 활용하는 대 시민 로비활동 유형이다. 최근에 들어와 유럽의 일부 경제단체들이 이러한 미디어 홍보 전략의 비중을 늘려 나가고 있음을 알 수 있다.

참고문헌

강경식. 2010. 『국가가 해야 할 일, 하지 말아야 할 일』. 서울: 김영사.

_____. 인터뷰. (일시: 2011년 9월 8일. 장소: 서울 동부금융센터).

강만수. 2005. 『현장에서 본 한국경제 30년』. 서울: 삼성경경제연구소.

김용환. 2002. 『임자, 자네가 사령관 아닌가?』. 서울: 매일경제신문사.

김의영. 1999. "사업자단체와 정책변화의 정치." 『한국정치학회보』. 제32집 제4호.

_____. 2001. "세계화와 한국정치경제의 가버넌스(Governance): 결사체 가버넌스Associative Governance)를 중심으로." 『국제정치논총』. 제41권 제2호. 291-309.

김정렴. 2006. 『최빈국에서 선진국 문턱까지: 한국경제정책 30년사』. 서울: 랜덤하우스.

김흥기. 1999. 『경제기획원 33년 영욕의 한국경제』. 서울: 매일경제신문사.

남덕우. 2009. 『경제개발의 길목에서: 남덕우 회고록』. 서울: 삼성경제연구소.

남덕우·강경식 외. 2003. 『80년대 경제개혁과 김재익 수석』. 서울: 삼성경제연구소.

류상영. 1996. "박정희의 산업화 전략 선택과 국제 정치경제적 맥락." 『한국정치학회보』. 30(1):51-79.

문정인. 1998. "한국의 민주화, 세계화, 정부-기업관계." 『민주화 시대의 정부와 기업』. 21-61. 서울: 도서출판 오름.

민병원. 2006. "세계화 시대의 국가변환: 네트워크 국가의 등장에 관한 이론적 고찰."『국가전략』. 제12권 제3호, 5-36.

박남훈. 인터뷰. (일시: 2011년 5월 14일. 장소: 선진사회 만들기 연대 사무실).

신정완. 2012.『복지자본주의냐 민주적 사회주의냐』. 서울: 사회평론.

양재진. 2005. "발전이후 발전주의론 : 한국 발전국가의 성장, 위기, 그리고 미래."『한국행정학보』. Vol. 39 No. 1.

오원철. 2006.『박정희는 어떻게 경제 강국을 만들었나?』. 서울: 동서 문화사.

윤홍근. 2005. "글로벌화와 경쟁정책의 변화: 스칸디나비아 국가 비교연구."『세계지역연구논총』. 제23집 제2호, 121-142.

_____. 2006. "정책협의제의 변화: 스웨덴과 덴마크 사례비교." 남궁근·윤홍근 외.『스칸디나비아 국가의 거버넌스와 개혁』. 파주: 한울아카데미, 65-108.

_____. 2008. "스웨덴의 교육·문화정책" 김윤권 외.『스웨덴의 행정과 공공정책』.서울: 법문사.

_____. 2008. "전문가 인식공동체 주도의 정책수렴: '국제경쟁정책 네트워크(ICN) 사례연구."『한국정치연구』. 제17집 제1호, 371-395.

_____. 2009. "한국경제의 성장과 정부-기업관계의 변화." 이정복 외.『21세기 한국정치의 발전방향』. 서울: 서울대학교 출판부, 533-566.

_____. 2011a. "글로벌 시대의 경제와 정치, 문화." 윤홍근·김승현·정이환.『사회과학형성 발전·현대이론』. 서울: 박영사, 270-305.

_____. 2011b. "WTO와 시장통합, 정부규제의 변화: 세계화가 국가주권에 미치는 영향을둘러싼 논의를 중심으로."『한국정치연구』. 제20집 제3호, 213-238.

_____. 2013. "한국정부의 경제적 역할변화와 시장제도의 변화: 1980년대

‘안정화 시책’에 대한 담론제도주의 분석.”『한국정치연구』. 제22집 제1호,163-187.

윤홍근·정재영. 2006.『유비쿼터스 시대 기업의 로비전략』. 서울: 성균관대학교 출판부.

이연호. 1998. “경제적 자유화에 있어서의 국가의 역할: 경제규제의 정치학.”『한국정치학회보』. 32집 3호, 77-94.

＿＿＿. 1999. “김대중 정부의 경제개혁과 신자유주의적 국가등장의 한계: 동아시아 개발도상국의 한 사례.”『한국정치학회보』. 33집 4호, 287-307.

이연호·임유진·정석규. 2002. “한국에서의 규제국가의 등장과 정부-기업관계.”『한국정치학회보』. 36집 3호, 199-222.

이장규. 2008.『경제는 당신이 대통령이야』. 서울: 올림.

이정희. 2010.『이익집단정치: 갈등과 통합의 역동성』. 고양: 인간사랑.

전국경제인연합회. 2011.『전경련 50년사: 기적의 50년을 넘어 희망의 100년으로』. 제1권, 제2권, 제3권.

전인. 2007. “노사정위원회에서 경영자 총협회의 역할과 전략적 행동: 법정 근로시간단축 협상을 중심으로, 1998-2003.”『노동정책연구』. 제7권 제2호, 27-71.

전인·서인덕. 2008.『한국의 사용자단체: 한국경영자총협회, 금속산업 사용자 협의회, 보건·의료산업 사용자협의회』. 서울: 한국노동연구원.

정진영. 2006. “WTO의 내국민대우 원칙과 국가의 규제주권: 주세분쟁 사례를 중심으로.”『국제정치논총』. 제46권 2호, 7-29.

하연섭. 2011.『제도분석』. 서울: 다산출판사.

Albert, Michel. 1992. *Capitalism Against Capitalism*. London: Whurr.

Amable, Bruno. 2004. *The Diversity of Modern Capitalism*. Oxford: Oxford University Press.

Anxo, Dominique, Harald Niklasson. 2006. "The Swedish Model in the Turbulent Times: Decline or Renaissance?" *Industrial Relations Journal.* 145(4). 339-371.

Arthur, W. Brian. 1992. *Increasing Returns and Path Dependence in the Economy.* Ann Arbor: University of Michigan Press.

Bates, Robert et al. 1998. The Politics of Integration: Rationality, Culture, and Transition. *Politics and Society.* 26(2). 603-642.

Bauman, Zygmunt. 1998. *Globalization: The Human Consequences.* New York: Cambridge University Press.

Baumgartner, F. R. and Leech, B. L. 1998. *Basic Interests: The Importance of Groups in Politics and in Political Science.* Princeton: Princeton University Press.

_____. 2001. "Interest niches and policy bandwagons: patterns of interest group involvement in national politics," *Journal of Politics* 63(4): 11911-213.

Berger, Suzanne, and Ronard Dore, eds. 1996. *National Diversity and Global Capitalism.* Ithaca: Cornell University Press.

Berry, Jeffrey. 1997. *The Interest Group Society.* New York: Longman.

Binderkrantz, A. 2003. "Strategies of Influence: How Interest Organizations Reacts to Changes in Parliamentary Influence and Activity." *Scandinavian Political Studies.* 26(4): 287-306.

Blom-Hansen, J. 2001. "Organized Interests and the State: A Distinguished Relationship? Evidence from Denmark." *European Journal of Political Research.* 39: 391-416.

Blyth, Mark M. 2002. *Great Transformations: Economic Ideas and Institutional Change in the Twentieth Century.* Cambridge: cambridge University Press.

Boli, John, and George M. Thomas, eds. 1999. *Constructing Worlds Culture: International Nongovernmental Organizations since 1875*. Stanford: Stanford University Press.

Boyer, Robert. 1996. "The Convergence Hypothesis Revisited: Globalization but Still the Century of Nations?" In Suzanne Berger and Ronald Dore (eds). *National Diversity and Global Capitalism*. Ithaca and London: Cornell University Press.

Braithwaite, John, Peter Drohos. 2000. *Global Business Regulation*. Cambridge, UK: Cambridge University Press.

Calvert, Randall L. 1995. "The Rational Choice Theory of Social Institutions: Cooperation, Coordination, and Communication." in *Modern Political Economy: Old Topics, New Directions, ed.* Jefferey S. Banks and Eric A. Hanushek, 216-218. Cambridge University Press.

Campbell, John L. 2002. "Ideas, Politics, and Public Policy." *Annual Review of Sociology* 28. 21-22.

_____. 2004. *Institutional Change and Globalization*. Princeton: Princeton University Press.

_____, John A. Hall and Ove K. Pedersen. 2006. *National Identity and the Varieties of Capitalism: The Danish Experience*. Montreal: McGill University Press.

Capoccia, Giovanni, and R. Daniel Kelemne. 2007. "The Study of Critical Junctures: Theory, Narrative, and Counterfactuals in Historical Institutionalism." *World Politics* 59(April): 341-369.

Carsten, S. J. 2002. "Denmark in Historical Perspective: Towards Conflict-based Consensus." In Stefen Berger and Hugh Compston (eds). *Policy Concertation and Social partnership in Western Europe:*

Lesson for the 21st Century. Oxford: Bergahn Books. 조재희·강명세·김성훈·박동·오병훈 역.『유럽의 사회협의제도』. 서울: 한국노동연구원.

Center for Responsive Politics. 2003. "Lobbyist spending by sector in 2000." http://www.opensecrests.org/lpbbyists/index.asp.

Cerny, Philip G. 1997. "International Finance and the Erosion of Capitalist Diversity." pp. 173-181 in *Political Economy of Modern Capitalism: Mapping Convergence and Diversity*, ed. by Colin Crouch and Wolfgang Streek. London: Sage.

Christiansen, P. M. et al. 2010. *Varieties of Democracy: Interest Groups and Corporatist Committees in Scandinavian Policy Making. Voluntas* 21. 22-40.

_____ and H. Rommetvedt. 1999 "From Corporatism to Lobbyism: Parliaments, Executives, and Organized Interests in Denmark andNorway." *Scandinavian Political Studies* 22(3). 195-220.

Clemens, Elisabeth S., and James M. Cook. 1999. "Politics and Institutionalism. Explanining Durability and Change." *Annual Review of Sociology* 25: 441-466.

Coates. David. 2000. *Models of Capitalism*. Cambridge: Polity Press.

Coen, D. 1997. "The Evolution of Large Firm as a Political Actor in the European Union." *Journal of European Public Policy*. 4(1): 91-108.

_____. 1999. "The Impact of U. S. Lobbying Practice on the European Business-Government Relationship." *California Management Review*. 41(4): 27-44.

_____. Wyn Grant, Graham Wilson. 2010. *The Oxford Handbook of Business and Government*. Oxford: Oxford University Press.

Collier, Ruth Berins, and David Collier. 1991. *Shaping the Political Arena:*

CriticalJunctures, the Labor Movement, and Regime Dynamics in Latin America. Princeton: Princeton University Press.

Compston, H. 1998. "The End of National Policy Concertation? Western Europe since the Single European Act." *Journal of European Public Policy.* 5(3): 507-526.

Crouch, C. 1993. *Industrial Relations and the European State Tradition.* Oxford: Clarendon Press.

_____ and Wolfgang Streeck, eds. 1997. *The Political Economy of Modern Capitalism: Mapping Convergence and Diversity.* London: Sage.

Culpepper, Pepper, D. 2001. "Employers, Public Policy, and the Politics of Decentralized Cooperation in Germany and France". in *Varieties of Capitalism: The Institutional Foundations of Comparative Advantage*(ed). by Peter A. Hall and David Soskice. Oxford: Oxford University Press.

Cutler, Clair, Virginia Haufler and Tony Porter. 1999. *Private Authority and International Affairs.* Albany: State University of New York.

Davis, Gerald F. and Michael Useem. 2000. "Top Management, Company Director, and Corporate Control." in *Handbook of Strategy and Management,* ed. by Andrew Pettigrew, Howard Thomas, and Richard Whittington. Thousand Oaks: Sage.

De Geer, Hans. 1992. *The Rise and Fall of the Swedish Model: The Swedish Employers' Confederation, SAF and Industrial Relations over the decades.* Gardens Publications.

DiMaggio, Paul J., annd Walter W. Poweell. 193. "The Iron Cage Revisited: Institutional Isomorphism and Collective Rationality in Organizational Fields." *American Sociological Review* 48: 147-160.

Dobbin, Frank. 1994. *Forging Industrial Policy: The United States, Britain, and France in the Railway Age.* New York: Cambridge University Press.

Due, J., J. S. Madsen, L. K. Petersen and C. S. Jensen. 1995. "Adjusting the Danish Model: Towards Centralized Decentralization." in Colin Crouch, Franz Traxler (eds). *Organized Industrial Relations in Europe: What Future?* Ashgate Publishing Ltd.

Fligstein, Neil. 2001. *The Architecture of Markets: An Economic Sociology of Twenty-Century Capitalist Societies.* Princeton: Princeton University Press.

Frieden, Jeffry. 1991. "Invested Interest: The Politics of National Economic Policies in a World of Global Finance." *International Organization* 45(4).

Fulcher, James. 2002. "Sweden in Historical Perspective: The Rise and Fall of Swedish Model." in Stephen Berger and Hugh Compston (eds). *Policy Concertation and Social Partnership in Western Europe: Lesson for the 21 Century.* Oxford: Bergahn Books.

Garrett, Geoffrey. 1996. "Capital Mobility, Trade, and the Domestic Politics of Economic Policy." in R. O. Keohane and H. V. Milner (eds). *Internationalization and Domestic Politics.* Cambridge: Cambridge University Press.

_____. 1998a. *Partisan Politics in Global Economy.* New York: Cambridge University Press.

_____. 1998b. "Global Market and National Politics: Collision Course or Virtuous Circle?" *International Organization* 52(4): 787-824.

_____ and Peter Lange. 1996. "Internationalization, Institution and Political Change." pp. 48-75 in *International and Domestic Politics,* ed. by Robert Keohane and Helen Milner. New York: Cambridge University Press.

Gereffi, Gary 1994. "The International Economy and Economic Development," pp. 206-233. in *The Handbook of Economic Sociology*, ed. by Neil Smelser and Richard Swedberg. Princeton: Princeton University Press.

Giddens, Anthony. 2000. *Runaway World: Hoe Globalization Is Reshaping our Lives*. New York: Routledge.

Gill, C., Knudsen, H and Jens Lind, "Are there cracks in the Danish model of industrialrelations?." *Industrial Relations Journal*. 29(1): 30 -41.

Golub, Jonathan. 2000. "Globalization, Sovereignty and Policy Making: Insights from European Integration". in *Global Democracy: Key Debates*(ed). by B. Holden. London: Routledge.

Gourevitch, Peter. 1986. *Politics in Hard Times: Comparative Responses to International Economic Crises*. Ithaca: Cornell University Press.

_____ and James Shinn. 2007. *Political Power and Corporate Governance*. Princeton: Princeton University Press.

Green-Pedersen, C. 2001, "Minority Governments and Party Politics: The Political and Institutional Background to the 'Danish Miracle'." *Max-Plank-Institute for Gesellschaftsforschung, MPIfG Discussion Paper*.

Greider, William. 1997. *One World, Ready or Not: The Manic Logic of Global Capitalism*. London: Allen Lane.

_____. 1997. *One World Ready or Nor: The Manic Logic of Global Capitalism*. New York: Simon and Schuster.

Guehenno, Jean-Marie. 1995. *The End of Nation State*. Minneapolis: University of Minnesota Press.

Gulati, Ranjay and Martin Gargiulo. 1999. "Where Do Internationalization Networks Come From?" *American Journal of Sociology* 104: 1439-1493.

Hall, R. Bruce, and Thomas J. Biersteker. 2002. *The Emergence of Private Authority in Global Governance*. Cambridge: Cambridge University Press.

Hall, R. D. Soskice. 2001. *Varieties of Capitalism: Institutional Foundations of Comparative Advantage*. Oxford: Oxford University Press.

Hall, Peter A. 1986. *Governing the Economy: The Politics of State Intervention in Britain an France*. New York: Oxford University Press.

_____ and Rosemary C. R. Taylor. 1996. "Political Science and the Three 'New Institutionalisms.'" *Political Studies* 44(December): 936-957.

_____ and David Soskice. 2001. *Varieties of Capitalism: The Institutional Foundations of Comparative Advantage*. Oxford: Oxford University Press.

Hancke, Bob, Martin Rhodes and Mark Thatcher, eds. 2007. *Beyond Varieties of Capitalism: Conflict, Contradiction and Complementarities in the European Economy*. Oxford: Oxford University Press.

Harrison, Benett. 1994. *Lean and Mean: The Changing Landscape of Corporate Power in the Age of Flexibility*. New York: Basic.

Haufler, Virginia. 2001. *Public Role for the Private Sector*. Carnegie Endowment for International Peace: Washington, D. C.

Heinz, J P., Laumann, E. O., Nelson, R. L., and Salisbury, R. H. 1993. *The Hollow Core: Private Interests in National Policy Making*. Cambridge, Mass.: Harvard University Press.

Held, David, Anthony McGrew, David Goldblatt, and Jonathan Perraton. 2002. "RethinkingGlobalization," in David Held and Anthony McGrew (eds). *The Global Transformations Reader: An Introduction to the Globalization Debate*. Cambridge: Polity Press.

Hemerijck, A. 1995. "Corporatist Immobility in the Netherlands." in *Organized Industrial Relations in Europe: What Future?* ed. Colin Crouch and Frantz Traxler. Aldershot: Avebury.

Higgott, Richard, Geoffrey Underhill, and Andreas Bieler. 2000. *Non-State Actors and Authority in the Global System*. London: Routledge.

Ikenberry, G. J., 1988. "Market Solution for State Problems: The International and Domestic Politics of American Oil Policy." *International Organization* 42. 151–177.

Iversen, T. 1996. "Power, Flexibility, and the Breakdown of Centralized Bargaining." *Comparative Politics*. 28(4): 399–436.

Jacoby, Sanford. 1995. "Social Dimension of Global Economic Integration." pp. 3–30. in *The Workers of Nations: Industrial Relations in a Global Economy*, ed. by Sanford Jacoby. New York: Oxford University Press.

Jepperson, Ronald L. 1991. "Institutions, Institutional Effects, and Institutionalism." in *The New Institutionalism in Organizational Analysis*, ed. Walter W. Powell and Paul J. DiMaggio, 143–163. Chicago: University of Chicago Press.

Jessop, Bob. 1997. "The Future of the Nation State: Erosion or Reorganization? General Reflections on the West European Case." Paper presented at the conference on Globalization: Critical Pers[ective, University of Birmingham, UK.

Johnson. 2011. "Reconciling Ideas and Institutions through Discursive Institutionalism. Daniel Beland and Robert Henry Cox." *Ideas and Politics in Social Science Research.* Oxford: Oxford University Press.

Josselin, Daphne, and William Wallace. 2001. *Non-State Actors in World Politics.* New York: Palgrave Publishers Ltd.

Kapstein, Ethan. 1994. *Governing the Global Economy: International Finance and the State.* Cambridge: harvard University Press.

Katznelson, Ira. 1985. "Working Class Formation anf the State." pp. 257-284 in *Bringing the State Back In,* ed. by Peter Evans and Teda Skocpol. New York: Cambridge University Press.

Keim, Gerald. 2001. "Managing Business Political Activities in the U. S.: Bridging Theoryand Practice." *Journal of Public Affairs* 1(4).

Kitschelt, Herbert, Peter Lange, Gary Marks, and John Stephens. 1999. "Convergence and Divergence in *Continuity and Change in Contemporary Capitalism,* ed. by Herbert Kitschelt, Peter Lange, Gary Marks, and John Stephens. New York: Cambridge University Press.

Knight, Jack. 1992. *Institutions and Social Conflict.* Cambridge: Cambridge, University Press.

Korpi, W. 2006. "Power Resources and Employer-Centered Approaches in Explanations of Welfare States and Varieties of Capitalism: Protagonists, Consenters, and Antagonists." *World Politics.* Vol. 58. No. 2. 167-202.

Lehmbruch, Gerhard. 1979. "Liberal Corporatism and Party Government." in Phillipe C. Schmitter and Gerhard Lehmbruch (eds). *Trends Towards Corporatist Intermediation.* London: Sage.

_____. 1984. "Concertation and the Structure of Corporatist Networks." in J. Goldthorpe(ed). *Order and Conflict in Contemporary*

Capitalism. Oxford: Oxford University Press: 60–80.

Levi, Margaret. 1997. "A Model, a Method and a Map: Rational Choice in Comparative and Historical Analysis." in *Comparative Politics: ationality, Culture, and Structure,* ed., Mark Irving Lichbach and Alan S. Zuckerman, 2nd ed., New York: Cambridge University Press.

_____. 2008. "Reconsiderations of Rational Choice in Comparative and Historical Analysis." in *Comparative Politics: Rationality, Culture, and Structure,* ed., Mark Irving Lichbach and Alan S. Zuchkerman, 2nd ed., 117–133. New York: Cambridge University Press.

Levine, Ross and Sara Zervos. 1998. "Stock Markets, Banks, and Economic Growth." *American Economic Review* 88: 537–554.

Lewin, L.. 1994. "The Rise and Decline of Corporatism: The Case of Sweden." *European Journal of Political Research* 26: 59–79.

Lieberman, Robert C. 2002. "Ideas, Institutions, and Political Order: Explaining Political Change." *American Political Science Review.* 96(4): 1011–1035.

_____. 2006. "Private Power and American Bureaucracy: The EEOC, Civil Rights Enforcement, and the Rise of Affirmative Action." Paper presented at the Annual Meeting of the American Political Science Association, Philadelphia, August 31.

Lord, M. 2001. "Corporate Political Strategy and Legislative Decision Making." *Business and Society* 39/1.

Mahoney, James. 2000. "Path Dependence in Historical Sociology." *Theory and Society* 29: 507–548.

_____ and Kathleen Thelen. 2010. "A Theory of Gradual Institutional Change." in James Mahoney and Kathleen Thelen eds., *Explain-*

ing Institutional Change: Ambiguity, Agency, and Power, 1–37. Cambridge : Cambridge University Press.

Mailand, M. 2002. Denmark in the 1990s: Status Quo or a More Self-Confident State? Stefen Berger and Hugh Compston (eds). *Policy Concertation and Social partnership in Western Europe: Lesson for the 21st Century.* Oxford: Bergahn Books.

March J. and J. Olson. 1984. "The New Institutionalism: Organizational Factors in Political life." *American Political Science Review.* 78(3). 734–739.

March, James G., and Johan P. Olsen. 1984. "The New Institutionalism: Organizational Factors in Political Life." *American Political Society* 29: 507–548.

May, Christopher. ed. 2006. *Global Corporate Power.* Boulder, CO: Lynne Rienner.

McKenzie, Richard and Dwight Lee. 1991. *Quicksilver Capital.* New York: Free Press.

Meyer, John W., John Boli, George Thomas and Francisco Ramirez. 1997. "World Society and the Nation State." *American Journal of Sociology* 103(1): 144–181.

Milner, H. 1990. *Sweden: Social Democracy in Practice.* Oxford: Oxford University Press.

_____ and Robert Keohane. 1996. "Internationalization and Domestic Politics: An Introduction." pp. 3–24. in *International and Domestic Politics,* ed. by Robert Keohane and Helen Milner. New York: Cambridge University Press.

Mizruchi, M. S. 1992. *The Structure of Corporate Political Action.* Cambridge: Harvard University Press.

Moe, Terry. 1990. "The Politics of Structural Choice: Towards a Theory of Bureaucracy." in Oliver Williamson (ed). *Organization Theory*. New York: OxfordUniversity Press.

_____. 2005. "Power and Political Institutions." *Perspectives on Politics* 3: 215-233.

Murphy, Dale. 2006. *The Structure of Regulatory Competition: Corporations and Public Policies in a Global Economy*. Oxford: Oxford University Press.

North, Douglass C. 1990. *Institutions, Institutional Change, and Economic Performance*. Cambridge. U. K.: Cambridge University Press.

_____. 1993. "Toward a Theory of Institutional Change." in *Political Economy: Institutions,Competition, and Representation,* eds. William A. Barnett, Norman Schofield, and Melvin Hinich, 61-69. Cambridge: Cambridge University Press.

Öberg, P. O. 2002. "Does Administrative Corporatism promote Trust and Diliberation?" *Governance.* 15(4): 455-475.

_____ and Svensson, T. 2002. "Power, Trust and Deliberation in Swedish Labour Market Politics." *Economic and Industrial Democracy.* 23(4): 451-90.

_____. 2011. "Disrupted Exchange and Declining Corporatism: Government Authority and Interest Group Capability in Scandinavia." *Government and Opposition.* Vol. 46. No. 3. 365-391.

Ohmae, Kenichi. 1995. *The End of Nation State*. New York: Free Press.

_____. 1990. *Borderless World: Power and Strategy in the Interlinked Economy*. New York: Harper Collins.

Ostrom, Elinor. 1990. *Governing the Commons: The Evolution of Institutions*

為 not applicable

for collective Action. New York: Cambridge University Press.

Pestoff, Victor. 1991. *The Politics of Private Business, Cooperative and Public Enterprise in a Corporate Democracy: The Case of Sweden.* Stockholm: University of Stockholm Department of Business Administration.

_____. 1999. "Globalization, Business Interest Association and Swedish Exceptionalism in the 21st Century". Paper presented at *the European Consortium on Political Research*, Mannheim, March 29–31.

_____. 2002. "Sweden in the 1990s: The Demise of Policy Concertation and SocialPartnership and Its Sudden Reappearance." in Stefen Berger and Hugh Compston (eds). *Policy Concertation and Social partnership in Western Europe: Lesson for the 21st Century.* Oxford: Bergahn Books.

_____. 1991. "The Politics of Private Business, Cooperative and Public Enterprise in a Corporate Democracy: The Case of Sweden." Stockholm: University of Stockholm Department of Business Administration, 1991.

Peter A. Hall and R. D. Soskice. 2001. *Varieties of Capitalism: Institutional Foundations of Comparative Advantage.* Oxford: Oxford University Press.

_____. 2004. *Politics in Time: History, Institution and Social Analysis.* Princeton: Princeton University Press.

_____. 2006. "Public Policy as Institutions." in Ian Shapiro, Stephen Skowronek, and Daniel Galvin (eds.) *Rethinking Political Institutions: The Art of the State.* New York: New York University Press.

_____ and M. Smith. 1993. "Bourgeois Revolutions? The Policy Consequences of Resurgent Conservatism." *Comparative Political Studies.*

25. 28-156.

_____ and Theda Skocpol. 2002. "Historical Institutionalism in Contemporary Political Science." in *Political Science: State of the Discipline,* ed. Ira Katznelson an Helen V. Milner, 693-721. New York: W. W. Norton.

Pontusson, J. and Peter Swenson. 1996. "Labour Markets, Production Strategies, and Bargaining Institutions: The Swedish Employer Offensive in Comparative Perspective." *Comparative Political Studies,* 29(2): 223-250.

Rechtman, Rene E. 1998. "Regulation of Lobbyists in Scandinavia-A Danish Perspective," *Parliamentary Affairs,* 51/4.

Rodrik, Dani. 1997. *Has Globalization Gone Too Far?* Washington DC: Institute forInternational Economics.

Rueda, David and Jonas Pontusson. 2000. "Inequality and Varieties of Capitalism." *World Politics,* 52, 35083.

Sachlozman, K. and Tierney, J. T. 1986. *Organized Interests and American Democracy.* New York.

Salisbury, R. 1986. "Washington lobbyists: a collective portrait," in A. J. Cigler and B. A. Loomis, *Interest Group Politics,* 2nd ed. Washington, DC: Congressional Quarterly Press.

Sassen, Saskia. 1998. Globalizaion and Its Discontents. New York: New Press.

_____. 1996. *Losing Control: Sovereignty in an Age of Globalization.* New York: Columbia University Press.

Scheuer, S. 1998. "Denmark: A Less Regulated Model?." in A. Ferner and R. Hyman (eds). *Changing Industrial Relations in Europe,* 146-170. Oxford: Blackwell.

Schmidt, Vivien A. 2002a. "Does Discourse Matter in the Politics of Welfare State Adjustment?" *Comparative Political Studies.* 35(2): 168-93.

_____. 2002b. *The Futures of European Capitalism.* Oxford: Oxford University Press.

_____. 2008. "Discursive Institutionalism: The Explanatory Power of Ideas and Discourse." *Annual Review of Political Science.* Vol.11: 303-326.

Schmitter, Philippe C. 1979. "Still the Century of Corporatism?". in Phillipe C. Schmitterand Gerhard Lehmbruch(eds). *Trends Towards Corporatist Intermediation,* London: Sage: 7-52.

Shepsle, Kenneth. 1986. "Institutional Equilibrium and Equilibrium Institutions." *in Political Science: The Science of Politics,* ed. Herbert Weisberg, 51-81. New York: Agathon.

_____. 1989. "Studying Institutions: Some Lessons from the Rational Choice Approach." *Journal of Theoretical Politics* I: 131-147.

Skocpol, Thda. 1995. "Why I Am an Historical Institutionalist." *Polity* 28: 103-106.

_____. 1998. *Mad Money: When Markets Outgrow Governments.* Ann Arbor: University of Michigan Press.

Slomp, H. 1992. "European industrial relations and the Prospects of Tripartism." in Tiziano Treu (ed). *Participation in Public Decision-Making: The Role of Trade Unions and Employers' Associations.* Berlin and New York: Walter de Gruyter: 159-173.

Spar, Debora, and David Yoffie. 2000. "A Race to the Bottom or Governance from the Top?" in A. Parkash and J. A. Hart (eds). *Coping with Globalization.* London: Routledge.

Stark, David. 1991. "Path Dependence and Privatization Strategies in East Central Europe." *East European Politics and Societies* 6(1): 17-54.

Steger, Manfred. 2010. *Globalization: The Greatest Hits.* 2nd ed. Boulder, CO: Paradigm Publishers.

Stephen, J. D.. 2000. "Is Swedish Corporatism Dead? Thoughts on its Supposed Demisein the Light of the Abortive Alliance for Growth" in 1998. paper presented at the 12th *International Conference of Europeanists, Council of European Studies,* Chicago, Marsh 30 -April 1, 2000.

Strange, Susan. 1996. *The Retreat of the State: The Diffusion of Power and Wealth in World Economy.* Cambridge: Cambridge University Press.

_____. 1997. "The Future of Global Capitalism: Or, Will Divergence Persist Forever?" pp. 182-191. in *Political Economy of Modern Capitalism: Mapping Convergence and Diversity,* ed. by Colin Crouch and Wolfgang Streek. Thousand Oaks: Sage.

Streeck. 2005. "Introduction: Institutional Change in Advanced Political Economies." in *Beyond Continuity: Institutional Change in Advanced Political Economies,* ed. Wolfgang Streeck and Kathleen Thelen, 1-39. Oxford: Oxford University Press.

_____ and Kathleen Thelen, eds. 2005. *Beyond Continuity: Institutional Change in Advanced Political Economy.* Oxford: Oxford University Press.

_____, Jurgen R. Grote, Volker Schneider and Jelle Visser eds. 2006. *Governing Interests: Business Association Facing Internationalization.* Routledge: London & New York.

Svensson, Torsten. 2002. Globalization, "Marketisation and Power: The Swedish Case of Institutional Change." *Scandinavian Political Studies*, Vol. 25. No. 3. 197-229.

_____ and Perola Öberg. 2002. "Labour Market Organizations' Participation in Swedish Public Policy-Making." *Scandinavian Political Studies*. 25(4): 295-315.

Tanzi, Vito. 1995. Taxation in an Age of Integrating World. Washington D. C.: Brooking Institution.

Thelen, Kathleen. 1999. "Historical Institutionalism in Comparative Politics." *Annual Review of Political Science* : 369-404.

_____. 2003. "How Institutions Evolve: Insights from Comparative Historical Analysis." in *Comparative Historical Analysis in the Social Sciences,* ed. James Mahoney and Dietrich Rueschemeyer, 305-336. Cambridge: Cambridge University Press.

_____. 2004. "How Institutions Change in Advanced Political Economies." *British Journal of Industrial Relations* 47(September): 471-498.

_____ and Sven Steinmo. 1992. "Historical Institutionalism in Comparative Politics." in *Structuring Politics: Historical Institutionalism in Comparative Analysis,* ed. Sven Steinmo, Kathleen Thelen, and Frank Longstreth, 1-32. New York: Cambridge University Press.

Traxler, F. 1993. "Business associations and labour unions in comparison." *British Journal of Sociology* 44. 673-691.

_____. 1995. "Two Logic of Collective Action in Industrial Relations?" in C. Crouch and F. Traxler (eds). *Organized Industrial Relations in Europe: What Future?* Aldetshot: Avebury: 23-44.

_____. 1999. "Employers and Employer Organizations: The Case of Governability." *Industrial Relationas Journal.* 30(4): 345-354.

_____. 2004. "The metamorphoses of corporatism." *European Journal of Political Research* 43. 571-598.

_____. 2006. *Economic Internalization and the dilemma of employer associations: A Comparison of 20 OECD Countries.* Business Associations Facing Internationalization.

_____. 2007. "The theoretical and methodological framework of analysis." in F. Traxler & G. Huemer (eds), *Handbook of Business Interest Associations, Firm Size and Governance.* London: Routledge.

_____. 2010. "The long-term development of organised business and its implicationsfor corporatism: A cross-national comparison of membership, activities and governing capacities of business interest associations." *European Journal of Political Research,* 49. 151-173.

_____, F., Blaschke, S. and Kittel, B. 2001. *National Labour Relations in Internationalized Markets.* Oxford: Oxford University Press.

_____, Brandl, B. and Pernicka, S. 2007. "Business associability, activities and governance." in F. Traxler & G. Huemer (eds), *Handbook of Business Interest Associations, Firm Size and Governance.* London: Routledge.

Tsebelis, George. 2002. *Veto Players: How Political Institutions Work.* Princeton: Princeton University Press.

Vogel, D. J. 1978. *Lobbying the Corporation: Citizen Challenges to Business Authority.* New York: Basic Books.

_____. 1989. *Fluctuating Fortunes: The Political Power of Business in America.* New York: Basic Books.

_____. 1995. *Trading Up: Cosummer and Environmental Regulation in a*

Global Economy. Cambridge, MA: Harvard University Press.

_____. 1996. "The Study of Business and Politics." *California Business Review* 38(3).

_____ and Robert Kagan. 2004. *Dynamics of Regulatory Change: How Globalization Affects National Regulatory Policies.* Berkely: University of California Press.

Wade, Robert. 1996. "Globalization and Its Limits: Report of the Death of the Natioal Economy Aew Greatly Exaggerated." pp. 60-88. in *National Diversity and Global Capitalism.* ed. by Suzanne Berger and Donard Dore. Ithaca: Cornell University Press.

Wallach, Lori. and Michelle Sforza. 1999. *Whose Trade Organization? CorporateGlobalization and the Erosion of Democracy.* Washington, D. C.: Public Citizen.

Wallerstein, Michael and Miriam Golden. 1997. "The Fragmentation of the Bargaining Society: Wage Setting in the Nordic Countries, 1950 to 1992." *Comparative Political Studies.* 30(6): 699–731.

Weingast, Barry. 1995. "A Rational Choice Perspective on the Role of Ideas." *Politics and Society* 23(4).

_____. 2002. "Rational-Choice Institutionalism." in *Political Science: State of the Discipline,* ed. Ira Katznelson and Helen V. Milner, 660–692. New York: W. W. Norton.

Wheeler, David. 2000. "Racing to the Bottom? Foreign Investment and Air Quality in Developing Countries." Washington, DC: Development Research Group, World Bank.

Wilson, Graham. 2001. "Globalization, Internationalization and U. S. Interest Groups." A Paper for *The Annual Convention of the Midwest Political Science,* Chicago, Illinois.

_____. 2003. *Business & Politics: A Comparative Introduction*. New York: Chatham House Publishers.

_____. 2003. *Business and Politics: A Comparative Introduction*. New York: Chatham House Publishers.

_____. T. Werner. 2010. "Business Representation in Washington D. C." in D. Cohen, Wyn Grant, Graham Wilson. 2010. *The Oxford Handbook of Business and Government*. Oxford: Oxford University Press.

Wyn Grant, Graham Wilson. 2010. *The Oxford Handbook of Business and Government*. Oxford: Oxford University Press. 261–284.

Zucker, Lynne G. 1983. "Organizations as Institutions." in *Research in the Sociology of Organizations*, ed. S. B. Bacharach, 1–42. Greenwich, CT: JAI Press.

부록 스웨덴 경제인연합(SN) 정관

스웨덴 경제인연합 정관

2011년 9월 23일 특별 총회에서 인준된 최근 개정 항목 포함

목차

제14조 감사

제15조 전무이사

제16조 총회 구성

제17조 정기 및 특별 총회

제18조 정기 총회 사안(안건)

제19조 총회 투표

제20조 선거위원회

회원 기업의 의무

제21조 회비

제22조 회원 기업 정보

회원 협력

제23조 협력

고용주 문제

제24조 협상 처리 방법

제25조 파업 처리 방법

제26조 직장 폐쇄 처리 방법

제27조 노사분규 시 배상

제명, 정관 변경 및 기타 관련 사항

제28조 정관 위반에 대한 징벌 및 결정

제29조 중재

제30조 제명 통보 기간

제31조 정관 변경

제32조 청산(정리)

총칙

제1조 협회 명칭

협회 명칭은 스웨덴 경제인연합이다.

제2조 협회 소재

협회는 스톡홀름에 소재한다.

제3조 협회 목표

스웨덴 경제인연합은 기업의 공동 이익을 증진한다.

협회는 그러한 목적을 달성하기 위하여 특히 다음 각 호의 사업을 수행한다.

스웨덴 내 활동 중인 기업과 기업 단체들을 견고한 단일체로 결속한다.

자유로운 기업 활동 및 원활하게 작동하는 시장 경제를 구현한다.

경제 성장과 복지를 위한 기업 활동의 결정적 의미에 대한 보편적 이익 공동체를 구현한다.

기업 창업, 기업 소유, 기업 경영 및 기업 발전에 이로운 기초를 지역적, 국가적 및 국제적으로 구현한다.

소속 기업과 단체들 공동의 문제에 있어서의 협력을 달성한다.

본 정관이 결정하는 범위 내에서 회원 기업의 노사분규 손실을 보상한다.

제4조 회원

협회의 회원들은 동일한 소속 기업 단체들이다.

협회의 회원 기업들은 소속된 단체의 회원들이다.

제5조 회원 그룹

상임위원회는 인접한 활동이 있거나 그렇지 않다면 공동의 이익이 있는 회원들이 회원 그룹을 만들어야 한다는 점을 결정할 수 있다. 그에 대한 결정이 내려지기 전에 관련 회원들의 허가를 받아야 한다.

제6조 회원 규정

회원 규정은 소속 단체 내 모든 회원에게 협회의 회원 기업이 되는 의무와 본 정관 및 협회와 소속 단체들 간에 발생하는 특별 협약(협정)을 준수하는 의무에 대한 규정들을 포함해야 한다.

회원 규정은 협회 정관에 반하여서는 아니 되며, 협회 상임위원회의 승인을 받아야 한다.

회원과 협회 외부 기업 혹은 기업 단체 간 협력에 대한 합의는 협회의 목적에 반하여서는 아니 된다.

협회 결정 기구 및 기타 관련 사항

제7조 협회 운영

협회 사무는 상임위원회, 전무이사와 총회에서 처리된다.

협회는 별도의 법인에서 회원 기업이 비용을 지불할 의무가 있는 업무를 처리하는 결정을 내릴 수 있다.

제8조 상임위원회 구성

임위원회는 회원들이 지명하는 위원 및 대리인, 총회에서 선출되는 위원으로 구성되어야 한다. 그밖에 전무이사는 상임위원회 위원이어야 한다.

회원 기업이 전 역년 동안 협회 회비를 Price base amount[1]의 최소 125배를 납부했다면 회원 기업은 위원을 1명 지명할 수 있으며, 회비가 Price base amount의 250배에 달한다면 위원을 2명, Price base amount의 500배에 달한다면 위원을 3명, 최소 1천 배에 달한다면 위원을 4명 지명할 수 있다. 회비가 Price base amount의 125배에서는 내려가나 최소 25배에 달한다면 회원은 대리인을 1명 지명할 수 있다.

제5조에 의거하여 만들어진 회원 그룹은 그룹이 대신 그룹 내의 회원들을 위한 상임위원회 대 위원들을 지명해야 한다는 결정을 내릴 수 있다. 그러한 경우에 회원 기업들의 총 회비는 회원 그룹 당 계산이 된다.

1개의 기업이 협회 소속 단체들 다수의 회원이라면 제8조 문단 2를 적용하여 기업의 협회 회비는 이들이 합의하는 방식으로 단체들 간에 배분이 된다. 그러한 합의에 대한 정보가 제출이 되지 않는다면 협회는 해당 기업이 각각의 단체에 소속되어 있는 활동(업무)에 대해 알려진 것을 방침으로 회비 배분을 결정해야 한다(확인해야 한다).

협회의 정기 총회는 최대 12명의 위원을 선출한다. 그러한 경우에는 상임위원회가 협회의 구조에 상응하는 구성이 되도록 노력한다. 총회에서 선출된 위원들은 정기 총회부터 차기 정기 총회까지의 기간 동안 지명된다. 상임위원회의 대표는 총회에서 제8조 1문단에 의거하여 지명 혹은 선출이 된 상임위원회 위원들 사이에서 선출된다. 만일 대표가 재임 기간 중 사임을 한다면 상임위원회는 내부에서 차기 정기 총회까지 직무를 맡을 대표를 선출한다. 상임위원회는 내부에서 최대 3명의 부대표를 지명한다.

제9조 상임위원회의 직무

협회 사무 담당에서 상임위원회는 특히 다음과 같은 책임을 진다.

---

1 Price base amountThe price base amount or "base amount" as it was previously termed, is dependent on the consumer price index, CPI. The price base amount is used inter alia to ensure that pensions, sickness benefit, student grants and other allowances do not decline in value if prices of goods and services increase. The amount is set by the Government a year at a time.

연간 상임위원회 업무 계획 결정.

상임위원회의 직무위원회와 전무이사에 업무 지침 전달.

연간 협회 수입 및 지출 예산 결정.

협회 가입 신청 심사 및 전무이사 임명 및 해임.

상임위원회는 제7조 문단 2에 언급된 별도의 법인 설립에 대한 결정을 한다. 그러한 경우에는 상임위원회는 모든 업무연도의 만료 전에 제21조에 의거하여 어떻게 수익의 일부가 협회와 별도의 법인 간에 배분되어야 하는지에 대하여 결정할 수 있다. 상임위원회는 언제든 요구가 있으면 이러한 식으로 결정된 배분을 조정할 수 있다.

제10조 상임위원회 회의

상임이사회는 대표 혹은 전무이사의 공고로 회의를 실시한다. 상임위원회 위원들 최소 5명이 요구한다면, 그러한 공고는 공포되어야 한다. 상임위원회 대리인들은 회의에 참석할 수 있으며 숙의(논의)에는 참여할 수 있으나 결정에는 참여할 수 없으며, 회의 참석 경우에는 대리인은 결석한 정규 위원을 대신하지 못한다.

회의가 단지 제24, 26 혹은 27조에 포함이 되는 문제에 관한 것일 뿐이라면 회의 공고는 대표와 전무이사는 제외하고, 자체 규정에 의거하여 고용주의 공동 이익을 대표하는 단체들을 대표하는 위원들에 관한 것으로 한정될 수 있다.

제11조 상임위원회의 결정권

최소한 상임위원회 위원들의 1/2이 참석할 때 상임위원회는 정족수에 달한다.

상임위원회에서 모든 위원은 1표를 행사한다.

대다수의 참석자들이 일치되는 의견에 상임위원회의 결정이 적용되는 것과 같이 동일 득표수의 경우에는 대표가 동의하는 의견에 상임위원회의 결정이 적용되어야 한다.

제24, 26 혹은 27조에 포함되는 문제들의 처리에서는 자체 규정에 의거하여 고용주의 공동 이익을 대표하는 단체들을 대표하는 위원들만이 본 조에서는 관련된다.

상임위원회 위원과 별도로 관련이 있는 사안 처리에서는 관련 위원은 참여하면 아니 된다.

상임위원회 회의에서는 회의록이 작성되어야 한다. 사안 결정에 참여한 위원은 본인이 회의록에 불일치하는 의견이 기록되게 하지 않는다면, 회의록에 기록된 결정을 동의한 것으로 간주된다.

제12조 상임위원회 산하 운영위원회

상임위원회는 내부에 긴급한 성격의 사안과 상임위원회가 별도로(특별히) 그곳으로 보낸(위임한) 사안 처리 및 상임위원회 회의 사안 준비를 위한 운영위원회를 지명한다.

추가로 운영위원회는 제24, 26, 27조에 의거하여 고용주문제 및 상임위원회에 의하여 결정된 협력 지침 적용 관련 문제들을 처리할 수 있다.

운영위원회는 상임위원회 대표, 전무이사와 그 외 최대 12명의 위원들로 구성되어야 한다. 운영위원회는 결정권이 없는, 위원회 회의 참석권과 발언권이 있는 다른 사람을 임명(위촉)할 수있다. 본조 문단 2에서 관련되는 문제 처리에서 위원회는 대표와 전무이사를 제외하면, 자체 규정에 의거하여 고용주의 공통 이익을 대표하는 단체들을 대표하는 위원들만이 관련된다.

상임위원회는 본조 문단 4를 고려하여 운영위원회가 협회의 구조에 해당하는 구성이 되도록 노력한다.

제13조 연례보고서

모든 역년에 상임위원회는 연례보고서를 발간해야 한다. 이러한 연례보고서는 늦어도 다음 해 4월 15일까지 감사들에게 발송되어야 한다.

제14조 감사

협회의 회계 및 그 외의 운영 조사를 위하여 정기 총회에서는 2명의 감사와 2명의 감사 대리인을 지명한다. 감사 1명과 감사 대리인 1명은 공인이 되어 있어야 한다.

늦어도 5월 1일까지는 감사들은 전 해의 운영 조사를 마쳐야 하며 상임위원회에 감사 보고서를 제출해야 한다.

제15조 전무이사

전무이사는 협회 활동을 상임위원회의 처리원칙과 지침에 의거하여 지도한다. 만일 상임위원회의 결정이 협회 활동에 필수적인 불편함이 없이 대기될 수가 없다면. 전무이사는 상임위원회의 공인 없이 협회의 활동을 고려할 때 매우 중요하거나 특이한 성격의 조치를 취할 수 있다. 그러한 경우에는 상임위원회는 가능한 한 신속히 조치에 대한 알림을 받아야 한다. 전무이사는 협회의 회계가 법규와 일체(합의)된 상태에서 완수(수행)가 되도록, 그리고 펀드 매니지먼트가 만족스러운 방법으로 관리되도록 관리(대비)하여야 한다.

전무이사는 항상 협회를 대표하며 본인에게 달려있는 협회에 관한 조치를 서명해야 한다.

제16조

협회 총회에서 회원들은 지명된 대의원들을 통하여 의견 주장을 할 수 있으며 투표권을 수행할 수 있다. 모든 회원은 최대 10명의 총회 대의원들을 선출할 수 있다. 총회 대의원은 정기 총회에서 차기 정기 총회까지 선출된다.

제17조

정기 총회는 매년 늦어도 스웨덴에서 5월까지 상임위원회가 결정하는 일시와 장소에서 진행되어야 한다. 특별 총회는 상임위원회가 이러한 이유로 필요성을 발견할 때 혹은 주장되는 목적을 위한 특별 총회가 회원이나 협회 감사들에 의하여 서면으로 요구될 때 진행된다.

정기 총회 공고는 최소 총회 14일 전에 서신을 통하여 회원들과 협회에 신청된 총회 대의원들에게 알려져야 한다.

특별 총회에서는 공고가 최소 총회 7일 전에 알려져야 한다. 여타의 사안 (안건)은 그러한 총회에서 결정되어지지 말아야 한다.

제18조 정기 총회 사안

정기 총회에서는 다음과 같은 사안들이 있다.

a) 상임위원회 대표의 총회 개회

b) 투표인 명부 작성 및 인정

c) 의제 발의 인정

d) 총회 대표 선출

e) 의사록 교정 담당자 선출

f) 총회 관련 문제의 적절한 취합

g) 연례 보고서 및 감사 보고서 제출

h) 다음 사항과 관련된 결정

　　a. 수입연결재무제표 및 대차대조표 결정

　　b. 상임위원회 위원들과 전무이사에 대한 법적 책임으로부터의 자유

i) 제7조 문단 2에 관련된 별도 법인에 대한 연례 보고서 및 감사 보고서 제출

j) i)에서 언급되는 별도 법인에서의 상임위원회 위원들과 전무이사에 대한 법적 책임으로부터의 자유 관련 결정

k) i)에서 언급되는 별도 법인에서의 주주총회에서의 협회를 대표하는

대의원 선출

l) 전무이사를 제외한 상임위원회 위원 및 감사 교체 결정

m) 협회 상임위원회 위원 혹은 대리인 지명 권리가 있는 회원으로부터
의 지명자 신청

n) 총회에서 선출되어야 하는 상임위원회 위원들의 숫자 결정

o) n)에서 언급되는 상임위원회 위원 선출

p) 상임위원회 대표 선출

q) 감사 대리인을 포함한 감사 선출

r) 선거위원회 선출

s) 상임위원회에 의하여 총회 하위에 있는 사안

t) 회원에 의하여 늦어도 총회 30일 전까지 상임위원회에서 서면으로 총
회에서의 처리가 신청된 사안

u) 제21조에 의거한 내년 회비 결정

또한 총회는 이러한 정관에 의거하여 총회에서 다루어져야 하는 그러한
사안들을 결정한다.

정기총회 최소 14일 전 상임위원회를 통하여, 총회에 나올 사안들의 목
록은 회원들과 회원 기업들에게 공개가 되어야 한다. 만일 이러한 목록에
기재되어있지 않은 사안이 연례 보고서 혹은 감사 보고서에 의하여 직접
적으로 야기되지 않거나 목록에 기재된 사안과의 직접적인 정황에 놓여
있지 않다면, 그러한 사안은 전 총회 참석자들의 동의 없이는 결정될 수
없다.

제19조 총회 투표

총회에서 회원은 회원의 회원 기업이 전 역년 동안 회비로 전부 지불한
모든 완전한 price base amount 당 1표가 있다.

회원은 어떻게 표들이 총회에서 회원을 대표하는 대의원들에게 배분이

되어야 하는지를 결정한다. 만일 기업이 협회 소속 단체들 다수의 회원이라면 제19조 문단 1을 적용하여 기업의 회비는 단체들이 합의하는 방식으로 단체들에게 배분이 되어야 한다. 그러한 합의에 대한 정보가 제출이되지 않는다면 협회는 해당 기업이 각각의 단체에 소속되어 있는 활동(업무)에 대해 알려진 것을 방침으로 회비 배분을 결정해야 한다.

총회 참석자 중 누군가가 그러한 요구를 한다면 선출은 밀봉된 투표용지로 치러져야 한다. 총회에서의 다른 모든 투표는 공개적으로 행하여진다. 상임위원회 위원은 총회 숙의(논의)에 참여할 수 있다.

총회 결정은 제26, 31조에서 알려지는 예외와 함께, 최다 득표가 주어진의견에 적용된다. 동일 득표가 발생한 선출 사안은 제비뽑기로 결정된다. 동일 득표가 발생한 다른 문제에서는 최다 유권자들이 일치하는 의견에결정이 적용되거나, 만일 유권자들의 수가 동일하다면 상임위원회 대표에의해 지지되는 의견에 결정이 적용된다.

제20조 선거위원회

총회에서의 선거 준비를 위하여 총회는 최소 5명의 위원들로 구성되는 선거위원회를 지명하며, 그 중 1명은 선거위원회 대표로 지명이 되어야 한다. 총회는 선거위원회가 협회의 구조에 상응하는 구성이 되도록 노력해야 한다.

선거위원회는 정족수에 달한다. 최소 위원들의 1/2이 참석할 때. 선거위원회의 결정이 참석자 최대가 일치되는 의견에 적용되어야 하는 것처럼, 동일득표가 발생한 경우에 결정은 대표가 지지하는 의견에 적용되어야 한다.

회원 기업의 의무

제21조 회비

회원 기업은 협회와 제7조 문단 2에 언급되는 법인에 연회비를 납부해야 한다. 본 회비는 해당 기업의 급여 총액, 부가가치 혹은 다른 산출 근거와 연관되어 산출된다.

총회는 차기 연도의 회비 인출을 위하여 매년 산출 근거, 퍼센티지 및 최저 연회비를 결정해야 한다.

상임위원회는 당년 회비 인하를 결정할 수 있으며 연회비 산출에 대한 세부 규정들을 제출할 수 있다.

상임위원회는 또한 특별한 사유가 있는 경우 개별 회원 기업의 회비 인하를 허용할 수 있다.

상임위원회가 결정한 시간 내에 연회비 산출 근거가 제출이 되지 않는다면, 상임위원회는 회원 기업의 활동에 대해 알려진 사항들을 지침으로 삼아 산출 근거를 결정할 수 있다. 상임위원회의 산출 근거 결정은 결정이 내려진 해의 1월 1일부터 적용된다. 결정은 회원 기업에 전달되어야 한다.

제22조 회원 기업으로부터의 정보

회원 기업은 제21조에 명시된 사항을 수행하며, 협회 활동 내에서 상임위원회가 요구하는 정보를 제출할 의무가 있다.

회원 협력

제23조 협력

회원들과의 협력에서 협회는 적극적으로 회원들을 공동의 이익 문제에서 지원해야 한다. 회원은 그러한 문제에서 지속적으로 협회에 정보가 전달되게 해야 하며, 문제가 특별히 중요하다면, 협회와 상의를 해야 한다.

고용주 문제

제24조 협상 처리 방법

제25조 파업 처리 방법

제26조 직장 폐쇄 처리 방법

제27조 노사분규 시 배상

제명, 정관 변경 및 기타 관련 사항

제28조 정관 위반에 대한 징벌 및 결정

회원 혹은 회원 기업이 제24, 26조의 결정 사항 또는 제24조의 지원을 받아 제출된 규정들을 고의적으로 위반한다면, 그에 해당되는 협회 회원 혹은 회원 기업은 협회가 결정하는 배상을 해야 한다. 배상은 해당 기업이 지난 역년 동안 지불한 급여 총액의 3퍼센트를 최대 액수로 하여 결정될 수 있다. 연 급여 총액이 1백만 크루나 미만인 회원 기업의 경우 배상은 최대 3만 크루나까지 결정될 수 있다.

배상에 대한 결정은 상임위원회에서 내려진다. 상임위원회는 그러한 사안을 총회의 결정에 회부할 수 있다.

상임위원회는 정관 또는 정관의 지원을 받아 제출된 규정들을 위반하거나 제21조에 정관으로 명시된 연회비를 제때 납부하지 않은 회원 기업을 제명할 수 있다.

제29조 중재

회원 또는 회원 기업과 협회 간 분규는 중재자 관련 해당 법규에 의거하여 3명의 중재자에 의해 마쳐져야 한다. 제3의 중재자에 대한 쌍방 간 의견 일치가 이루어지지 않는다면, 제3의 중재자는 스톡홀름 상공회의소의 중재연구소 규정에 의거하여 지명되어야 한다.

제30조 제명 통보 기간

소속 단체의 회원 자격은 제명 통보일로부터 6개월이 지난 후 가장 가까운 해가 바뀌는 시기에 말소된다.

제명은 소속 단체와 협회 상임위원회에 의하여 행해지며 서면으로 행해져야 한다.

회원 자격이 말소되는 소속 단체 혹은 회원 기업 자격이 말소되는 기업은 동시에 협회의 회원 기업 자격 역시 말소된다.

회원 자격이 말소되는 소속 단체 혹은 회원 기업 자격이 말소되는 기업은 협회의 자산 보유 권한이 부여되지 아니한다.

제31조 정관 변경

본 정관의 변경 혹은 협회 해산을 위하여서는 결정이 서로 이어지는 2차례 총회에서 내려지는 것이 요구되며, 2차 총회는 최소한 1차 총회 1개월 후에 개최된다. 그리고 2차 총회에서의 결정이 최소한 투표수의 3/4로 지지되는 것이 요구된다. 2차례 총회 중 1회는 정기 총회여야 한다.

제32조 청산(정리)

협회 해산 결정이 내려진다면, 부채 상환 후 잔여 자산은 해산 시기에 협회 회원 기업으로 남아있는 전 회원 기업에게 최근 10년 동안 회원 기업 각자가 납부했던 연회비 합계 액수와 연관하여 배분된다.

이익집단의 정치학:
한국, 스웨덴, 미국 경제단체의 정치적 활동과 최근 변화

발행일 1쇄 2015년 12월 30일
지은이 윤홍근
펴낸이 여국동

펴낸곳 도서출판 인간사랑
출판등록 1983. 1. 26. 제일 - 3호
주소 경기도 고양시 일산동구 백석로 108번길 60-5 2층
물류센타 경기도 고양시 일산동구 문원길 13-34(문봉동)
전화 031)901-8144(대표) | 031)907-2003(영업부)
팩스 031)905-5815
전자우편 igsr@naver.com
페이스북 http://www.facebook.com/igsrpub
블로그 http://blog.naver.com/igsr
인쇄 인성인쇄 **출력** 현대미디어 **종이** 세원지업사

ISBN 978-89-7418-343-1 93340

이 도서의 국립중앙도서관 출판시도서목록(CIP)은 서지정보유통지원시스템 홈페이지(http://seoji.nl.go.kr)와
국가자료공동목록시스템(http://www.nl.go.kr/kolisnet)에서 이용하실 수 있습니다.(CIP제어번호: CIP2015035544)

이 저서는 2013년 정부(교육과학기술부)의 재원으로 한국연구재단의 지원을 받아 수행된 연구임
(NRF-2013S1A5A2A01018443)